城市道路交通组织设计
系列手册

HANDBOOK OF INTELLIGENT TRAFFIC MANAGEMENT SYSTEM STRUCTURE AND FUNCTION DESIGN

智能交通管理系统结构和功能设计手册

公安部交通管理科学研究所

编著

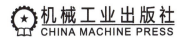

智能交通管理系统（Intelligent Traffic Management System，ITMS）属于智能交通系统的一个分领域，是智能交通系统在道路交通管理领域中的应用。利用智能交通管理系统技术，对道路交通进行系统、高效、全面、科学的管理，是满足不断增长的道路交通发展的需要，也是解决目前日益加剧的人、车、路之间的矛盾，达到综合管理道路交通目标的重要手段。经过三十多年的建设和发展，以信息化为依托，具备公安交通管理、交通控制、指挥调度、决策支持、信息服务等功能，实现大范围应用的智能交通管理系统已经基本形成并初具规模，已成为我国智能交通系统最大的应用领域。

《智能交通管理系统结构和功能设计手册》主要包含4个方面的内容：

一是概要介绍了智能交通管理系统概述、建设流程、评价、标准体系；二是重点阐述了智能交通管理系统设计程序与要求、总体设计、集成应用平台设计、应用支撑系统设计、基础应用系统设计、运行保障系统设计、基础配套设施设计、系统应用机制设计；三是简要介绍了重庆市、武汉市、包头市、宜兴市、都江堰市等几个不同类型城市的智能交通管理系统建设案例；四是展望了应用于智能交通管理系统中的新技术。

本书适用于智能交通管理系统规划、设计、建设等行业的有关人员学习参考，也可作为大专院校智慧交通相关专业师生的参考书。

图书在版编目（CIP）数据

智能交通管理系统结构和功能设计手册 / 公安部交通管理科学研究所编著. -- 北京：机械工业出版社，2025. 1. --（城市道路交通组织设计系列手册）.
ISBN 978-7-111-77846-2

Ⅰ. U495-62

中国国家版本馆CIP数据核字第2025X5A169号

机械工业出版社（北京市百万庄大街22号　邮政编码100037）
策划编辑：李　军　　　　责任编辑：李　军　高孟瑜
责任校对：丁梦卓　陈　越　　责任印制：张　博
北京建宏印刷有限公司印刷

2025年4月第1版第1次印刷
184mm×260mm · 15.75印张 · 2插页 · 291千字
标准书号：ISBN 978-7-111-77846-2
定价：169.00元

电话服务　　　　　　　　网络服务
客服电话：010-88361066　　机　工　官　网：www.cmpbook.com
　　　　　010-88379833　　机　工　官　博：weibo.com/cmp1952
　　　　　010-68326294　　金　书　网：www.golden-book.com
封底无防伪标均为盗版　　机工教育服务网：www.cmpedu.com

"城市道路交通组织设计系列手册"

指导委员会

主　任： 李江平

副主任： 李　伟　　王长君　　孙正良

委　员： 李　辉　韩书君　黎　刚　王　健
　　　　　刘东波　戴　帅　曹长剑　马万经
　　　　　陆　建　李瑞敏　金　盛　姜文龙
　　　　　张水潮　戴继锋　邱红桐　顾金刚

《智能交通管理系统结构和功能设计手册》

编撰委员会

主　编：邱红桐　公安部交通管理科学研究所

副主编：封春房　公安部交通管理科学研究所
　　　　张　铿　公安部交通管理科学研究所

参　编：顾家悦　公安部交通管理科学研究所
　　　　李　标　公安部交通管理科学研究所
　　　　朱自博　公安部交通管理科学研究所
　　　　董开帆　公安部交通管理科学研究所
　　　　陆振益　公安部交通管理科学研究所
　　　　陈　帅　公安部交通管理科学研究所
　　　　韩　龙　公安部交通管理科学研究所
　　　　方　钊　公安部交通管理科学研究所
　　　　王　明　公安部交通管理科学研究所
　　　　赵杨洋　公安部交通管理科学研究所
　　　　高书涛　公安部交通管理科学研究所
　　　　李瑞敏　清华大学
　　　　林师超　清华大学
　　　　晏　松　中国人民公安大学
　　　　赵　丹　中国人民公安大学
　　　　朱　湧　招商局重庆交通科研设计院有限公司
　　　　周广振　招商局重庆交通科研设计院有限公司

前　言

随着我国城市社会经济的快速发展，城市化进程不断推进，城市道路交通流量迅速增长，交通拥堵日益加剧，由此引发了一系列的问题：行车时间增加、出行延误加大、交通事故频发、环境污染加重，从而制约了城市的社会经济发展。因此，缓解道路交通拥堵不仅是解决交通出行问题的需要，而且已上升到促进社会经济发展、提高城市吸引力和居民获得感、幸福感的高度。

2015年召开的中央城市工作会议明确提出要"加强城市精细化管理，着力解决城市病等问题"。习近平总书记多次指示，要把解决大城市的交通拥堵问题放在首要位置，并且要求"城市管理应该像绣花一样精细"。为深入贯彻中央城市工作会议和习近平总书记系列重要指示精神，推动治理交通拥堵、出行难、停车难等"城市病"，公安部、中央文明办、住房和城乡建设部、交通运输部决定进一步创新城市道路交通管理模式，从2017年至2020年在全国组织实施"文明畅通提升行动计划"，并在工作任务中明确提出"加快推进城市智能交通管理系统建设"。

在此背景下，公安部交通管理局组织有关单位，根据交通组织管理工作的实战需求编撰具有我国特色的"城市道路交通组织设计系列手册"（以下简称"系列手册"），用于科学指导各地的城市道路交通管理工作。系列手册包含平面交叉口渠化设计、交通信号控制设计、指路标志设置设计、干道交通组织设计、快速路交通组织设计、区域交通组织设计、路内停车管理设计、公交优先交通组织设计、占道施工交通组织设计、智能交通管理系统结构和功能设计等方面，可与相关标准、规范共同组成城市道路交通组织设计技术指南体系。

本分册为《智能交通管理系统结构和功能设计手册》，着重从智能交通管理系统的基础理论、现代信息技术应用和实战案例等方面，介绍实现城市道路交通状况自动感知、交通态势自动研判、信号控制自动调整、交通违法行为自动监测、路况信息自动发布等智能化管理的设计思路和方法，具体内容包括智能交通管理系统的概述、建设流程、评价和标准体系等相关基础知识，也包括智能交通管理系统的设计程序与要求、总体设计和6个部分应用设计等设计工作的具体介绍，并简要介绍了我国不同类型的部分城市开展智能交通管理系统建设和应用的案例，最后对当前相关新技术应用提出了展望。具体编撰工作由公安部交通管理科学研究所牵头，联合清华大学、中国人民公安大学、招商局重庆交通科研设计院有限公司等院校和研究单位共同完成。各参编单位充分发挥自身优势，汲取基础研究成果，总结各地案例经验，从理论到实战，对智能交通管理系统设计提供了全面的技术指导。

本书编写过程中，从需求调研、素材收集，到编辑整合、汇集成册，编撰组分工合作、反复研修，付出了很大的努力和心血，在此表示感谢！在公安部交通管理局的大力支持下，重庆、武汉、包头、宜兴、都江堰等城市的公安交通管理部门为本书提供了先进的实战应用案例，并在技术应用方面提供了很多帮助，在此表示感谢！同时，对引用参考的所有文献资料的机构与作者，对所有关心和支持本书编写的领导和专家表示衷心的感谢！

本书得到了国家重点研发计划项目"面向多方式出行的交通资源优化配置及协同调度技术"（项目编号：2019YFB1600302）以及公安部交通管理局的支持和资助。

由于编者水平有限，书中难免出现疏漏不当之处，敬请批评指正！

编 者

2024 年 10 月

目　录

前言

第一部分　基础篇

第1章　智能交通管理系统概述 ...002
1.1　智能交通管理系统的起源 ...002
1.2　智能交通管理系统的组成 ...003
1.3　智能交通管理系统的演进 ...004
1.4　智能交通管理系统发展趋势 ...007

第2章　智能交通管理系统建设流程 ...010
2.1　总体建设流程 ...010
2.2　当前存在问题 ...011
2.3　规划环节 ...011
2.4　工程前期环节 ...012
2.5　工程实施环节 ...014
2.6　系统评价环节 ...015

第3章　智能交通管理系统评价 ...016
3.1　评价主体 ...016
3.2　评价对象 ...016
3.3　评价小组 ...017
3.4　评价指标 ...017
3.5　评价方法 ...019
3.6　评价结论 ...019

第4章　智能交通管理系统标准体系 ...020
4.1　法律法规 ...020
4.2　现行标准体系 ...020
4.3　重点标准介绍 ...027

第二部分　设计篇

第5章　设计程序与要求 ...032
5.1　设计任务书 ...032
5.2　调查和勘察 ...033
　　5.2.1　调查 ...033
　　5.2.2　勘察 ...034
5.3　需求分析 ...035
5.4　初步设计 ...035
5.5　施工图设计 ...036
5.6　竣工图编制 ...037

第6章　总体设计 ...038
6.1　设计原则 ...038
6.2　总体框架 ...039
6.3　逻辑架构 ...039
6.4　物理架构 ...041
6.5　应用架构 ...041
6.6　数据架构 ...042

第 7 章　集成应用平台设计　...044

7.1　当前存在问题　...044
7.2　设计思路　...045
　　7.2.1　平台构建思路　...045
　　7.2.2　功能设计思路　...046
　　7.2.3　集成技术应用思路　...046
7.3　平台结构　...048
7.4　应用功能　...049
　　7.4.1　交通状况监测与展示　...050
　　7.4.2　交通组织与管控　...051
　　7.4.3　重点车辆管控　...052
　　7.4.4　交通安全态势分析研判　...053
　　7.4.5　城市交通运行分析研判　...054
　　7.4.6　指挥调度与协作　...054
　　7.4.7　综合信息服务　...055
　　7.4.8　路面交通公众服务　...056
　　7.4.9　勤务管理与监督考核　...056
　　7.4.10　监控设备监测与运维　...056
　　7.4.11　交通基础数据管理　...057
　　7.4.12　系统管理　...057

第 8 章　应用支撑系统设计　...058

8.1　交通管理数据资源管理系统　...058
　　8.1.1　当前存在问题　...058
　　8.1.2　设计思路　...059
　　8.1.3　系统结构　...061
　　8.1.4　系统功能　...062
8.2　交通管理地理信息系统　...070
　　8.2.1　当前存在问题　...071
　　8.2.2　设计思路　...071
　　8.2.3　系统结构　...072
　　8.2.4　系统功能　...073
　　8.2.5　地图数据和图层　...076

第 9 章　基础应用系统设计　...078

9.1　交通信号控制系统　...078
　　9.1.1　当前存在问题　...078
　　9.1.2　设计思路　...079
　　9.1.3　系统结构　...080
　　9.1.4　系统功能　...082
9.2　交通视频监视系统　...084
　　9.2.1　当前存在问题　...084
　　9.2.2　设计思路　...085
　　9.2.3　系统结构　...086
　　9.2.4　系统功能　...088
　　9.2.5　视频存储　...092
9.3　交通违法监测记录系统　...093
　　9.3.1　当前存在问题　...093
　　9.3.2　设计思路　...094
　　9.3.3　系统结构　...094
　　9.3.4　系统功能　...095
9.4　交通流信息采集系统　...096
　　9.4.1　当前存在问题　...096
　　9.4.2　设计思路　...096
　　9.4.3　系统结构　...097
　　9.4.4　系统功能　...097
9.5　交通事件检测系统　...097
　　9.5.1　当前存在问题　...098
　　9.5.2　设计思路　...098
　　9.5.3　系统结构　...099
　　9.5.4　系统功能　...099
9.6　机动车缉查布控系统　...100
　　9.6.1　当前存在问题　...100
　　9.6.2　设计思路　...101
　　9.6.3　系统结构　...101
　　9.6.4　系统功能　...102
9.7　机动车电子标识应用系统　...102

9.7.1 系统结构	...103	
9.7.2 系统功能	...103	

9.8 交通信息发布系统 ...104
 9.8.1 当前存在问题 ...104
 9.8.2 设计思路 ...104
 9.8.3 系统结构 ...105
 9.8.4 系统功能 ...106
 9.8.5 发布内容与发布方式 ...107

9.9 卫星定位管理系统 ...107
 9.9.1 系统结构 ...107
 9.9.2 系统功能 ...108

9.10 单警执法视音频记录系统 ...108
 9.10.1 系统结构 ...108
 9.10.2 系统功能 ...108

9.11 停车服务与管理信息系统 ...109
 9.11.1 当前存在问题 ...109
 9.11.2 设计思路 ...110
 9.11.3 系统结构 ...110
 9.11.4 系统功能 ...111

9.12 移动执法警务系统 ...112
 9.12.1 当前存在问题 ...113
 9.12.2 设计思路 ...113
 9.12.3 系统结构 ...113
 9.12.4 系统功能 ...115

第 10 章　运行保障系统设计　...118

10.1 通信系统 ...118
 10.1.1 当前存在问题 ...118
 10.1.2 设计思路 ...119
 10.1.3 网络结构 ...120

10.2 信息安全防护系统 ...123
 10.2.1 当前存在问题 ...123
 10.2.2 设计思路 ...124

10.2.3 系统结构 ...124
10.2.4 系统功能 ...125

10.3 运行维护管理系统 ...128
 10.3.1 当前存在问题 ...128
 10.3.2 设计思路 ...128
 10.3.3 系统结构 ...129
 10.3.4 系统功能 ...129

第 11 章　基础配套设施设计　...132

11.1 指挥中心及分指挥中心基础配套设施 ...132
 11.1.1 当前存在问题 ...132
 11.1.2 设计思路 ...133
 11.1.3 指挥中心架构 ...133
 11.1.4 指挥中心基础配套设施 ...134
 11.1.5 分指挥中心基础配套设施 ...136
 11.1.6 基层指挥室基础配套设施 ...136
 11.1.7 典型配置 ...136

11.2 前端基础配套设施 ...139
 11.2.1 当前存在问题 ...139
 11.2.2 设计思路 ...139
 11.2.3 前端基础设施 ...139

第 12 章　系统应用机制设计　...143

12.1 应用分区 ...143
 12.1.1 情报研判 ...143
 12.1.2 指挥调度 ...143
 12.1.3 警务督察 ...144
 12.1.4 宣传服务 ...144
 12.1.5 信号配时 ...145

12.2 岗位设置 ...145
12.3 业务流程 ...146
12.4 应急预案 ...147

第三部分　案例篇

第 13 章　重庆市主城区智能交通管理系统 ...150

- 13.1　简介 ...150
- 13.2　现状 ...150
  - 13.2.1　主城区智能交通管理系统建设现状 ...150
  - 13.2.2　主城区各支队智能交通管理系统建设现状 ...151
- 13.3　需求分析 ...153
  - 13.3.1　用户需求分析 ...153
  - 13.3.2　应用需求分析 ...154
- 13.4　建设思路 ...155
- 13.5　建设方案 ...156
  - 13.5.1　建设目标 ...156
  - 13.5.2　总体架构 ...157
  - 13.5.3　建设内容 ...158
- 13.6　建设情况 ...159
- 13.7　建设效果 ...161

第 14 章　武汉市智能交通示范工程 ...162

- 14.1　简介 ...162
- 14.2　现状 ...162
  - 14.2.1　中心应用系统 ...162
  - 14.2.2　基础应用系统 ...163
  - 14.2.3　基础配套 ...165
- 14.3　需求分析 ...166
  - 14.3.1　用户需求分析 ...166
  - 14.3.2　应用需求分析 ...166
- 14.4　建设思路 ...167
- 14.5　建设方案 ...168
  - 14.5.1　建设目标 ...168
  - 14.5.2　总体架构 ...169
  - 14.5.3　建设内容 ...170
- 14.6　建设情况 ...171
- 14.7　建设效果 ...174

第 15 章　包头市智慧交通管控及服务系统 ...175

- 15.1　简介 ...175
- 15.2　现状 ...175
  - 15.2.1　中心应用系统 ...175
  - 15.2.2　基础应用系统 ...177
  - 15.2.3　基础配套 ...178
- 15.3　需求分析 ...179
  - 15.3.1　用户需求分析 ...179
  - 15.3.2　应用需求分析 ...180
- 15.4　建设思路 ...181
- 15.5　建设方案 ...182
  - 15.5.1　建设目标 ...182
  - 15.5.2　总体架构 ...182
  - 15.5.3　建设内容 ...184
- 15.6　建设情况 ...184
- 15.7　建设效果 ...185

第 16 章　宜兴市智慧交通管理系统 ...186

- 16.1　简介 ...186
- 16.2　现状 ...186
  - 16.2.1　中心应用系统 ...186
  - 16.2.2　基础应用系统 ...188
- 16.3　需求分析 ...189
  - 16.3.1　用户需求分析 ...189
  - 16.3.2　应用需求分析 ...190
- 16.4　建设思路 ...190
- 16.5　建设方案 ...191
  - 16.5.1　建设目标 ...191

		...191
16.5.2	总体架构	...191
16.5.3	建设内容	...192
16.6	建设情况	...193
16.7	建设效果	...196

第 17 章　都江堰市旅游交通管理系统　...197

17.1	简介	...197
17.2	现状	...197
17.3	需求分析	...199
17.3.1	用户需求分析	...199
17.3.2	应用需求分析	...200
17.4	建设思路	...203
17.5	建设方案	...203
17.5.1	建设目标	...203
17.5.2	总体框架	...203
17.5.3	建设内容	...205
17.6	建设情况	...206
17.7	建设效果	...208

第四部分　新技术篇

第 18 章　人工智能技术　...210

18.1	概述	...210
18.2	关键技术	...211
18.2.1	模式识别	...211
18.2.2	专家系统	...211
18.2.3	机器学习	...211
18.2.4	人工神经网络	...212
18.2.5	深度学习	...212
18.2.6	数据挖掘	...212
18.2.7	自然语言处理	...212
18.2.8	知识图谱	...213
18.3	在智能交通管理领域的应用	...213
18.3.1	视频图像识别	...213
18.3.2	自动驾驶	...213
18.3.3	智能信号控制	...214
18.4	发展趋势	...214

第 19 章　车路协同技术　...215

19.1	概述	...215
19.2	关键技术	...216
19.2.1	车路协同系统平台	...216
19.2.2	多模无线通信技术	...218
19.2.3	状态协同感知技术	...220
19.2.4	大数据融合处理技术	...223
19.2.5	群体协同决策控制技术	...224
19.2.6	信息安全技术	...225
19.3	在智能交通管理领域的应用	...226
19.3.1	交通安全保障	...226
19.3.2	交通管理效率提升	...226
19.3.3	出行服务优化	...227
19.4	发展趋势	...227

第 20 章　边缘计算技术　...228

20.1	概述	...228
20.2	关键技术	...229
20.2.1	分布式计算	...229
20.2.2	缓存技术	...229
20.2.3	数据加密和安全性	...229
20.2.4	软件和硬件优化	...229
20.3	在智能交通管理领域的应用	...229
20.3.1	信息采集与交通流状态识别	...230
20.3.2	交通信号控制	...230
20.4	发展趋势	...231

第 21 章　5G 技术　...232

21.1　概述　...232
21.2　关键技术　...232
  21.2.1　先进的新型无线接入技术　...233
  21.2.2　网络切片　...233
  21.2.3　移动边缘计算　...234
21.3　在智能交通管理领域的应用　...234
  21.3.1　车联网　...234
  21.3.2　空地一体交通状况监测巡检　...235
  21.3.3　高速公路管控主动干预　...235
  21.3.4　5G+无人机智慧执法　...236
21.4　发展趋势　...236

附录　常用缩写词　...237

参考文献　...238

第一部分

基础篇

第1章
智能交通管理系统概述

Chapter One

1.1 » 智能交通管理系统的起源

智能交通管理系统（Intelligent Traffic Management System，ITMS）属于智能交通系统的一个分领域，是智能交通系统在道路交通管理领域中的应用。利用智能交通管理系统技术，对道路交通进行系统、高效、全面、科学的管理，是满足不断增长的道路交通发展的需要，也是解决目前日益加剧的人、车、路之间的矛盾，达到综合管理道路交通目标的重要手段。

20世纪80年代中后期，以美国、日本、欧洲为代表的发达国家和地区，为满足人们出行需求，提出了先进的交通管理系统（Advanced Traffic Management System，ATMS），并成立了由政府主导、相关企业参与的先进的交通管理系统协调机构，编制了专门的ATMS发展规划。当时恰逢信息技术革命，信息技术结合不断创新的通信、控制等技术，推进了ATMS的快速发展，并使ATMS成为解决道路交通问题的重要途径。经过多年的发展，国外ATMS在交通控制、交通诱导、公交优先、自动驾驶、自动收费、紧急事件的快速反应等技术领域取得丰硕成果，在缓解交通拥堵、减少交通事故等方面取得显著成效。

与国外不同，我国交通管理体制决定了道路交通管理工作主要由公安部门承担。为保障道路交通的有序、安全、畅通，我国公安交通管理部门早在20世纪80年代就开始对智能交通系统技术进行跟踪，并重点开展了公安交通业务信息管理、城市交通信号控制、公路交通安全管控、交通执法装备等方面的技术研究、系统开发和示范应用工作。

经过三十多年的探索、研究开发和建设应用，以信息化为依托，具备公安交通业务管理、交通控制、指挥调度、决策支持、信息服务等功能，实现大范围应用的智能交通管理系统已经基本形成并初具规模，已成为我国智能交通系统最大的应用领域。

1.2 智能交通管理系统的组成

智能交通管理系统由集成应用平台、应用支撑系统、基础应用系统、运行保障系统、基础配套设施组成,智能交通管理系统组成见表 1-1。

表 1-1　智能交通管理系统组成

系统组成		城市	
		主城区道路及国省道	高速公路
应用支撑系统	集成应用平台	●	◎
	交通管理数据资源管理系统	●	●
	交通管理地理信息系统	●	●
基础应用系统	交通信号控制系统	●	—
	交通视频监视系统	●	●
	交通流信息采集系统	●	●
	交通事件检测系统	●	●
	交通违法监测记录系统	●	●
	机动车缉查布控系统	●	●
	机动车电子标识应用系统	◎	◎
	卫星定位管理系统	●	●
	单警执法视音频记录系统	●	●
	移动执法警务系统	●	●
	交通信息发布系统	●	●
	停车服务与管理信息系统	●	—
	气象监测系统	◎	◎
	路面结冰监测系统	◎	◎
	雾天公路行车安全诱导系统	◎	◎
运行保障系统	通信系统	●	●
	信息安全防护系统	●	●
	运行维护管理系统	●	●
基础配套设施	指挥中心基础配套设施	●	◎
	分指挥中心基础配套设施	●	●
	前端基础配套设施	●	●

注:●为必选配置,◎为可选配置,—为无此项要求。

1.3 » 智能交通管理系统的演进

我国智能交通管理系统的总体发展历程大致可分为 4 个阶段。

1. 第一阶段（引进吸收、原始应用阶段）

从 20 世纪 70 年代至 20 世纪 90 年代，我国智能交通管理系统可归纳为引进吸收、原始应用阶段。这个阶段主要建设和应用的是交通信号控制系统软硬件和通信设备。这些软硬件设备主要是进口的产品，我们的工作主要是引进吸收、原始应用，但这已经开创了我国智能交通的先河，几个典型的建设案例如下。

1985—1988 年，北京引进 ISKRA 公司，共同开发建立了北京市中心区计算机交通管制系统，其控制范围为以天安门为中心 $45km^2$ 内的 53 个交叉路口，采用 TRANSYT 控制技术，并计划逐步由固定配时向 SCOOT 自适应信号控制技术过渡。1985—1987 年，我国与英国 PLESSY 公司合作引进了 SCOOT 自适应信号控制技术。1985 年，上海市开始实施道路区域自适应交通控制系统（SCATS），1986 年完成中心城区 31 个路口的布设，1989 年扩展成 153 个路口的三级控制系统。

2. 第二阶段（自行建设、探索使用阶段）

从 20 世纪 90 年代到 20 世纪末，我国智能交通管理系统发展开启了自行建设、探索使用阶段。这个阶段建设和应用的设备主要是交通信号控制系统、视频监视系统和通信设备，该阶段除了继续应用进口产品外，国内也开始有多个国产的系统和设备在逐步研发和使用，包括各地逐步配套建设闯红灯自动记录系统等单体子系统。

在这个阶段中，深圳引进了日本的京三交通信号控制系统，沈阳、广州、天津引进了 SCATS，大连引进了 SCOOT 系统，长春引进了西班牙的 ITACA 系统，同时南京和广州也示范建设了国产的交通信号控制系统。这些交通信号控制系统不同、规模各异，大多还是在引进吸收和原始应用，但同时也开始了自行建设和探索使用的进程。在此阶段，智能交通管理系统还没有一个清晰的架构，各地以引进吸收、探索使用为主。实践表明，进口系统均存在与我国道路混合交通不相适应的问题。也是在这个阶段，众多的专家学者、科研院所和企业纷纷在智能交通技术领域进行探索，开始自主研发符合我国国情的智能交通管理系统。实际早在 1973 年，也就是上一个阶段，我国已经开始了国产设备的研究，北京开启了我国第一个城市交通自动控制研发项目即 7386 工程的探索，建设了交通信号控制和视频监视系统。

"七五""八五"期间，由公安部交通管理科学研究所牵头研发试验并在南京、广州示范建设的自适应交通信号控制系统，成为我国第一个大规模开发完成的交通控制系统。20世纪90年代初，一些大城市逐渐建设交通监控系统，地理信息系统（Geographic Information System，GIS）、全球定位系统（Global Positioning System，GPS）等技术也在交通管理领域中得到逐步的应用。

也是在这个阶段，1997年，公安部交通管理局下发《关于印发〈公安交通指挥中心建设与发展的若干意见〉的通知》（公交管[1997]231号），这个文件形式上是指导意见，内容大多是对公安交通指挥中心建设和发展的技术要求，也标志着我国智能交通管理系统建设与发展规范化的开始。

3. 第三阶段（规范建设、集成应用阶段）

21世纪最初十年，这个阶段的发展可归纳为规范建设和集成应用阶段。

这个阶段是我国"十五"和"十一五"时期，国民经济发展迅速，对交通管理工作也提出了更高的要求。2000年，由国务院办公厅转发公安部、建设部《关于实施全国城市道路交通管理"畅通工程"意见》的通知，轰轰烈烈开展的畅通工程对智能交通管理系统建设提出了明确的要求。

这个阶段，是我国智能交通管理系统快速发展的阶段，从数量上看，在该阶段我国已经有约85%的城市完成了首期智能交通管理系统工程建设，在数量快速发展的同时，智能交通管理系统工程建设的系统性和规范性也逐步加强，各种ITS技术在城市和公路交通管理中得到越来越多的应用，特别是道路车辆智能监测记录系统和交通违法行为监测记录系统等技术装备的建设和应用最为突出。也是在这个阶段，对各个分立系统的集成应用的理念逐步清晰并得到各地的接受。

2003年，公安部发布公共安全行业标准GA/T 445—2003《公安交通指挥系统建设技术规范》，用技术标准的方式规定了公安交通指挥系统的配置和功能要求，规定了集成指挥平台与关联系统进行信息交互的要求，进一步明确规范了智能交通管理系统的相关建设工作。在此阶段，公安部开始统一指导各地的智能交通管理系统进行规范化建设。

这个阶段，我国选取10个城市开展了不同角度的智能交通系统示范建设，其中部分城市的重点聚焦在智能交通管理系统方面。例如，上海市开展了"上海市智能交通系统应用试点示范工程"，从系统、技术、管理和运行等多个方面进行了深入研究和全面规划。上海市智能交通管理系统包括自适应交通控制系统（SCATS）、城市道路监控系统、停车诱导系统、交通违法行为监测系统、应急处理与实时监测系统、公交"一卡通"电子付费系统、高速路交通信息采集与监控系统、智能收费系统、公路货运信息系统、交通综合信息平台等子系统。广州建成了"广州市智能交通管理指挥系统",集成了自适应交通控制系统(SCATS)、闭路视频监视系统(CCTV)、电子警察系统、交通流采集系统、交通诱导系统、集成指挥调度系统、交通地理信息系统、交通管理信息网站、移动查询系统、警车警员定位系统、警务管理系统、交通设施管理系统、运行维护管理系统、交通管理辅助决策系统、统一用户管理系统共15个子系统。

4. 第四阶段（创新发展、质变提升阶段）

从21世纪第二个十年以来，我国智能交通管理系统发展进入了创新发展、质变提升的阶段。在这个阶段，公安部组织制定了《"十二五"道路交通管理科技信息化发展规划》《公安交通管理科技发展规划（2021—2023年）》，明确向着政治建警、改革强警、科技兴警、从严治警的目标，把大数据、人工智能等手段作为推动公安工作创新发展的大引擎，全面助推公安工作质量变革、效率变革、动力变革。

公安部交通管理局明确了公安交通管理信息化的顶层设计，组织研发公安交通管理综合应用平台、公安交通集成指挥平台、互联网交通安全综合服务平台和公安交通管理大数据分析研判平台这四大平台：一是深化应用公安交通管理综合应用平台，建立跨部门、跨行业信息共享交换机制，完善交通管理业务监管，建立健全信息系统运行保障体系等；二是建设公安交通集成指挥平台，实现城市和公路交通安全态势监测、研判、控制、指挥和处置；三是建设互联网交通安全综合服务平台，在互联网上实现交通管理业务信息告知、信息查询、各类业务办理、交通出行信息服务等功能，同时还可以通过交通诱导标志、互联网、微信、微博等方式发布交通信息，全面提升对公众的交通信息服务能力；四是建设公安交通管理大数据分析研判平台，建设基于大数据、云计算架构的交通管理数据中心，建立分析研判工作机制，定期分析挖掘海量数据，编制专项分析研判报告，实现深度分析和规律发现，为政府机关科学管理和决策提供信息服务。近年来，该四大平台逐步完成了研发并在全国开展推广应用。

这个阶段，大数据、人工智能、云计算、物联网、互联网+等关键技术在智能交通管理系统的发展中得到广泛应用，并发挥了重要作用，切实体现了战斗力，为各项业务工作提供了强有力的技术支撑，智能交通管理系统的发展呈现创新发展、质变提升的局面。

从参与智能交通管理系统研究开发、建设应用的企业来看，华为、阿里、腾讯、百度等世界级的企业布局智能交通，促进了整个智能交通管理产业发展，也为智能交通管理系统提档升级注入了新的动力。杭州、深圳等地建设的基于大数据和人工智能技术的计算和应用平台，对交通管理工作的支撑作用显著，创新发展和质变提升将持续发展。

1.4 智能交通管理系统发展趋势

1. 理论研究，守正创新

智能交通管理系统是针对公安交通管理业务需求，在较完善的道路基础设施条件下，以信息化、智能化为核心，综合运用通信、传感、控制、大数据、人工智能等技术，按照系统工程学和交通工程学原理，集成交通信号控制、交通视频监视、交通违法监测记录、交通信息发布等基础应用系统，融合分析各类动静态交通信息，建立起具有交通指挥、控制、执法、服务能力的系统。

我们首先要按照成熟的交通工程理论和技术来规范设置交通标志标线、路口渠化配时、交通组织优化等，有效发挥路网的基础通行能力后，然后加载智能交通技术，从而有效提高交通运行效率。如果基础不完善，智能交通技术只会事倍功半，投资效益大打折扣。而基础通行能力的发挥，需要交通流理论、交通控制理论、需求管理理论等众多的理论研究基础。同理，大数据、云计算、人工智能所构建的智能交通管理系统也需要在感知、获取较为完备的交通及相关数据的基础上，依托传统或经典的系统论、控制论等理论的原理和方法进行认知、计算、仿真、决策来实施更为有效的交通指挥、控制、执法和服务。不了解道路交通的基本理论和规律，不掌握交通工程的基础原理和方法，再好的科技手段和信息化技术也不能发挥出应有的作用。

这些年来，我国智能交通管理系统的发展没有简单照搬国外现成的理论和管理方法，而是在不断地创新，未来在大数据时代乃至车联网时代，我们需要更多的理论研究创新来支撑具体应用技术的发展。这些理论研究的创新，必须正确把握公安交通管理科技的核心和本质，明确利用现代科技手段提升道路交通管理水平和服务效能的目标，方可将科技应用能力内化为公安交通管理工作的生命力和创造力。

2. 顶层引领，协调推动

我国在智能交通管理系统发展的第四个阶段初始，明确了公安交通管理信息化的"四大平台"的顶层设计，组织研发公安交通管理综合应用平台、公安交通集成指挥平台、互联网交通安全综合服务平台和公安交通管理大数据分析研判平台。该项顶层设计发挥了重要作用，为各地智能交通管理系统建设明确了方向，也为各地具体建设打下了很好的技术和业务基础，形成了良好的发展局面。

为推动智能交通管理系统规范、科学地发展，面向未来交通管理科技发展，还需要对智能交通管理系统顶层设计进一步细化和完善，明确智能交通管理系统的内涵、作用及技术实现途径。在制定智能交通管理体系框架方面，国家标准 GB/T 39898—2021《智能交通管理系统建设技术规范》制定发布后，需要进一步细化完善系统的逻辑框架、物理框架等。在此基础上，形成国家层面上智能交通管理系统发展的统一规划、指导意见和具体的子系统及产品的技术标准，指导和规范我国智能交通管理系统的建设和发展，充分、有效地发挥出智能交通管理系统的作用，提高我国智能交通管理技术的应用实效和整体水平，并推动智能交通管理技术的产业化、规模化。

3. 智慧交管，数据赋能

我国上百个城市结合信息产业发展提出了建设"智慧城市"，通过依靠大数据、云计算、物联网、人工智能，实现城市中人与人、人与物、物与物的信息交互与服务。"智慧城市"从概念到实际建设，最先能落地并实用的领域之一就是"智慧交通"，对道路交通管理部门而言，就是"智慧交管"。前期智能交通管理系统的建设往往还停留在数量的堆砌和规模的增加，未来的发展是通过资源整合以及相应的新技术支撑手段，探索实现真正的"智能交管"向"智慧交管"的转变。

从全国层面上，公安交通管理部门已经构建公安交通管理综合应用平台、互联网交通安全综合服务平台、公安交通集成指挥平台等，这些平台及其积累的数据可以更好地汇聚起来，构建交通数据资源池，建设"交管大脑"，将对数据的分析转化为对交通的认知，将现实中时变、强非线性的交通系统演变为可计算、可表达、可演绎的数据，再提出可实施的交通管理策略和措施，提供相应的交通服务，从交通安全和交通畅通两个方面发挥作用。

4. 智能网联创新变革

智能网联汽车是近年来智能交通领域的热门话题，它的发展将给智能交通系统带来根本性的变革。2021 年 12 月，国务院印发《"十四五"现代综合交通运输体系发展规划》，提出要完善设施数字化感知系统，推动既有设施数字化改造升级，加强新建设施与感知网络同步规划建设；推动车联网部署和应用，支持构建"车－路－交通管理"一体化协作的智能管理系统。

在车联网产业标准方面，2018 年 6 月，工业和信息化部（简称工信部）、国家标准化管理委员会联合发布《国家车联网产业标准体系建设指南（总体要求）》，充分发挥标准在车联网产业生态环境构建中的顶层设计和基础引领作用，按照不同行业属性划分为智能网联汽车标准体系、信息通信标准体系、电子产业与服务标准体系、智能交通相关标准体系、车辆智能管理标准体系等，为打造创新驱动、开放协同的车联网产业提供支撑。2023 年 7 月，工信部、国家标准化管理委员会印发《国家车联网产业标准体系建设指南（智能网联汽车）（2023版）》，充分考虑了智能网联汽车技术深度融合和跨领域协同的发展特点，设计了"三横二纵"的技术逻辑架构，主要针对智能网联汽车通用规范、核心技术与关键产品应用，构建包括智能网联汽车基础、技术、产品、试验标准等在内的智能网联汽车标准体系，指导车联网产业智能网联汽车领域的相关标准制修订，充分发挥标准对车联网产业关键技术、核心产品和功能应用的引领作用。对智能网联汽车以及智慧交通基础设施这"双智"带来的新变革，我们拭目以待。

第 2 章
智能交通管理系统建设流程

Chapter Two

智能交通管理系统建设流程是建设过程客观规律的反映，为项目科学决策和顺利进行提供重要保证。规范的智能交通管理系统建设规范流程，能够对科学确立建设目标、合理明确建设任务、高效确保建设质量、有序管理建设进度、有效控制建设投资、充分发挥建设效益等方面起到重要保障作用。

2.1 总体建设流程

智能交通管理系统建设流程主要分为智能交通管理系统规划、工程前期、工程实施、系统评价等环节。智能交通管理系统建设流程图如图 2-1 所示。

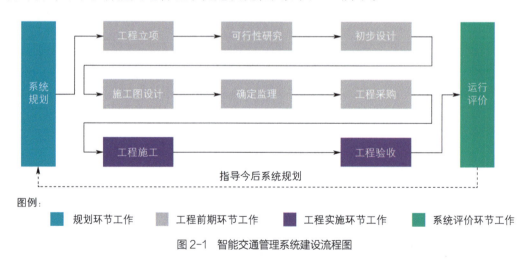

图 2-1 智能交通管理系统建设流程图

对照 GA/T 651—2021《公安交通指挥系统工程建设通用程序和要求》，图 2-1 所示的建设流程图中，工程前期环节各项工作与标准中的工程建设准备阶段的相关工作所对应，工程实施环节各项工作与标准中的工程实施阶段、工程验收阶段的各项工作所对应，系统评价环节各项工作与标准中的运行评价阶段的各项工作所对应。

2.2 当前存在问题

1. 规划环节问题

规划工作主要存在概念混淆、定位不准、内容深度不明确等问题。对开展智能交通管理系统规划的必要性和重要性认识不充分，常常将规划与设计等其他咨询工作相混淆，或者直接认为规划就是设计，以至于在规划项目启动调研和需求分析过程中存在定位偏差、深度超纲的情况，造成规划的指导性作用弱化，转而偏向设计落地的思维。

2. 工程前期环节问题

对可行性研究、初步设计、施工图设计等咨询工作不够重视，将其视为一般流程性工作，往往委托没有经验或专业性不够的咨询单位编制相关文件，甚至随意委托不具备相关资质的集成商或设备厂商编制文件，导致提交的成果不能有效指导后续工程实施，产生较多设计变更。

3. 工程实施环节问题

对工程项目施工组织设计、深化设计等工作较忽视，设计交底不够细致，没有充分认识这些工作与工程前期工作之间存在具体化、细节化和延续性关系的作用，导致这方面工作的质量不高。

有些工程项目在系统上线、设备安装、网络联通等主体施工完成之后，建设单位就认为工程已经结束，而对系统试运行工作不认真，验收工作走过场，验收资料审核把关不严，导致验收资料不完整、不齐全，给后续系统运维工作增加了难度。

此外，依据合同工程项目需要开展培训工作。但在实际合同履行时，工程项目在培训课程设定、培训教材编制、培训方式选取等方面存在不深入的问题。

4. 系统评价环节问题

工程项目的全生命周期应当包括规划、立项、可行性研究、设计、施工、验收和评价。缺少评价这个环节，工程建设流程就没有形成闭环，所以当前很多工程项目的全生命周期也没有真正形成，致使今后系统迭代优化缺乏有力支撑，影响系统可持续发展。

2.3 规划环节

按照 GA/T 1403—2017《智能交通管理系统规划编制指南》，智能交通管理系统规划编制工作流程分为立项、编写工作大纲、调查分析、起草规划草案、征求意见、评审、报批等阶段。

开展规划编制过程中，要加强调查研究和理论分析相结合，充分借鉴国内外经验，结合当地特点和实际情况，对智能交通管理系统未来整体性、长期性、基本性问题进行思考和考量，制定具有充分依据、严谨科学、实用先进的行动方案。

其中规划的内容主要包括概述、现状及需求分析、规划方案、实施计划和资金匡算、保障机制等部分，具体为：

1）概述部分主要说明规划背景、范围和年限、规划目标、规划依据、基本原则和技术路线等。

2）现状及需求分析部分主要通过深入细致的调查，分析规划区域内道路交通建设总体状况、道路交通运行状况、交通管理情况及特征、智能交通管理系统建设及应用情况等，对城市交通运行以及交通管理存在问题进行分析，对相关的道路交通情况进行预测，对智能交通管理系统建设需求进行分析。

3）规划方案部分主要针对交通管理存在的问题和交通管理部门对智能交通管理系统的建设需求，提出系统建设总体框架和具体内容，不同规模城市规划建设内容有所不同。

4）实施计划和资金匡算部分主要是在规划方案中提出实施计划和资金匡算。实施计划应根据规划方案确定的任务，安排智能交通管理系统工作项目和近期实施计划，提出相应的实施主体单位、人员、装备和实施组织保障建议。资金匡算应按照实施计划，确定规划期内投入的资金数量，安排分年度的投入计划，提出资金的来源建议。

5）保障机制部分主要包括项目组织、管理制度、标准化以及相关技术、人才、经费保障等。

2.4 工程前期环节

智能交通管理系统工程前期环节是为开展工程建设实施所做准备的阶段，主要包括工程立项、可行性研究、初步设计、施工图设计、确定监理以及工程采购等建设流程步骤。这些前期的各项准备工作，通过合理、有序的组织开展，对于顺利完成工程建设实施具有重要作用。具体开展智能交通管理系统工程前期环节工作，可参照GA/T 651—2021相关内容执行。

1. 工程立项

工程立项工作主要为项目单位委托具有相应资信资格的咨询单位编制项目建议书。项目建议书应通过由项目投资主管部门组织的评审，并经项目投资主管部门批准。

项目建议书的内容至少包括项目简介、项目建设单位概况、项目建设的必要性、项目现状和需求分析、项目建设方案、环保、消防、职业安全、职业卫生和节能、项目组织机构和人员、项目实施进度、投资估算和资金筹措、效益与风险分析等。

2. 可行性研究

项目可行性研究工作主要为项目管理单位委托具有相应资信资格的咨询单位编制可行性研究报告。可行性研究报告应通过由项目投资主管部门组织的评审，并经项目投资主管部门批准。

可行性研究报告应包括项目概述、项目建设单位概况、项目现状和需求分析、项目建设的必要性、可行性、项目建设方案、环保、消防、职业安全和卫生、节能分析、项目组织机构和人员培训、项目实施进度、建设模式分析、投资估算和资金来源、效益与评价指标分析、项目风险与风险管理等内容。

3. 初步设计

初步设计工作主要为项目管理单位委托具有相应资质资格的设计单位编制初步设计文件。初步设计文件应通过项目投资主管部门组织的评审，并报项目投资主管部门审批。

初步设计文件应至少包括初步设计技术方案（初步设计说明书）、初步设计图纸、主要设备和材料清单、初步设计概算等部分。

4. 施工图设计

施工图设计工作主要为项目管理单位委托具有相应资质资格的设计单位编制施工图设计文件。施工图设计文件应报项目投资主管部门备案。

施工图设计包括施工设计技术方案（施工图设计说明书）、施工图设计图纸、设备和材料清单、施工图预算四部分。

5. 确定监理

监理工作应由具有相应资质资格的监理单位承担。

监理工作主要是在智能交通管理系统建设工程的实施、试运行、验收等阶段，对施工中的质量、进度、造价进行控制，协助项目管理单位对合同进行管理，参与工程主要相关方的组织协调。

6. 工程采购

工程采购应按照国家、地方、行业等相关管理规定执行。项目管理单位应依据经审批的相关设计文件自行或者委托具有相应资质资格的招标代理机构编制施工招标商务和技术文件。根据招标结果，项目管理单位授予中标单位合同。未通过招标确定施工单位的，应根据谈判结果签订合同。

2.5 工程实施环节

智能交通管理系统工程实施环节是工程建设落地的阶段，主要包括工程施工、工程验收等项目建设流程步骤。智能交通管理系统工程施工和验收是建成项目实体、成果投入使用、系统良好运行的必要环节。具体开展智能交通管理系统工程实施环节工作，可参照 GA/T 651—2021 相关内容执行。

1. 工程施工

（1）施工组织设计

施工单位应编制施工组织设计，对施工方案、施工组织、材料进场计划、施工质量保证措施、施工安全保障措施等进行详尽说明。

（2）设计交底

工程实施前，项目管理单位应组织设计单位对施工单位和监理单位进行设计交底。设计交底主要工作程序应包括设计单位介绍设计思路、设计内容、注意事项等，施工单位和监理单位对方案和图纸存在问题进行提问，设计单位对各方提出的问题进行答疑，撰写会议记录，并经各方签字确认。

（3）深化设计

施工单位应在施工图设计文件的基础上开展深化设计，对施工图设计的内容进行审查、核算和修订，量化、准确地表达设计内容及设备、材料、工艺要求等，对施工方、施工作业的特殊要求等进行详尽说明。

（4）施工

正式开工前，项目管理单位应取得施工许可证、开工报告，并办理环境影响等相关手续。施工阶段主要工作应包括：依据合同确定设备及其订货数量、进行软硬件开发；按施工图和施工规范进行施工；设备安装调试和软件部署；按系统功能要求进行系统调试；实施中若涉及变更，应出具完整的设计变更单。

（5）培训

施工单位应依据合同有关条款对相关人员进行培训。培训大纲应征得项目管理单位同意。

2. 工程验收

（1）初步验收

工程完成调试稳定运行、对相关人员进行培训后，由项目管理单位组织施工单位、设计单位等相关单位进行初步验收，初步验收合格后应形成初步验收报告。初步验收报告应包括对工程施工资料检查并评价、核对系统安装的设备型号和数量、对系统功能和性能检测并评价、对系统施工质量进行检查并评价、初步验收结论等内容。

（2）试运行

初步验收通过后，应至少试运行1个月，不宜超过6个月，由项目管理单位记录试运行情况。试运行期间，施工单位应配合项目管理单位建立系统的值机、操作和维护管理制度。如发生重大故障，试运行时间重新计算。

系统试运行结果达到合同要求，得到项目管理单位和监理单位认可后，由项目管理单位依据试运行期间的记录编制试运行报告，试运行报告应包括试运行起始和结束日期、试运行是否正常、系统功能是否符合合同要求、故障产生的次数和原因、排除故障的方法和时间、维修服务是否符合合同约定、试运行综合评述等内容。

（3）竣工验收

工程按合同内容全部建成，经试运行达到合同要求并得到项目管理单位认可及建设单位确认，视为完工。完工后施工单位应编制竣工报告，竣工报告应包括工程概况、安装的主要设备、软件及其相应功能、是否延期、延期原因及延期处理结果、变更情况、变更处理结果、试运行情况、遗留问题及处理意见、自我评估等内容。

项目竣工后，施工单位应根据施工图设计图纸、图纸会审记录、设计变更等绘制竣工图。

在竣工验收前，应由项目管理单位委托具有资质的检测检验机构对系统的功能和性能进行全面的系统测试，出具相应的测试报告。

工程验收或监理验收不通过的，应进行整改，对不合格项目应重新组织竣工验收。

（4）移交

竣工验收通过或基本通过后，施工单位应按要求整理编制工程竣工文件，项目管理单位和监理单位盖章后，由项目管理单位、使用单位、监理单位、施工单位等单位存档。

竣工验收通过或基本通过并落实整改措施后，施工单位向建设单位进行整体工程移交。

2.6 系统评价环节

项目管理单位应制定运行和维护规划，建立包括人员、经费、制度和技术支撑系统在内的运行维护保障体系，并制定考核办法。施工单位应按照工程合同、工程质量保修书等规定，完成工程保修、技术支持等售后服务工作。

在项目竣工验收并投入使用后，应开展项目系统评价工作，具体见第3章。

第3章
智能交通管理系统评价

Chapter Three

　　智能交通管理系统评价是指通过一定的方法、准则,科学合理地评定智能交通管理系统的建设应用效益。通过开展智能交通管理系统评价,对项目建成前、建成后的相关指标对比分析,量化智能交通管理系统产生的效益,可优化已有系统的运作和设计,引导建设方向,为制定系统规划提供参考,对促进智能交通管理系统的发展具有重要的现实意义。智能交通管理系统评价一般是在项目建成投入使用一段时间后开展,从具体工作操作流程看,通常按照明确评价主体、确定评价对象、组建评价小组、制定评价指标、选择评价方法、形成评价结论等开展。

3.1 评价主体

　　明确评价主体是开展项目评价的第一步,主体和目标明确后才能"有的放矢"。不同评价主体对智能交通管理系统的预期效益是不同的,进而导致评价目的不同。评价目的不同,所考虑的评价因素就有所不同,评价指标和评价方法也会差异很大。

　　智能交通管理系统的用户主体主要包括交通管理者、运营管理者、交通参与者等。交通管理者和运营管理者主要是站在政府层面,从系统或者全局的角度,重点关注交通管理效益,甚至整个社会经济效益。交通参与者则通常从个人的角度评价智能交通管理系统效益,比如出行时间节省、出行舒适度等。智能交通管理系统评价主体一般以交通管理者和运营管理者为主,兼顾交通参与者。

3.2 评价对象

　　对城市智能交通管理系统的效益评价而言,评价对象一般为项目建设前、建成后等不同时期的效益。以"智能交通管理系统项目产生的效益"为评价对象,明确智能交通管理项目的评价范围、评价内容、建设投资等，通过前后对比，采用定性分析和定量分析相结合的方式，综合衡量智能交通管理系统项目建成投入使用后产生的效益。

评价范围一般包含项目的地理范围和建设范围。评价内容可以划分为单项评价和综合评价，其中，单项评价以单一系统为评价对象，如针对交通信号控制系统的管控效益评价、针对交通违法行为监测记录系统的执法效果评价等；综合评价以单项评价为基础，综合形成项目的整体效益评价。

智能交通管理系统评价大多以综合性的建设项目为评价对象。

3.3 评价小组

评价小组通常由智能交通管理领域（科技规划、指挥调度、应急管理、信号控制、秩序管理等）的专家和相关领域（社会管理、经济管理等）的专家学者组成。

参加评价工作的专家组成、专家资格等应满足评价要求，以保证评价结论的有效性和权威性。

3.4 评价指标

指标体系主要依据法律法规、政策文件、标准规范等制定。在制定评价指标体系的过程中，应构造科学的层次结构；围绕评价的总体目标，逐级制定分项指标、具体指标。

智能交通管理系统评价指标体系主要包括直接效益指标和间接效益指标。

1）直接效益指给交通管理者、运营管理者、交通参与者带来的直接利益，如提高管理效率、减少出行时间等。

2）间接效益指给环境、经济带来的间接社会经济利益，如减少的机动车尾气排放、增加的群众满意度等。

评价指标体系的制定工作中，评价小组成员畅所欲言、互相启发，尽可能多地提出智能交通管理系统的评价指标；同时，采取面谈和问卷调查的方式，广泛征求评价指标项；针对初步成果，对所有评价指标进行整理、归纳、统计，再次征求意见，集中反馈，直至得到一致的意见。

评价体系的制定过程中，应保证评价指标客观科学、数据来源真实可靠、评价方法可操作。考虑到智能交通管理系统建设周期较长，开展智能交通管理系统效益评价时可选择更多的测评指标，数据的采集工作应始终贯穿全过程，项目建设前、项目建设过程中、项目试运行、项目正式投入使用等各个阶段应尽可能多收集数据。

智能交通管理系统评价指标主要包括 4 个方面：交通安全效益评价、交通管理效能评价、交通运行状况评价、社会效益评价，具体见表 3-1。

表 3-1　智能交通管理系统评价指标

一级指标	二级指标	指标单位	指标说明
交通安全效益评价指标	万车事故率	次/万辆车	客观数据
	机动车事故增长率	%	客观数据
	非机动车事故增长率	%	客观数据
	特大交通事故数	起	客观数据
	……	……	……
交通管理效能评价指标	非现场执法比例	%	客观数据
	接处警响应时间	min	客观数据
	机动车违法数量增长率	%	客观数据
	非机动车违法数量增长率	%	客观数据
	交通信号控制系统覆盖率	%	客观数据
	信号控制系统联网率	%	客观数据
	交通违法行为监测记录系统覆盖率	%	客观数据
	交通视频监控系统覆盖率	%	客观数据
	单警定位系统设备配置率	%	客观数据
	……	……	……
交通运行状况评价指标	平均信号控制延误	s/pcu	客观数据
	区域内交叉口平均排队长度变化率	%	客观数据
	区域内交叉口交通总流量变化率	%	客观数据
	区域内道路平均行程车速	km/h	客观数据
	高峰时段持续时间	h	客观数据
	……	……	……
社会效益评价指标	系统用户使用满意度	%	问卷调查
	交通管理舆情增长率	%	客观数据
	机动车驾驶人出行满意度	%	问卷调查

在各地的建设发展过程中，由于社会经济发展、基础建设、规划等各方面的因素，智能交通管理系统建设会出现分批次建设的情况（如专项建设交通信号控制系统、交通违法行为监测记录系统、公安交通指挥中心等）。针对此类专项系统建设的情况，智能交通管理系统效益评价指标可选取部分指标开展评价，如针对交通信号控制系统评价时，评价指

标应侧重于交通运行状况的评价；针对交通违法行为监测记录系统评价时，评价指标应侧重于交通安全效益评价。

3.5 评价方法

评价方法根据评级对象和目标的具体要求而有所不同，应选择成熟的、公认的评价方法，并注意评价方法与评价目标的匹配、评价方法的内在约束。

智能交通管理系统评价方法一般是先对单项指标评价，然后依据一定的权数对单项指标的评判结果进行综合。评价指标权数通常采用层次分析法确定，层次分析法是一种解决多目标、多指标复杂问题的定性、定量相结合的决策分析方法。层次分析法利用决策者的经验判断各衡量目标能否实现的标准之间的相对重要程度，并合理给出每个决策方案的每个标准的权数，利用权数求出各方案的优劣次序。该方法是美国运筹学家 Saaty 教授在 20 世纪 70 年代提出的一种能有效地处理决策问题、适用于多方案或多目标的决策方法，利用较少的定量信息使决策的思维过程数量化，实现多目标、多准则或无结构特性的复杂问题决策。

3.6 评价结论

依据评价体系的各项评价指标，收集智能交通管理系统的项目资料，主要包括建设资料和效益资料。建设资料主要包括信号控制、视频监控、集成指挥平台等建设应用资料，效益资料主要包括项目建设前后的交通运行状况、交通安全状况等数据。以交通信号控制系统为例，建设资料应重点收集交通信号控制系统的建设范围、信号控制路口数量、信号机建设情况、检测器建设情况、信号配时应用情况、投资规模等。效益资料则主要依据智能交通管理系统评价体系，重点收集单点交通流量、进口排队长度、平均行程速度等数据。

通过收集的资料分析，对评价指标逐项计算、分析，按照指标体系开展评价，并形成综合性的评价结论。

评价结论为定性和定量相结合，如某市智能交通管理系统建成投入使用之后，在交通管理效益方面，交叉口平均信号控制延误由 10s 减少为 8s，交叉口交通拥堵状态由"轻度拥堵"转变为"基本畅通"。

第4章
智能交通管理系统标准体系

Chapter Four

4.1 法律法规

2004年5月1日,《中华人民共和国道路交通安全法》和《中华人民共和国道路交通安全法实施条例》正式施行。

2018年4月,公安部交通管理局下发《关于进一步推进城市道路交通管理勤务机制改革的指导意见》,要求各地建立健全城市道路交通管理感知、预警、研判、指挥、调度、联动、监督、考核高效顺畅衔接的勤务运行机制,构建"情、指、勤、督"四位一体勤务体系。

4.2 现行标准体系

GA/Z 3—2022《道路交通管理标准体系表》规定了道路交通管理标准体系表的结构和基本内容。道路交通管理标准体系结构图如图4-1所示。

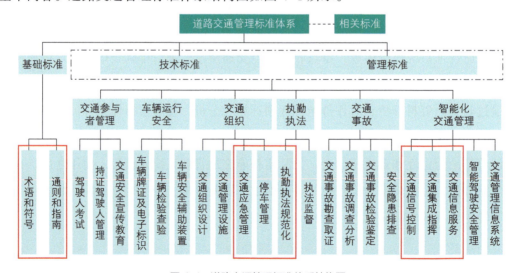

图4-1 道路交通管理标准体系结构图

基于道路交通管理标准体系,梳理形成了智能交通管理系统的标准体系,包含交通组织(交通应急管理、停车管理)、执勤执法(执勤执法规范化)、智能化交通管理(交通信号控制、交通集成指挥和交通信息服务)等内容并增加纳入了相关行业智能交通管理系统智能化、信息化建设和应用的标准规范。

截至 2022 年年底,现有智能交通管理系统相关标准共计 156 个,按照标准的级别划分,其中,国家标准(GB 或 GB/T)61 个,公共安全行业(GA 或 GA/T)标准 89 个,交通行业(JT 或 JT/T)标准 6 个;按照标准的类别划分,其中,基础标准 7 个,技术标准 140 个,管理标准 9 个。现行相关标准见表 4-1。

表 4-1 现行相关标准

序号	标准号	标准名称	标准分类
一、总体性标准			
1	GB/T 39898—2021	智能交通管理系统建设技术规范	技术标准
2	GA/T 445—2010	公安交通指挥系统建设技术规范	技术标准
3	GA/T 515.1—2019	公安交通指挥系统设计规范 第 1 部分:总则	技术标准
4	GA/T 515.2—2019	公安交通指挥系统设计规范 第 2 部分:省(自治区)公安交通指挥系统	技术标准
5	GA/T 515.3—2020	公安交通指挥系统设计规范 第 3 部分:城市公安交通指挥系统	技术标准
6	GA/T 515.4—2019	公安交通指挥系统设计规范 第 4 部分:制图	技术标准
7	GA/T 651—2021	公安交通指挥系统工程建设通用程序和要求	管理标准
8	GA/T 1403—2017	智能交通管理系统规划编制指南	基础标准
二、集成指挥平台相关标准			
9	GA/T 1146—2019	公安交通集成指挥平台通用技术条件	技术标准
10	GA/T 1504—2018	互联网交通安全综合服务管理平台数据接入规范	技术标准
11	GA/T 1317.1—2016	交通安全社会化服务管理信息系统通用技术条件 第 1 部分:互联网交通安全综合服务管理平台	技术标准
12	GA/T 1317.2—2016	交通安全社会化服务管理信息系统通用技术条件 第 2 部分:专用网络交通安全综合服务管理平台	技术标准
13	GA/T 1049.1—2013	公安交通集成指挥平台通信协议 第 1 部分:总则	技术标准
14	GA/T 1049.2—2013	公安交通集成指挥平台通信协议 第 2 部分:交通信号控制系统	技术标准
15	GA/T 1049.3—2013	公安交通集成指挥平台通信协议 第 3 部分:交通视频监视系统	技术标准
16	GA/T 1049.4—2013	公安交通集成指挥平台通信协议 第 4 部分:交通流信息采集系统	技术标准

（续）

序号	标准号	标准名称	标准分类
二、集成指挥平台相关标准			
17	GA/T 1049.5—2013	公安交通集成指挥平台通信协议 第5部分：交通违法监测记录系统	技术标准
18	GA/T 1049.6—2013	公安交通集成指挥平台通信协议 第6部分：交通信息发布系统	技术标准
19	GA/T 1049.7—2014	公安交通集成指挥平台通信协议 第7部分：车辆与单警定位系统	技术标准
20	GA/T 1049.8—2014	公安交通集成指挥平台通信协议 第8部分：交通设施管理系统	技术标准
21	GA/T 1049.9—2014	公安交通集成指挥平台通信协议 第9部分：交通事件采集系统	技术标准
22	GA/T 1049.10—2014	公安交通集成指挥平台通信协议 第10部分：机动车缉查布控系统	技术标准
23	GA/T 1049.11—2015	公安交通集成指挥平台通信协议 第11部分：部省市三级指挥平台	技术标准
三、应用支撑系统相关标准			
24	GB/T 35295—2017	信息技术 大数据 术语	基础标准
25	GB/T 32399—2015	信息技术 云计算 参考架构	技术标准
26	GB/T 37721—2019	信息技术 大数据分析系统功能要求	技术标准
27	GB/T 37722—2019	信息技术 大数据存储与处理系统功能要求	技术标准
28	GB/T 37732—2019	信息技术 云计算 云存储系统服务接口功能	技术标准
29	GB/T 37732—2019	信息技术 云计算 分布式块存储系统总体技术要求	技术标准
30	GB/T 18578—2008	城市地理信息系统设计规范	技术标准
31	GA/T 491—2004	城市地理信息分类与代码	基础标准
32	GA/T 492—2004	城市地理信息图形符号	基础标准
33	GA/T 493—2004	城市地理信息系统建设规范	技术标准
34	GA/T 627—2006	城市地理信息数据采集与更新规范	技术标准
35	GA/T 628—2006	城市地理信息空间数据质量	技术标准
四、交通信号控制系统相关标准			
36	GB/T 31418—2015	道路交通信号控制系统术语	基础标准
37	GB 14886—2016	道路交通信号灯设置与安装规范	管理标准
38	GB/T 39900—2021	道路交通信号控制系统通用技术要求	技术标准
39	GB/T 38779—2020	有轨电车道路通行安全技术规范	技术标准
40	GA/T 489—2016	道路交通信号控制机安装规范	管理标准
41	GB 14887—2011	道路交通信号灯	技术标准

（续）

序号	标准号	标准名称	标准分类
四、交通信号控制系统相关标准			
42	GB 25280—2016	道路交通信号控制机	技术标准
43	GA/T 508—2014	道路交通信号倒计时显示器	技术标准
44	GB/T 20999—2017	交通信号控制机与上位机间的数据通信协议	技术标准
45	GA/T 527.1—2015	道路交通信号控制方式 第1部分：通用技术条件	技术标准
46	GA/T 527.2—2024	道路交通信号控制方式 第2部分：通行状态与控制效益评估指标及方法	技术标准
47	GA/T 527.3—2018	道路交通信号控制方式 第3部分：单点信号控制方式实施要求	技术标准
48	GA/T 527.4—2018	道路交通信号控制方式 第4部分：干线协调信号控制方式实施要求	技术标准
49	GA/T 527.5—2016	道路交通信号控制方式 第5部分：可变导向车道通行控制规则	技术标准
50	GA/T 527.6—2018	道路交通信号控制方式 第6部分：公交车交叉口优先通行控制规则	技术标准
51	GA/T 527.7—2018	道路交通信号控制方式 第7部分：有轨电车交叉口优先通行控制规则	技术标准
52	GA/T 920—2010	道路交通信号控制机与车辆检测器间的通信协议	技术标准
53	GA/T 1743—2020	道路交通信号控制机信息发布接口规范	技术标准
五、交通视频监视系统相关标准			
54	GB/T 28424—2012	交通电视监控系统设备用图形符号及图例	基础标准
55	GB/T 28181—2022	公共安全视频监控联网系统信息传输、交换、控制技术要求	技术标准
56	GB 35114—2017	公共安全视频监控联网信息安全技术要求	技术标准
57	GB/T 25724—2017	公共安全视频监控数字视音频编解码技术要求	技术标准
58	GA/T 514—2004	交通电视监视系统工程验收规范	管理标准
59	GA/T 1127—2013	安全防范视频监控摄像机通用技术要求	技术标准
60	GA/T 1211—2014	安全防范高清视视频监控系统技术要求	技术标准
61	GA/T 1399.1—2017	公安视频图像分析系统 第1部分：通用技术要求	技术标准
62	GA/T 1399.2—2017	公安视频图像分析系统 第2部分：视频图像内容分析及描述技术要求	技术标准
63	GA/T 1400.1—2017	公安视频图像信息应用系统 第1部分：通用技术要求	技术标准
64	GA/T 1400.2—2017	公安视频图像信息应用系统 第2部分：应用平台技术要求	技术标准
65	GA/T 1400.3—2017	公安视频图像信息应用系统 第3部分：数据库技术要求	技术标准
66	GA/T 1400.4—2017	公安视频图像信息应用系统 第4部分：接口协议要求	技术标准

（续）

序号	标准号	标准名称	标准分类
六、交通流信息采集系统相关标准			
67	GB/T 29192—2012	城市交通流信息采集与存储	技术标准
68	GB/T 20133—2006	道路交通信息采集 信息分类与编码	技术标准
69	GB/T 20134—2006	道路交通信息采集 事件信息集	技术标准
70	GB/T 20609—2023	交通信息采集 微波交通流检测器	技术标准
71	GB/T 24726—2021	交通信息采集 视频交通流检测器	技术标准
72	GB/T 26942—2011	环形线圈车辆检测器	技术标准
73	GB/T 35548—2017	地磁车辆检测器	技术标准
七、交通事件检测系统相关标准			
74	GB/T 28789—2012	视频交通事件检测器	技术标准
八、交通违法行为监测记录系统相关标准			
75	GB/T 19056—2021	汽车行驶记录仪	技术标准
76	GB/T 21255—2019	机动车测速仪	技术标准
77	GA/T 496—2014	闯红灯自动记录系统通用技术条件	技术标准
78	GA/T 832—2014	道路交通安全违法行为图像取证技术规范	技术标准
79	GA/T 870—2017	闯红灯自动记录系统验收技术规范	管理标准
80	GA/T 959—2011	机动车区间测速技术规范	技术标准
81	GA/T 995—2020	道路交通安全违法行为视频取证设备技术规范	技术标准
82	GA/T 1014—2013	公安交通管理移动执法警务系统通用技术条件	技术标准
83	GA/T 1133—2014	基于视频图像的车辆行驶速度技术鉴定	技术标准
84	GA/T 1201—2021	道路交通安全违法行为卫星定位技术取证规范	技术标准
85	GA/T 1202—2022	交通技术监控成像补光装置通用技术条件	技术标准
86	GA/T 1244—2015	人行横道道路交通安全违法行为监测记录系统通用技术条件	技术标准
87	GA/T 1299—2016	车载视频记录取证设备通用技术条件	技术标准
88	GA/T 1426—2017	机动车违法停车自动记录系统通用技术条件	技术标准
89	GA/T 1505—2018	基于无人驾驶航空器的道路交通巡逻系统通用技术条件	技术标准
90	GA/T 1734—2020	公安交通集成指挥平台 高速公路占用应急车道自动记录系统通用技术条件	技术标准
91	GA/T 1771—2021	机动车不按规定使用远光灯自动记录系统通用技术条件	技术标准
92	GA/T 1767—2021	行人闯红灯警示系统技术规范	技术标准

（续）

序号	标准号	标准名称	标准分类
九、机动车缉查布控系统相关标准			
93	GA/T 497—2016	道路车辆智能监测记录系统通用技术条件	技术标准
94	GA/T 833—2016	机动车号牌图像自动识别技术规范	技术标准
95	GA/T 961—2020	道路车辆智能监测记录系统验收技术规范	管理标准
十、机动车电子标识应用系统相关标准			
96	GB/T 35785—2017	机动车电子标识读写设备安装规范	技术标准
97	GB/T 35786—2017	机动车电子标识读写设备通用规范	技术标准
98	GB/T 35787—2017	机动车电子标识读写设备安全技术要求	技术标准
99	GB/T 35788—2017	机动车电子标识安全技术要求	技术标准
100	GB/T 35789.1—2017	机动车电子标识通用规范 第1部分：汽车	技术标准
101	GB/T 35790.1—2017	机动车电子标识安装规范 第1部分：汽车	技术标准
102	GB/T 37987—2019	机动车电子标识读写设备应用接口规范	技术标准
103	GB/T 37985—2019	机动车电子标识密钥管理系统技术要求	技术标准
十一、卫星定位管理系统相关标准			
104	GB/T 35658—2017	道路运输车辆卫星定位系统 平台技术要求	技术标准
105	JT/T 794—2019	道路运输车辆卫星定位系统 车载终端技术要求	技术标准
106	JT/T 809—2019	道路运输车辆卫星定位系统 平台数据交换	技术标准
十二、单警执法音视频记录系统相关标准			
107	GA/T 947.1—2015	单警执法视音频记录系统 第1部分：基本要求	技术标准
108	GA/T 947.2—2015	单警执法视音频记录系统 第2部分：执法记录仪	技术标准
109	GA/T 947.3—2015	单警执法视音频记录系统 第3部分：管理平台	技术标准
110	GA/T 947.4—2015	单警执法视音频记录系统 第4部分：数据接口	技术标准
111	GA/T 1461—2018	警用电子装备通用技术要求	技术标准
112	GA/T 1462—2018	警用指挥车（交通应急指挥）设备技术要求	技术标准
十三、移动执法警务系统相关标准			
113	GA/T 1561—2019	移动警务系统 总体技术要求	技术标准
114	GA/T 1014—2013	公安交通管理移动执法警务系统通用技术条件	技术标准
十四、交通信息发布系统相关标准			
115	GB/T 29099—2012	道路交通信息服务 浮动车历史数据交换存储格式	技术标准
116	GB/T 29100—2012	道路交通信息服务 交通事件分类与编码	技术标准
117	GB/T 29101—2012	道路交通信息服务 数据服务质量规范	技术标准
118	GB/T 29102—2012	道路交通信息服务 通过调频数据广播发布的道路交通信息	技术标准

(续)

序号	标准号	标准名称	标准分类
十四、交通信息发布系统相关标准			
119	GB/T 29103—2012	道路交通信息服务 通过可变情报板发布的交通信息	技术标准
120	GB/T 29105—2012	道路交通信息服务 浮动车数据编码	技术标准
121	GB/T 29107—2012	道路交通信息服务 交通状况描述	技术标准
122	GB/T 29108—2012	道路交通信息服务 术语	基础标准
123	GB/T 29109—2012	道路交通信息服务 通过无线电台发布的交通信息	技术标准
124	GB/T 29111—2012	道路交通信息服务 通过蜂窝网络发布的交通信息	技术标准
125	GB/T 29744—2013	道路交通信息服务 道路编码规则	技术标准
126	GA/T 994—2017	道路交通信息发布规范	技术标准
127	GB 50526—2021	公共广播系统工程技术标准	技术标准
128	JT/T 607—2021	高速公路可变信息标志信息的显示和管理	技术标准
129	GA/T 993—2021	道路交通信息显示设备设置规范	管理标准
130	JT/T 1032—2016	雾天公路行车安全诱导装置	技术标准
131	GA/T 1055—2013	LED 道路交通诱导可变信息标志通信协议	技术标准
132	GB 23826—2009	高速公路 LED 可变限速标志	技术标准
133	GB/T 23828—2023	高速公路 LED 可变信息标志	技术标准
134	GB/T 31446—2015	LED 主动发光道路交通标志	技术标准
135	GA/T 484—2018	LED 道路交通诱导可变信息标志	技术标准
136	GA/T 742—2016	移动式 LED 道路交通信息显示屏	技术标准
137	GA/T 1760—2020	道路交通事故多发点段安全预警系统通用技术条件	技术标准
十五、停车服务与管理信息系统相关标准			
138	GB/T 29745—2013	公共停车场（库）信息联网通用技术要求	技术标准
139	GA/T 1302—2016	停车服务与管理信息系统通用技术条件	技术标准
140	GB/T 26770—2011	停车诱导信息集	技术标准
十六、气象监测系统相关标准			
141	JT/T 714—2008	道路交通气象环境 能见度检测器	技术标准
十七、路面结冰监测系统相关标准			
142	GA/T 1494—2018	路面结冰监测系统通用技术条件	技术标准
十八、雾天公路行车安全诱导系统			
143	GB/T 31445—2015	雾天高速公路交通安全控制条件	技术标准
144	JT/T 1032—2016	雾天公路行车安全诱导装置	技术标准
十九、运行保障系统相关标准			
145	GB/T 22239—2019	信息安全技术 网络安全等级保护基本要求	技术标准

（续）

序号	标准号	标准名称	标准分类
十九、运行保障系统相关标准			
146	GB/T 22240—2020	信息安全技术 网络安全等级保护定级指南	技术标准
147	GB/T 25058—2019	信息安全技术 信息系统安全等级保护实施指南	技术标准
148	GB/T 25070—2019	信息安全技术 网络安全等级保护安全设计技术要求	技术标准
149	GA/T 1141—2014	信息安全技术 主机安全等级保护配置要求	技术标准
150	GA/T 1389—2017	信息安全技术 网络安全等级保护定级指南	技术标准
151	GA/T 1168—2014	公安交通管理综合应用平台安全保护通用技术要求	技术标准
152	GA/T 608—2019	公安信息网网络管理系统基本功能要求	技术标准
153	GA/T 1043—2013	道路交通技术监控设备运行维护规范	管理标准
二十、基础配套设施相关标准			
154	GB 50174—2017	数据中心设计规范	技术标准
155	GA/T 652—2017	公安交通管理外场设备基础设施施工通用要求	技术标准
156	GA/T 1047—2013	道路交通信息监测记录设备设置规范	管理标准

4.3 重点标准介绍

1. GB/T 39898—2021《智能交通管理系统建设技术规范》

标准规定了智能交通管理系统的组成和技术要求，适用于省（自治区、直辖市）、设区市、县（市）智能交通管理系统的规划、设计和建设。

2. GA/T 515《公安交通指挥系统设计规范》

GA/T 515.1—2019《公安交通指挥系统设计规范 第1部分：总则》规定了公安交通指挥系统的设计原则和设计要求，适用于公安交通指挥系统的设计。

GA/T 515.2—2019《公安交通指挥系统设计规范 第2部分：省（自治区）公安交通指挥系统》规定了省（自治区）公安交通指挥系统的设计要求及初步设计技术方案要求，适用于省（自治区）公安交通指挥系统的设计。

GA/T 515.3—2020《公安交通指挥系统设计规范 第3部分：城市公安交通指挥系统》规定了城市公安交通指挥系统的设计要求，适用于城市公安交通指挥系统的设计。

GA/T 515.4—2019《公安交通指挥系统设计规范 第4部分：制图》规定了公安交通指挥系统工程设计制图的分类、要求和画法，适用于公安交通指挥系统工程图纸的绘制。

3. GA/T 651—2021《公安交通指挥系统工程建设通用程序和要求》

标准规定了公安交通指挥系统工程建设的基本规定及立项准备、建设准备、工程实施、工程验收、运行评价等阶段的通用程序和要求，适用于公安交通指挥系统工程建设。

4. GA/T 1146—2019《公安交通集成指挥平台通用技术条件》

标准规定了公安交通指挥系统中公安交通集成指挥平台分类、部署、运行环境、功能、安全、性能、验证等技术要求，适用于公安交通集成指挥平台的设计、建设和验证。

5. GA/T 1049—2013《公安交通集成指挥平台通信协议》

GA/T 1049.1—2013《公安交通集成指挥平台通信协议 第1部分：总则》规定了智能交通管理系统集成指挥平台与各子系统接口的设计、开发等应遵循的通用原则和要求。适用于公安交通集成指挥平台的设计和建设。

GA/T 1049.2—2013《公安交通集成指挥平台通信协议 第2部分：交通信号控制系统》规定了公安交通集成指挥平台与交通信号控制系统进行数据交换的接口要求。适用于公安交通集成指挥平台、交通信号控制系统的设计和建设。

GA/T 1049.3—2013《公安交通集成指挥平台通信协议 第3部分：交通视频监视系统》规定了公安交通集成指挥平台与交通视频监视系统进行数据交换的接口要求。适用于公安交通集成指挥平台、交通视频监视系统的设计和建设。

GA/T 1049.4—2013《公安交通集成指挥平台通信协议 第4部分：交通流信息采集系统》规定了公安交通集成指挥平台与交通流信息采集系统进行数据交换的接口要求。适用于公安交通集成指挥平台、交通流信息采集系统的设计和建设。

GA/T 1049.5—2013《公安交通集成指挥平台通信协议 第5部分：交通违法监测记录系统》规定了公安交通集成指挥平台与交通违法监测记录系统进行数据交换的接口要求。适用于公安交通集成指挥平台、交通违法监测记录系统的设计和建设。

GA/T 1049.6—2013《公安交通集成指挥平台通信协议 第6部分：交通信息发布系统》规定了公安交通集成指挥平台与交通信息发布系统进行数据交换的接口要求。适用于公安交通集成指挥平台、交通信息发布系统的设计和建设。

GA/T 1049.7—2014《公安交通集成指挥平台通信协议 第7部分：车辆与单警定位系统》规定了公安交通集成指挥平台与车辆定位系统和单警定位系统信息层之间的接口要求。适用于公安交通集成指挥平台、车辆定位系统和单警定位系统的设计和开发。

GA/T 1049.8—2014《公安交通集成指挥平台通信协议 第8部分：交通设施管理系统》规定了公安交通集成指挥平台与交通设施管理系统信息层之间的接口要求。适用于公安交通集成指挥平台、交通设施管理系统的设计和开发。

GA/T 1049.9—2014《公安交通集成指挥平台通信协议 第9部分：交通事件采集系统》规定了公安交通集成指挥平台与交通事件采集系统信息层之间的接口要求。适用于公安交通集成指挥平台、交通事件采集系统的设计和开发。

GA/T 1049.10—2014《公安交通集成指挥平台通信协议 第10部分：机动车缉查布控系统》规定了公安交通集成指挥平台与机动车缉查布控系统信息层之间的接口要求。适用于公安交通集成指挥平台、机动车缉查布控系统的设计和开发。

6. GB/T 31418—2015《道路交通信号控制系统术语》

标准规定了道路交通信号控制系统的基本术语，适用于道路交通信号控制系统的设计、管理、教学、科研及其他相关领域。

7. GB/T 39900—2021《道路交通信号控制系统通用技术要求》

标准规定了道路交通信号控制系统的系统结构、中心控制软件功能要求、性能指标、通信要求、安全要求、测试要求、运维管理等内容，适用于道路交通信号控制系统的规划、设计、建设、测试及应用。

8. GB 25280—2016《道路交通信号控制机》

标准规定了在道路上使用的交通信号控制机的分类、要求、试验方法、检验规则、标志、标签和包装等。适用于道路交通信号控制机的设计、制造和检验等。

9. GB 14887—2011《道路交通信号灯》

标准规定了道路交通信号灯的术语和定义、分类与型号编制规则、要求、试验方法、检验规则、铭牌和标志、包装、运输和贮存等。适用于在道路上使用的交通信号灯。

10. GB/T 20609—2023《交通信息采集 微波交通流检测器》

标准规定了微波交通流检测器的功能、技术指标试验方法、检验规则、标志、包装、运输和贮存等内容。适用于在道路上测量车辆交通参数的微波交通流检测器。

11. GB/T 24726—2021《交通信息采集 视频交通流检测器》

标准规定了视频交通流检测器的功能、技术指标试验方法、检验规则、标志、包装、运输和贮存等内容。适用于在道路上测量车辆交通参数的视频交通流检测器。

12. GA/T 496—2014《闯红灯自动记录系统通用技术条件》

标准规定了闯红灯自动记录系统的要求、试验方法、检验规则、安装和运行条件、标志、标签、包装，适用于安装在具有信号控制的交叉路口和路段的闯红灯自动记录系统的生产、检测和验收。

13. GA/T 1202—2022《交通技术监控成像补光装置通用技术条件》

标准规定了交通技术监控成像补光装置的分类和命名、技术要求、试验方法、检验规则、标志、合格证和包装、设置要求和眩光评价，适用于交通技术监控成像补光装置的设计、生产、检验及设置和眩光评价。嵌入在交通技术监控设备中的补光部件可参照执行。

14. GA/T 497—2016《道路车辆智能监测记录系统通用技术条件》

标准规定了道路车辆智能监测记录系统的技术要求、试验方法、检验规则、安装和运行条件、标志、标签、包装等，适用于安装在公路、城市道路的道路车辆智能监测记录系统的生产、检测和验收。

15. GA/T 994—2017《道路交通信息发布规范》

标准规定了道路交通信息内容、发布方式和发布形式的要求，适用于高速公路、国省干线公路和城市道路的交通信息发布。

16. GA/T 1043—2013《道路交通技术监控设备运行维护规范》

标准规定了道路交通技术监控设备运行管理和维护要求。适用于道路交通技术监控设备运行管理和维护。

17. GA/T 652—2017《公安交通管理外场设备基础设施施工通用要求》

标准规定了公安交通管理外场设备基础设施施工通用要求，适用于各类公安交通管理外场设备基础设施施工。

18. GA/T 1047—2013《道路交通信息监测记录设备设置规范》

标准规定了道路交通信息监测记录设备的设置要求。适用于道路交通信息监测记录设备的设置。

第二部分

设 计 篇

第 5 章
设计程序与要求

Chapter Five

智能交通管理系统设计主要包括设计任务书编制、调查和勘察、初步设计、初步设计评审和批复、施工图设计，以及施工单位完成竣工图编制，设计文件应完整、准确、规范。

智能交通管理系统设计应采用成熟、先进的技术，构建实用、高效、安全、开放的系统，新建道路的交通管理设备及相关附属设施的设计与道路基础设施的设计同步进行。

5.1 设计任务书

建设单位可以根据已批复的项目建议书或可行性研究报告等相关文件编制设计任务书。设计任务书至少包括以下内容：

1）项目名称：说明项目名称和建设性质等。

2）任务来源：说明项目任务来源、投资总额和建设部门等。

3）相关规划要求：对项目设计中遵循的城市公安交通指挥系统规划以及其他相关规划进行说明。

4）标准规范要求：对项目设计中使用的法律法规、标准规范进行说明。

5）设计范围：对设计的内容、范围进行界定，涉及外场设备设计时，对路段起止点、片区范围等进行说明。

6）建设目标：对项目建成后的目标以及相关要求进行说明。

7）建设内容：对项目建设包含的主要内容进行说明。

8）功能、性能、安全需求：对项目及其包含的应用系统的主要功能、性能指标和安全需求等进行说明。

9）设计和建设期限：对项目设计及工程的整体时间进度要求进行说明。

10）工程投资数额及资金来源：对项目整体的投资规模要求以及资金来源进行说明。

11）设计成果形式：对项目设计方案的完成形式进行说明。

12）其他要求：对涉及的其他要求进行说明。

5.2 调查和勘察

5.2.1 调查

1. 调查城市基本情况

包括调查设计范围内城市地理、气候、行政辖区、人口、国民经济等发展基本情况。

2. 调查城市交通情况

包括调查道路交通、交通管理、公安交通管理机制等情况。

（1）道路交通情况

调查设计范围内道路交通情况：道路（公路、城市道路）及附属设施情况，如快速路、主干道、次干道、支路、行人过街设施等；停车设施情况；交通运行情况，如交通出行结构、交通流特性等；高速公路互通枢纽、服务区、收费站等；高速公路城市过境段的出口连接道路交通组织情况；道路危险路段，如横风段、软基段、团雾多发路段、路面结冰多发路段、隧道及隧道群等。

（2）交通管理情况

调查城市交通管理情况：交通管理体制；交通管理法规；机构和人员信息；近五年交通事故情况；近三年交通违法情况；近五年机动车和驾驶人数量；非机动车及驾驶人情况；交通组织措施；交通管理设施等。

（3）公安交通管理机制情况

调查城市公安交通管理机制情况：勤务管理机制和模式；指挥中心值班、视频巡逻、信息采集、交通管理信息研判和排班等日常工作机制；突发事件、重大活动、恶劣天气等应急响应机制；与其他管理部门及相邻城市公安交通管理部门之间的协同联动机制；运行维护管理机制等。

3. 调查交通管理科技建设情况

（1）公安交通管理科技建设情况

调查城市公安交通管理科技建设情况：集成应用平台应涵盖交通管理涉及的各类平台，包括平台名称、网络环境、主要功能模块、业务处理流程等；应用支撑系统主要包括交通管理数据资源管理系统和交通管理地理信息系统等；基础应用系统主要包括交通信号控制系统、交通视频监视系统、交通流信息采集系统、交通事件检测系统、交通违法监测记录系统、机动车缉查布控系统、机动车电子标识应用系统、卫星定位管理系统、单警执法视音频记录系统、移动执法警务系统、交通信息发布系统、停车服务与管理信息系统、气象监测系统、路面结冰监测系统、雾天公路行车安全诱导系统等；运行保障系统主要包括通信系统、信息安全防护系统、运行维护管理系统等；基础配套设施主要包括指挥中心基础配套设施、分指挥中心基础配套设施、前端基础配套设施等。

（2）公安其他部门科技建设情况

从系统组成、功能、关联、部署及复用情况等层面调查城市公安其他部门科技建设情况：公安云计算中心平台、接处警系统、视频图像联网系统、治安卡口系统、地理信息系统、视频会议系统、通信系统、数字集群系统、信息安全防护系统等。

（3）相关单位科技建设情况

调查城市以下单位和部门科技建设情况：信息管理部门、道路建设部门、交通运输部门、停车管理部门、应急管理部门、医疗急救部门、消防部门等。

4. 调查建设单位需求

调查建设单位以下交通管理方面的需求：技术方面、管理方面、应用方面。

5.2.2 勘察

勘察是指现场勘查，主要包括外场勘察和指挥中心勘察两部分工作。

1. 外场勘察

勘察内容包括：区域路网情况；路口、路段几何形状；高速公路、城市快速路道路里程、断面、线形；交通标志、标线和信号灯等交通管理设施情况；视频监视、违法监测等交通管理设备情况；通信资源情况；供电情况；地下管道情况；环境情况，如电磁环境、照明等。

2. 指挥中心勘察

勘察内容包括：指挥中心大厅、会议室、机房等用房平面布局和层高等；不同用房区域的楼面荷载承受能力；强、弱电管线情况；供配电情况；防雷；接地；通信网络；人机环境；机房运行环境情况和设备使用情况等。

调查和勘察完成后，应编制调研报告，用文字和图表将调查和勘察的全部内容清晰、完整、全面地表述出来。

5.3 需求分析

围绕推动城市道路交通治理能力现代化水平显著提升的目标，根据调查和现场勘察收集的资料和掌握的情况，结合城市地理、气候、行政辖区、人口、国民经济等发展基本现状，系统梳理城市道路交通、交通管理、公安交通管理机制、公安交通管理科技建设、公安其他部门科技建设以及相关单位科技建设等实际情况和存在问题，依据相关法律法规、标准规范、工程建设管理规定、可行性研究报告、立项批复、设计合同、设计任务书、建筑图纸及资料、城市公安交通指挥系统规划以及其他相关规划等文件要求，紧密结合公安交通指挥中心、交通秩序管理、交通设施管理、交通勤务执行、交通事故处理、交通科技管理等部门职能，按照现代警务勤务机制改革要求，深度融合"情、指、勤、督"一体化警务勤务运行机制，深入分析系统建设的技术需求、管理需求和应用需求，构建集城市道路交通管理感知、预警、研判、指挥、调度、联动、执法、发布、管控、监管等功能为一体的智能交通管理系统，实现与内外部数据资源共享交换，服务交通安全隐患排查治理、交通综合信息研判分析、交通指挥调度、交通管理组织优化、交通勤务执勤执法、交通信息诱导服务、交管警务监督考核等业务应用。通过对上述各个方面的分析，设计时要总结形成用户需求、应用需求等需求分析结果。

5.4 初步设计

1. 初步设计依据

初步设计依据应包括：国家和地方相关法律法规；现行国家标准、行业标准和地方标准；工程建设单位或其主管部门的有关管理规定；可行性研究报告；立项批复；设计合同、设计任务书；调研报告、相关建筑图纸及资料；城市公安交通指挥系统规划以及其他相关规划。

2. 初步设计文件

（1）初步设计技术方案

初步设计技术方案应包括以下内容：概述；现状调查与分析；需求分析；设计依据；总体设计；集成应用平台设计；应用支撑系统设计；基础应用系统设计；运行保障系统设计；基础配套设施设计；利旧设计；建设与运行管理；人员配置与培训；工程实施进度；设计概算；其他约定设计内容。

（2）初步设计图纸

初步设计图纸应包括以下部分：图纸目录；设计说明；业务管理流程结构图；系统

结构布局图。主要包括系统逻辑图、软件架构图、物理结构图等；指挥中心大厅平面布局图；机房平面布局图；前端平面布局图；通信接入与组网平面布局图等。

（3）主要设备和材料设计要求

需要列出系统主要设备和材料的名称、数量和主要配置等。

（4）工程概算

应根据工程实际情况，结合各地具体要求编制，其中，工程设计费计算方法可参见行业标准GA/T 515.3—2020《公安交通指挥系统设计规范 第3部分：城市公安交通指挥系统》附录C。

3. 初步设计评审

对初步设计的各项内容进行评审，应包括以下内容：内容是否符合设计任务书和合同等要求；内容与国家和地方相关法律法规符合性审查；内容与现行国家标准、行业标准和地方标准符合性审查；现状与需求是否符合实际情况；总体设计是否合理；集成应用平台、应用支撑系统、基础应用系统、运行保障系统及基础配套设施等设计是否满足需求；内容与工程建设单位或其主管部门的有关管理规定一致性审查；工程进度设计的实际情况和建设单位的要求满足性审查；初步设计图纸的质量、深度与GA/T 515.4—2019《公安交通指挥系统设计规范 第4部分：制图》的符合性审查；工程概算与国家、地方的相关规定符合性审查。

5.5 » 施工图设计

1. 施工图设计依据

施工图设计依据包括：经批准的初步设计文件；设计合同。

2. 施工图设计文件

（1）施工设计技术说明

施工设计技术说明应在初步设计技术方案的基础上细化或增加以下内容：系统功能和性能；设备选型依据、数量计算过程和设备技术指标；系统数据要求设计和数据目录；系统静态、动态数据组成图；系统内部之间、与相关单位系统、与互联网企业系统之间数据交换方式和内容等详细关联接口设计。

（2）施工图设计图纸

施工图设计图纸应在初步设计图纸的基础上细化或增加以下内容：装饰装修、供配电、接地、综合照明、暖通空调、消防、弱电、环境综合监控及机房迁移等方面的图纸；指挥中心大厅系统设备部署接线图；机房系统设备组网部署接线图；网络通信接入与组网部署接线图；外场设备基础、杆件、管道、窨井等设施结构设计图；外场设备接线图；外场设备安装图；外场设备供电、接地、通信接入设计图等。

（3）设备和材料设计要求

明确列出系统设备和材料的名称、数量、技术性能指标和其他要求等。

与初步设计相比，施工图设计的设备和材料的技术性能指标更加细化，除了需要包括初步设计中的核心技术性能指标，还要进一步列明体现设备和材料技术性能的其他指标，以满足施工预算编制的深度要求。

（4）工程预算

应根据工程实际情况，结合各地具体要求编制。

5.6　竣工图编制

项目竣工后，由施工单位根据施工图设计图纸、图纸会审记录、设计变更等进行竣工图编制。

第 6 章
总体设计
Chapter Six

6.1 设计原则

智能交通管理系统建设的基本原则是坚持实用性、先进性、开放性、安全性、国产化,注重符合设计对象的实际情况,理论结合实际,满足交通管理需求,具体如下。

1. 实用性

智能交通管理系统是先进的综合系统,从工程建设角度来说,首要的原则是实用性,应能解决道路交通管理现阶段面临的主要问题。根据建设项目的交通管理需求,从总体目标、具体目标、系统结构、系统功能、应用技术等各个方面体现出实用性,能够实现最优的系统性能价格比,充分利用有限的资金,创造巨大的社会效益和经济效益。

2. 先进性

智能交通管理系统各项应用技术发展迅速,而系统本身却建设周期较长,在采用的技术方面应体现出先进性,确保系统建设项目结束后一段时间内技术和功能不落后。

3. 开放性

智能交通管理系统应具有开放性,系统设计要符合有关国家和行业标准,数据结构应标准化,系统接口应透明,便于从系统中抽取各类数据,实现信息交换与集成。

4. 安全性

智能交通管理系统是一个庞大的系统,管理的对象是瞬息万变的实时交通,必须确保稳定,方可实现智能化管理。系统拥有海量的交通管理静态和动态数据,且需与互联网和一些政府专网交换数据,必须重视系统安全,保证系统自身和对外数据交换的安全。

5. 国产化

智能交通管理系统应充分体现国产化,具有自主知识产权或著作权,无知识产权纠纷，并尽量采用具备二次开发能力的开源软件。

6.2 总体框架

城市智能交通管理系统由集成应用平台、应用支撑系统、基础应用系统、运行保障系统、基础配套设施等组成。

集成应用平台是集道路交通监测、决策、控制和服务为一体的应用软件系统。

应用支撑系统是为集成应用平台提供数据存储管理、数据计算、数据交互以及地图服务等能力的支撑系统，主要包括交通管理数据资源管理系统、交通管理地理信息系统等。

基础应用系统是具有采集交通基础数据、执行交通控制指令、监测交通违法行为和发布交通信息等功能的多个系统的集合，主要包括交通信号控制系统、交通视频监视系统、交通流信息采集系统、交通事件检测系统、交通违法监测记录系统、机动车缉查布控系统、机动车电子标识应用系统、卫星定位管理系统、单警执法视音频记录系统、交通信息发布系统、停车服务与管理信息系统、移动执法警务系统等。

运行保障系统是为智能交通管理系统提供通信、系统安全以及运行维护管理等功能的系统，主要包括通信系统、信息安全防护系统、运行维护管理系统等。

基础配套设施是满足智能交通管理系统建设及应用的基础运行环境，主要包括指挥中心基础配套设施、分指挥中心基础配套设施、前端基础配套设施等。城市智能交通管理系统总体框架图如图6-1所示。

6.3 逻辑架构

城市智能交通管理系统从逻辑架构上可以分为6个层次，即感知层、传输层、支撑层、数据资源层、应用层和用户层。其中，感知层旨在协调人、车、路的相关采集设备，实时采集动态交通信息；传输层主要指网络运营商的数据传输，实现数据的汇集、传输、交互；支撑层主要是硬件设施以及通用的软件服务，包括大数据支撑环境以及地理信息系统等；数据资源层是对数据进行存储、处理，并提供数据服务；应用层旨在实现情报研判、指挥调度、勤务管理、监督考核、警情监测、信息服务、运维管理和路面移动应用等业务功能；用户层主要包括交警支队、交警大队、路面民警等。工作机制、标准规范、安全保障、运行维护等主要为智能交通管理系统的实施提供可靠保障。城市智能交通管理系统逻辑架构图如图6-2所示。

图 6-1 城市智能交通管理系统总体框架图

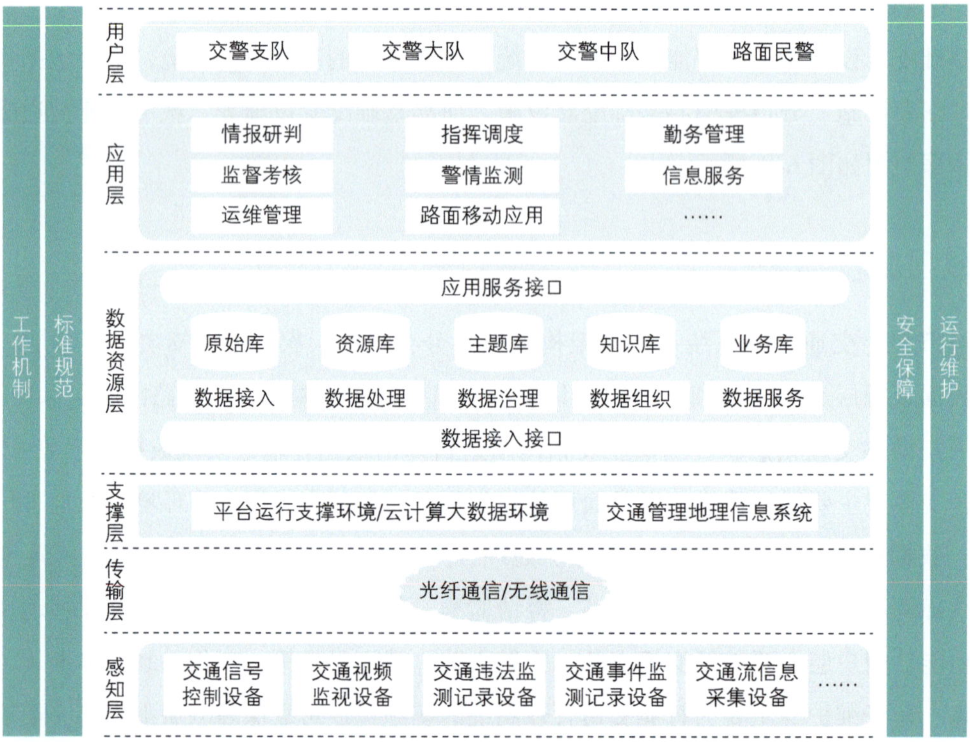

图 6-2 城市智能交通管理系统逻辑架构图

6.4 物理架构

城市智能交通管理系统从物理架构上基本可以分成内、外两部分，内场部分为交通指挥中心和机房部分，包括中心服务器、存储资源、计算资源、网络资源等。

外场部分主要指部署于路面的前端设备，主要包括交通信号控制系统路口设备、交通视频监视系统前端设备、交通违法监测记录系统前端设备、道路车辆智能监测记录系统前端设备、车载定位设备、交通信息发布系统外场设备、交通流信息采集系统外场设备等。城市智能交通管理系统物理架构图如图6-3所示。

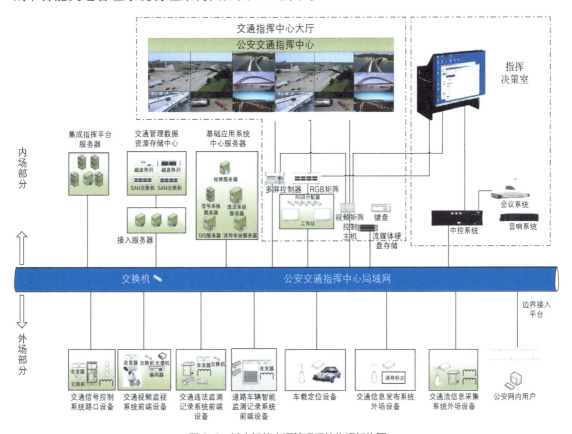

图6-3 城市智能交通管理系统物理架构图

6.5 应用架构

城市智能交通管理系统以交通管理数据资源管理系统为基础，通过从资源管理系统中提取数据，并利用其提供的计算、存储、数据与网络服务，为智能应用服务的通用工具、通用算法模型提供支撑服务，再利用服务总线的授权、服务管理等手段，支撑运行监测、交通组织、信号控制、执勤执法、指挥调度、勤务管理、信息服务、业务监管的业务应用。城市智能交通管理系统应用架构图如图6-4所示。

图6-4 城市智能交通管理系统应用架构图

6.6 数据架构

城市智能交通管理系统数据来源主要包括公安交管业务数据，即公安交通管理综合应用平台、公安交通集成指挥平台、公安交通管理大数据分析研判平台及互联网交通安全综合服务平台产生的交通管理数据；视频专网感知数据，即外场设备采集的相关数据，主要包括视频数据、图片数据等非结构化数据，交通流、交通事件、交通违法等数据；其他相关部门业务数据，包含交通、城管、应急管理、气象等部门业务系统中的数据，如两客一危安全监测平台的重点车辆监管数据、公交运营平台的公交数据、气象监测平台的气象数据等；互联网交通服务数据，如共享单车平台、网约车平台、出行服务平台、车联网平台产生的数据等。城市智能交通管理系统数据架构图如图6-5所示。

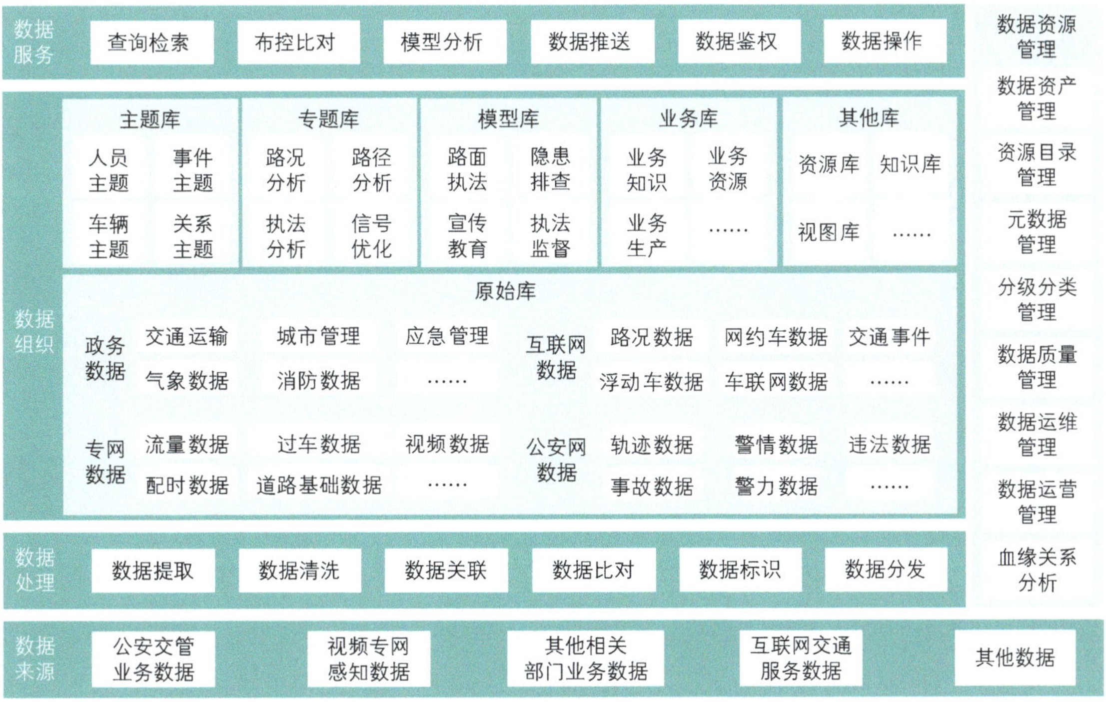

第 6 章 总体设计

数据服务	查询检索	布控比对	模型分析	数据推送	数据鉴权	数据操作		数据资源管理

数据组织	主题库		专题库		模型库		业务库		其他库		数据资产管理 / 资源目录管理 / 元数据管理 / 分级分类管理 / 数据质量管理 / 数据运维管理 / 数据运营管理 / 血缘关系分析
	人员主题	事件主题	路况分析	路径分析	路面执法	隐患排查	业务知识	业务资源	资源库	知识库	
	车辆主题	关系主题	执法分析	信号优化	宣传教育	执法监督	业务生产	……	视图库	……	

原始库

政务数据	交通运输	城市管理	应急管理	互联网数据	路况数据	网约车数据	交通事件
	气象数据	消防数据	……		浮动车数据	车联网数据	……

专网数据	流量数据	过车数据	视频数据	公安网数据	轨迹数据	警情数据	违法数据
	配时数据	道路基础数据	……		事故数据	警力数据	……

数据处理	数据提取	数据清洗	数据关联	数据比对	数据标识	数据分发

数据来源	公安交管业务数据	视频专网感知数据	其他相关部门业务数据	互联网交通服务数据	其他数据

图 6-5　城市智能交通管理系统数据架构图

第 7 章
集成应用平台设计

Chapter Seven

集成应用平台是智能交通管理系统的重要组成部分，指集道路交通监测、决策、控制和服务为一体的应用软件系统，智能交通管理系统目前已经形成了公安交通管理综合应用平台、公安交通集成指挥平台、互联网交通安全综合服务平台和公安交通管理大数据分析研判平台（简称"四大平台"）为顶层架构的发展布局。

集成应用平台依托公安信息网（以下简称"公安网"）、公安视频传输网（以下简称"视频专网"）等开展应用，涉及车辆、驾驶人、交通事故、交通违法管理及其数据分析研判、机动车缉查布控等应用，由四大平台统一部署应用软件实现；本章针对各个城市不同的规模和定位，主要阐述公安交通集成指挥平台扩展应用的设计工作和内容，包含当前存在问题、设计思路、平台结构、应用功能，以满足城市道路交通管理实际需求。

7.1 当前存在问题

1. 需求分析较为薄弱

需求调研浮于表面，大多是业务部门口述内容的简单复述、缺少全面的梳理，需求分析层次较浅，需求所对应的问题分析深度不够，与本地道路交通管理实际特征、体制机制等方面的适应性尚存不足。

2. 引进先进但消化不足

部分城市开展集成应用平台设计时，存在照搬复制集成厂家的产品化软件，以及生搬硬套引进大城市或其他城市结合自身业务而创新开发的科技应用案例的情况，但并没有按照本地特点开展优化或针对性改进，对先进经验及其科技应用的消化存在不足。

3. 数据和应用还存在界限不清

设计与建设中存在不注意集成应用平台在多个网络中的功能互补和一体化应用的问

题，在公安网和视频专网中，数据、应用功能划分不清；边界较模糊；数据归类较含糊；多头重复存储；部分应用功能与四大平台相重复，但仍然单独设计、开发，反而造成了系统响应慢、多系统频繁切换等一体化应用问题。

4. 系统应用还有待加强关联性

针对城市道路交通管理业务应用的功能众多、彼此关联性较强，但当前设计和建设中还存在"烟囱式"架构，以及数据孤立、业务功能互不联动等情况，数据与应用耦合性过强，反而造成信息孤岛和技术壁垒，不利于系统扩展和信息关联应用；有些平台仅仅是功能的简单罗列，还存在数据互通互享、业务协同应用的不足，本地化、场景化应用较少，业务应用链未形成闭环。

7.2 设计思路

公安交通集成指挥平台（以下简称"集成指挥平台"）的设计，在深入开展业务需求调查的基础上，立足当前，面向未来，设计适应城市自身发展的集成指挥平台整体结构，设计符合各地实际需求的集成指挥平台构建方式和应用模式，并采用当前主流的软件集成技术开展设计。

需结合城市的本地道路交通环境特征、交通管理业务需求、运行机制等要素，集成应用平台采用公安网与视频专网的数据资源、业务应用相互结合互补、一体化应用进行设计，即"双网双平台"整体架构，需根据不同需求分类和业务应用进行整体设计。

7.2.1 平台构建思路

在进行城市的集成指挥平台设计时，要按照省级公安交通管理部门关于集成指挥平台建设应用的总体要求，设计符合本地自身交通管理业务发展与科技应用现状的平台构建方式。

由于集成应用平台的主体是四大平台，目前四大平台尤其是公安交通集成指挥平台构建存在省级"大集中"、省级"部分集中" + 城市个性开发、城市级"集中" 3 种方式，本章扩展公安交通集成指挥平台的设计要根据问题导向、业务需求、本地实际等情况选择适当方式。

结合集成应用平台整体情况，并遵循上述 3 种不同构建方式，集成应用平台在公安网和视频专网从技术实现有以下两种情况。

1. 公安网内业务集成应用

实现统一技术架构，可根据各地实际情况在公安交通集成指挥平台的基础软硬件运行环境上，依据政策和技术指导文件要求、本地业务应用实际情况扩展业务其他应用建设。

2. 视频专网内业务集成应用

1）模式一：省级统一技术架构、共性基础应用服务统一开发，城市开展"集中部署、分级应用"或"分级部署、独立应用"。

2）模式二：城市级统一技术架构、共性基础应用服务统一开发，开展"集中部署、分级应用"。

针对上述两种模式，若不能满足城市相关业务管理需求，各地可以根据实际进行扩展建设。

7.2.2 功能设计思路

根据国家法律法规政策、行业技术指导和标准类文件，集成应用平台的业务应用设计基本思路主要划分为以下4个方面：

1）以业务需求、场景需求为导向，利用多源异构数据驱动为核心，依据公安交通管理科技信息化相关技术指导类文件，如《公安交通集成指挥平台建设指导意见》；遵循国家、行业标准类文件，如GA/T 1146—2019《公安交通集成指挥平台通用技术条件》、GA/T 1788—2021《公安视频图像信息系统安全技术要求》开展设计。

2）结合四大平台应用功能实现情况，针对公安网和视频专网明确的业务范围与边界，依据不同构建方式，以场景业务为导向进行业务应用功能模块化设计。

3）以满足行业标准GA/T 1146—2019《公安交通集成指挥平台通用技术条件》共性应用功能为基本要求，结合实际需求和管理体制机制情况，设计符合本地道路交通管理理念的业务个性化应用功能模块。

4）原则上涉及道路交通管理警务、业务类结构化信息的业务办理、研判分析等业务应用在公安网上开展应用，涉及视频、图片等非结构化数据、控制类数据的处理和整合在视频专网开展应用。

7.2.3 集成技术应用思路

将不同应用系统的数据资源和功能服务根据场景业务链闭环应用需求集成到一起，从而在不对已有的基础应用系统做出过多修改的情况下，实现数据共享和业务流程整合、闭环；当前主流的基础集成技术方法理论包括基于数据总线的集成、基于中间件的集成和基于集成平台的集成3种方式。

1. 基于数据总线的集成方式

数据总线的集成方式引入了适配器和消息转换器等技术，通过异步消息机制，将多个业务基础系统分别通过适配器接入中央消息通道上，并通过适配器提供通用数据访问接口，而不和具体的数据相关。

此方式的优势是通过适配器快速实现现有基础系统的数据集成，对现有系统的改造较小；松耦合，通过异步的消息路由机制，可以实现内部各业务系统之间的集成。缺点是基于应用的连接，而非基于业务的集成，无法实现业务发展所需的基于业务流程和人员的集成；对应用系统统一管理的难度加大，集成模式缺乏对各业务系统设计、开发的标准化约定；基于具体的数据总线，而非基于开放标准的协议，从而影响扩展性和灵活性；需要通过大量的适配器和消息转换器实现多种非标系统的集成，在可靠性、可用性、性能上的投入巨大，且随着应用系统的增多而增长，对数据总线的性能影响较大。

2. 基于中间件的集成方式

基于中间件的集成方式，是指利用中间件技术建立业务逻辑服务组件层，对各类基础系统之间的消息交换和数据流程进行调度和管理。该集成方式的优势在于可以在不同层次采用不同种类、不同技术的中间件进行集成。因而，能够在业务流程上进行整合改造，而不仅仅是系统之间的消息通信。但是，由于需要基于特定的系统平台、语言、通信协议，在远程调用时难以通过防火墙和代理服务器，因此在技术上实现相互调用时会比较复杂。同时，这种集成方式需要对系统进行改造，工作量大。如果改造工程设计得不合理，可能会带来负面影响，比如系统复杂度增加、性能下降等。

3. 基于集成平台的集成方式

基于集成平台的集成方式，是指集成平台与各个应用系统之间形成一种星形的拓扑结构，各系统之间的消息交换通过各自的适配器由集成平台统一控制管理。系统之间的数据交互，通过消息传递的方式实现。

此集成方式的优势是，当规则发生改变时，只需要在规则库中进行修改，而不需要变动整个业务流程；接口灵活，易于和不同的系统平台进行交互，未来需要新增业务应用时，可以很容易地接入平台；采用可视化的流程定制和管理工具，易于业务流程的定义和重组。与基于中间件的集成方式相比，采用集成平台无须对现有软件系统进行大幅度改动，实现起来更加容易。这一方式的不足之处是，受限于集成平台产品和实施厂商的技术栈。

全国各城市根据自身业务科技应用现状、数据特点和业务应用需求规模，可采用主流的适应其管理特征的集成设计模式开展业务应用的模块化设计。

7.3 平台结构

集成应用平台在城市智能交通管理系统中，是集道路交通监测、决策、控制和服务为一体的应用软件系统。目前一般采用公安网与视频专网"双网双平台"架构，将数据资源、业务应用等形成一体化互补应用，支撑和提供运行监测、交通组织、信号控制、执勤执法、指挥调度、勤务管理、信息服务、业务监管等业务应用能力。集成应用平台系统结构图如图7-1所示。

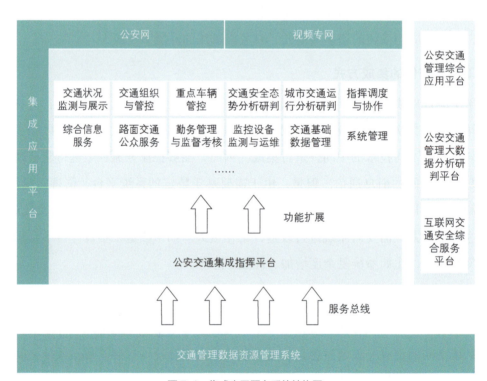

图7-1 集成应用平台系统结构图

针对不同网络域的集成应用和不同技术架构，采取统一集中或者分级独立的部署模式，并根据业务应用需求在公安网、公安移动信息网、视频专网进行差异化、定制化的部署或提供相关应用功能，详细内容描述如下：

1）公安网可采用基于公安交通集成指挥平台的基础环境，统一集中部署分级应用；涉及移动终端业务集成应用的，由公安移动信息网采用统一集中部署分级应用。

2）视频专网可采用基于分布式部署独立应用或采用统一集中部署分级应用。

7.4 应用功能

业务应用面向公安网和视频专网进行分类划分如下：

1）公安网业务部分范围为着重面向车驾管业务、缉查布控、重点对象管理、交通违法管理、交通事故预防、执勤执法监督、特勤/警卫保障、情报智能分析与决策支持等不同业务范畴，侧重于数据决策、指挥作战、业务综合监管等。

2）视频专网业务部分范围为基础系统管理与控制、视频图像资源生产和智能分析、设施设备运行维护应用，着重面向路面交通秩序管理、交通基础设施管理、科技设备管理、智能分析与决策支持、交通管理信息服务等不同业务范畴，侧重于设备管控、数据决策、信息服务等。集成应用平台功能模块见表7-1。

表7-1 集成应用平台功能模块

业务应用功能模块		公安网	视频专网
交通状况监测与展示	实时路况展示	■	■
	网上视频巡逻	■	■
	交通警情展示	■	□
	交通管制信息管理	—	□
交通组织与管控	交通信号控制	□	■
	交通路况信息发布	■	■
	特勤任务控制与调度	□	■
	大型活动交通安保	□	■
	专项行动管理	■	□
重点车辆管控	重点车辆动态监控	■	—
	重点车辆行驶特征分析	■	—
	重点车辆检查登记	■	—
	车辆通行证管理	■	—
交通安全态势分析研判	车辆运行态势分析	■	—
	重点路段安全分析	■	—
	交通违法态势分析	■	—
	交通事故态势分析研判	□	—
	涉车案件情报分析	■	—
	重点车辆出行特征及安全分析	■	—
城市交通运行分析研判	路网通行状况分析研判	■	□
	交通堵点乱点分析研判	□	□
	交通组织与管控措施分析	□	□

（续）

业务应用功能模块		公安网	视频专网
指挥调度与协作	交通警情指挥处置	■	—
	应急预案管理	■	—
	现场音视频协同	■	—
	跨区域交通事件协作处理	■	—
综合信息服务	综合警情订阅服务	■	—
	动态信息关联查询	■	—
	人车特征信息检索	■	—
路面交通公众服务	交通出行服务信息发布	■	■
	违法举报	□	□
	交管设施与措施问题上报	■	□
勤务管理与监督考核	勤务安排	■	□
	勤务在线监督	■	■
	勤务统计考核	■	□
	警力安排优化	□	□
监控设备监测与运维	故障监测与上报	■	■
	设备运维管理	■	■
	运维考核评价	■	■
交通基础数据管理	基础信息采集	■	■
	交通基础资源展示	■	■
系统管理	用户认证及授权	■	■
	系统参数配置	■	■

注：1. ■代表基本功能，□代表可选功能，—为无此项。

2. 针对上述平台应用功能模块，其中涉及公安网内公安交通集成指挥平台已由全国统一推广和部署应用，主要包括道路交通基础信息管理、交通监控视频联网、非现场交通违法管理、交通状态监测管理、机动车缉查布控、交警执法站管理、应急指挥调度、勤务管理及监督考核等八大类业务应用，其包含的软件详细功能模块无须进行设计；其他业务应用功能模块所需数据资源在不同网络内统一接入汇聚。

7.4.1 交通状况监测与展示

1. 实时路况展示

融合道路交通技术监控设备数据及其他路况数据生成道路通行状态；通行状态在电子地图上展示符合 GA/T 994—2017《道路交通信息发布规范》要求；关联监控设备，展示道路实时监控视频等路况信息。

2. 网上视频巡逻

1）通过电子地图、视频列表等方式展示多路监控视频，并能进行录像、图像抓拍和云台控制。

2）采集录入通过视频巡逻发现的交通违法或事件信息。

3）通过授权实现跨省、市交通监控视频访问。

4）展示实时移动监控视频。

5）自定义视频巡逻任务。

6）重点巡逻点段提示。

3. 交通警情展示

1）自动或人工采集交通事故、交通拥堵、恶劣气象、交通阻断等交通警情信息，在电子地图上实时展示。

2）在电子地图上展示周边警力、监控设备等资源。

3）分类统计辖区内交通警情信息，以图形化方式展示。

4）根据警情类型、时间、地点等因素进行关联分析。

4. 交通管制信息管理

1）录入或交换交通管制信息。

2）交通管制信息上传汇总至上级指挥平台。

3）公告和发布交通管制信息。

7.4.2 交通组织与管控

1. 交通信号控制

1）在电子地图上展示交通信号控制设备状态，查看交通信号控制方式、周期和相位等运行信息。

2）干预控制交通信号控制机。

3）关联分析交通信号控制运行信息、交通流等数据，评估通行状况和控制效益。

2. 交通路况信息发布

1）实时调看道路交通诱导可变信息标志工作状态和显示内容。

2）将道路通行状态、交通管制等信息发布至道路交通诱导可变信息标志。

3. 特勤任务控制与调度

1）根据特勤方案设置特勤路线沿线设备控制与警力调度方案。

2）实现特勤任务控制调度预演，并给出预演结果。

3）启用沿线设备控制方案，实时查看警力状态，监控执行过程。

4. 大型活动交通安保

1）根据大型活动交通安保方案设置安保区域内的交通管控措施、警力部署和设备控制方案。

2）启用安保区域内设备控制方案，实时查看警力部署和任务执行情况。

5. 专项行动管理

1）统一管理交通违法行为专项整治行动，包括行动方案采集录入、签收确认、业务监管等。

2）统计专项行动的业务数据、行动战果，分析行动成效。

7.4.3 重点车辆管控

1. 重点车辆动态监控

1）基于电子地图展示监控辖区内重点车辆通行情况。

2）统计分析辖区内重点车辆通行数量、违法数量、检查登记情况等，以图形化方式展示。

2. 重点车辆行驶特征分析

1）根据客运车辆、校车通行轨迹分析运行线路。

2）根据营转非客车通行轨迹分析违规营运可能性。

3）根据货车通行轨迹分析货运线路特征，线路包含起点、终点、途经区域等。

4）分析危化品运输车辆是否按指定的线路和通行时间行驶。

3. 重点车辆检查登记

1）向交警执法站或移动警务终端推送重点车辆通行信息。

2）录入重点车辆检查登记情况和处罚结果。

4. 车辆通行证管理

1）自动接入或人工采集车辆通行证信息，实现通行证申请、审批、打印等。

2）自定义禁行区域、禁行规则。

3）根据禁行区域、车辆通行证等信息，匹配生成车辆违法信息。

7.4.4 交通安全态势分析研判

1. 车辆运行态势分析

1）分析研判车辆通行时间、空间、数量、速度等特征规律及变化趋势。

2）分析研判车辆重点违法等情况及变化趋势。

3）按车辆历史通行规律、违法情况，预测未来车辆运行态势。

2. 重点路段安全分析

1）分析研判隧道、桥梁、急弯陡坡、临水临崖、连续下坡等重点路段交通流量、车辆组成、交通违法及交通事故等特征规律。

2）分析预测隧道、桥梁等出现交通拥堵、交通事故等异常状况，生成交通预警信息。

3. 交通违法态势分析

1）分析违法车辆通行时间、空间、数量、速度等特征，并与交通事故进行关联。

2）根据历史交通违法情况预测交通违法易发生区域及可能出现的高峰时间段。

3）根据历史交通违法分布情况提供执法取证设备布点建议。

4. 交通事故态势分析研判

1）评估历史交通事故态势等级，等级划分符合 GA/T 960—2011《公路交通安全态势评估规范》中的交通事故态势等级标准，评估结果在电子地图上分级展示并预警提示。

2）分析研判交通事故的重点路段、重点时段和事故成因。

3）宜结合执法取证设备的布设及采集的违法情况，关联分析交通事故规律。

5. 涉车案件情报分析

1）建立数据分析模型，分析研判伴随车、碰撞车、隐匿车、昼伏夜出、夜来早走、初次入城及放下遮阳板等异常行为车辆。

2）记录分析研判结果，统计研判成效。

6. 重点车辆出行特征及安全分析

1）通过通行轨迹分析车辆通行时间、频次、路段等规律，对驾驶人通行特征进行标签化描述。

2）通过非现场违法等数据分析驾驶人违法习惯。

3）通过驾驶人违法、通行习惯等数据分析驾驶人性格、职业特征，开展针对性交通安全提醒。

7.4.5　城市交通运行分析研判

1. 路网通行状况分析研判

1）分析在途车数量、路网承载能力及拥堵状况。

2）分析研判外地车通行数量、主要通行路段、时段分布以及车型构成等情况。

3）分析具备稳定往返规律的通勤车辆路线分布、时段特征等规律。

4）分析预测交通流通行趋势。

2. 交通堵点乱点分析研判

1）分析交通堵点和乱点空间、时段分布以及车辆组成等特征。

2）分析诊断交通堵点并预警。

3. 交通组织与管控措施分析

1）分析单行道、禁左、禁止车辆驶入等交通组织措施施行前后道路交通运行变化情况。

2）分析交通信号控制、潮汐车道、可变车道、公交优先信号控制等管控措施实施前后道路通行效率变化情况。

7.4.6　指挥调度与协作

1. 交通警情指挥处置

1）快速响应警情，启动应急预案进行相应处置。

2）在电子地图上能调取周边警力和监控设备。

3）警情处置反馈时可根据填入桩米数等关联匹配地图坐标。

4）派警单自动转发至移动警务终端，路面民警在移动警务终端完成处置流程。

5）记录指挥调度工作过程和结果。

2. 应急预案管理

1）根据警情类型、影响范围、严重程度等设定应急预案。

2）启动应急预案，对执行情况进行监测。

3）对应急预案执行情况进行总结优化，形成应急预案库。

3. 现场音视频协同

1）跨层级联网共享道路监控、移动监控、会场等视频资源。

2）实时查看现场视频，与现场人员进行实时语音通话。

3）现场音视频能进行结构化，并通过人工智能等技术分析比对预警。

4）支持以音视频形式发送交通警情至车载或移动警务终端。

4. 跨区域交通事件协作处理

1）协作处理跨区域交通事件，包括上报请求协作、发布通报、下发处置指令、反馈处置结果等。

2）跨区域交通事件协作过程信息自动转递、下发。

7.4.7 综合信息服务

1. 综合警情订阅服务

1）公安交通管理部门或民警能个性化订阅辖区交通事故、交通拥堵、交通违法、交通流量等信息。

2）调取道路监控视频、交通流量、机动车、驾驶人等信息。

3）按日、周、月、季度、年等查看辖区交通管理综合研判信息。

4）关联查询警情统计数据详情。

2. 动态信息关联查询

1）关联查询车辆与车辆所有人、交通违法、检查台账、通行轨迹、布控黑名单等信息。

2）关联核查驾驶证与涉毒、在逃、多次违法人员等信息。

3）自定义关联信息。

3. 人车特征信息检索

1）根据车辆品牌、车身颜色、是否放下遮阳板、是否粘贴临时号牌等特征查询车辆通行轨迹。

2）根据是否戴墨镜、戴口罩等驾驶人、乘车人特征检索车辆通行轨迹。

3）通过车辆图片查询相似车辆的通行轨迹。

4）通过人员图片查询相似驾驶人、乘车人的车辆通行轨迹。

5）支持全国范围内跨区域查询。

7.4.8 路面交通公众服务

1. 交通出行服务信息发布

1）共享交换或人工采集交通出行服务信息。

2）与交通广播、微博、微信、短信平台等进行对接，对外发布交通出行服务信息。

2. 违法举报

1）接收公众举报的违法信息。

2）筛选、审核、处理违法信息。

3. 交管设施与措施问题上报

1）接收上报的交通标志标线、交通信号灯及其配时设置不合理等信息。

2）反馈交管设施与措施问题处理情况。

7.4.9 勤务管理与监督考核

1. 勤务安排

1）采集录入勤务岗位、执勤区域、执勤人员、执勤时间等信息。

2）自动或人工生成勤务安排。

2. 勤务在线监督

1）结合勤务信息和工作需求，实现人工或自动巡查，对民警进行监督。

2）通过人工或警用车辆与单警定位系统，考核警力到岗等情况。

3. 勤务统计考核

1）统计考核工作时长、违法处理、车辆缉查布控等工作情况。

2）关联交警执法记录仪等视频信息，监督考核执法过程。

4. 警力安排优化

1）分析辖区交通流量、交通违法、交通事故与警力分布、监控设备布设等相关性、趋势性情况。

2）评估警力安排合理性，提供优化方案。

7.4.10 监控设备监测与运维

1. 故障监测与上报

1）通过图表和电子地图等实时展示监控设备工作和联网状态。

2）通过上传的数据情况等对监控设备状态进行自动巡检，检测并展示设备离线、异常遮挡、黑屏等故障状态。

3）支持自动巡检和人工上报两种方式上报故障。

2. 设备运维管理

1）提供设备从采购、安装、运行、维护直至报废的完整档案管理。

2）对设备报废、维修、停用等进行审核。

3）提供故障的发现、确认、处理和复查等完整设备运维流程管理。

4）支持将设备故障信息推送至移动警务终端，并通过经纬度检查、现场照片等确保信息有效。

3. 运维考核评价

1）统计分析监控设备运行完好率等情况。

2）统计分析监控设备运维单位响应及时率等情况。

7.4.11 交通基础数据管理

1. 基础信息采集

分类采集交通设施、监控设备、重点单位等基础数据，并标注经纬度位置。

2. 交通基础资源展示

1）在电子地图上可视化分类展示采集的各类交通基础资源。

2）上级平台可查看下级平台的交通基础资源。

7.4.12 系统管理

1. 用户认证及授权

1）采用数字证书方式对用户进行合法性认证。

2）应用平台的所有功能应授权使用。

2. 系统参数配置

1）管理数据字典、运行参数、配置参数等系统配置数据。

2）即时刷新系统配置参数。

第8章

应用支撑系统设计

Chapter Eight

应用支撑系统为智能交通管理系统的集成应用平台提供数据存储管理、数据计算、数据交互以及地图服务等能力，其主要包括交通管理数据资源管理系统、交通管理地理信息系统等，实现建立符合政策、规范标准、满足应用需求且具备"统一架构、互联互通、开放共享、可兼容、可操作、可扩展"特性的、持续迭代进化的支撑系统。

8.1 交通管理数据资源管理系统

交通管理数据资源管理系统能够汇聚和集成各种类别交通管理相关数据，提供安全、可靠、高效的数据存储，并对外提供公安交通管理数据服务与计算能力。

8.1.1 当前存在问题

1. 数据接入有待进一步规范

交通管理数据资源管理系统的数据资源需要依靠前端感知设备进行数据采集，面对同一类交通数据资源来自多个不同生产厂家、不同种类前端感知设备的现状，这些前端感知设备采集的数据存在数据项差异、接入接口各异等标准不统一的情况，在一个城市中的各种基础应用系统之间难以打通数据、较难进行功能衔接和匹配，不能发挥业务功能的融合应用。

2. 数据应用技术有待进一步集约化整合

在基本应用功能设计开发以及应用上，对数据的集成、运算、研判、发布等架构基本相似，各地类似的技术应用功能完全可以用基本相同的实现方式、同类架构得到解决，但各个城市还存在没有从长远考虑构建先进架构，在各个建设阶段盲目追求最新技术、技术架构构建多次重起炉灶等情况，导致架构不统一、系统应用集约化整合难度大，存在一定程度的重复建设现象。

3. 数据标准化治理有待进一步提升

各地在智能交通管理系统发展中，不同时期由多个厂家承建开发，应用的产品兼容性弱，一些业务数据在不同基础系统中单独存储且数据格式和标准不统一，致使将各个时期数据融合、数据标准化和后期数据治理等工作较为困难。

4. 数据资源应用有待进一步智能实战

当前业务数据模型的应用开发，大多处在数据关联、比对、碰撞和查询等经验型应用，初步实现了手工操作到程式化、自动化的系统开发和应用，实现了部分业务的智能化实战，但与多源异构数据的深度挖掘、人工智能算法分析和预测的技术应用还有较大的差距，促进基于数据资源的业务应用实战化还有待深入研究。

8.1.2 设计思路

根据不同城市区域经济水平、道路交通管理个性化科技应用需求等实际情况，在统一的技术架构和标准下搭建交通管理数据资源管理系统。考虑从省级角度规划的总体技术路线，通过自上而下开展系统技术设计与实现，从城市应用开展自下而上业务模式优化和对接融合。

1. 系统接口规范化

在视频专网、公安网和互联网，分别按照业务应用功能划分，形成统一数据采集接入接口服务、数据应用接口服务及系统共享交换接口服务三部分，接口设计时要遵循当前国家标准、公共安全行业标准、地方标准等自定义优先顺序原则；要结合本地数据资源应用，定制化设计形成符合本地省、市（区、县）业务应用要求的数据服务标准规范。

2. 系统架构整合统一

从省、市等不同层级的角度构建交通管理数据资源管理系统，根据业务集成应用平台设计选用相适应的建设部署和应用模式，一般有以下三种类型。

（1）省级集中管理，授权应用方式

地域面积较小或数据量较少的省份，可采用省级构建统一系统、省级集中管理、地市授权使用的方式。作为省级公安交通管理部门的区域数据节点，根据省级统一技术架构，结合不同规模城市的数据存储容量和查询检索要求，选择与其相适应、相兼容的技术实现方式。视频专网、公安网的构建方式分别为：

1）视频专网：基于省级视频专网统一技术架构，在全省网络互联互通的前提条件下，省级统一开发、部署，各城市区域数据节点统一模式构建。

2）公安网：基于属地公安交通集成指挥平台的大数据基础环境开展交通管理数据资源管理系统，支撑业务扩充应用功能；集中部署、分级应用。

（2）省级统一开发，城市部署方式

以省为单位统一构建系统，针对不同规模城市的数据存储容量和查询检索要求，可选用省级集中管理和城市分布式部署相结合的方式，部署普通关系型数据库结构或云计算服务、大数据技术平台和关系型数据库混合结构的系统。

城市的联网联控路口规模较小、数据量较少时，可采用普通关系型数据库结构；联网联控路口规模较大、数据量大时，可采用云计算服务、大数据技术平台和关系型数据库混合结构。视频专网、公安网的构建方式分别为：

1）视频专网：根据数据应用规模采用基于普通关系型数据库构建交通管理数据资源管理系统，或者基于普通关系型数据库、大数据技术平台、云计算服务平台混合环境构建交通管理数据资源管理系统。

2）公安网：基于总队或支队的公安交通集成指挥平台的大数据基础环境开展构建交通管理数据资源管理系统，支撑业务扩充应用功能。

（3）城市集中管理，独立应用方式

城市单独构建独立、全市统一的系统，针对不同规模城市的数据存储容量和查询检索需求，选择普通关系型数据库结构或云计算服务、大数据技术平台和关系型数据库混合结构实现。视频专网、公安网的构建方式分别为：

1）视频专网：根据数据应用规模采用基于普通关系型数据库构建交通管理数据资源管理系统，或者基于普通关系型数据库、大数据技术平台、云计算服务平台混合环境构建交通管理数据资源管理系统。

2）公安网：基于总队或支队的公安交通集成指挥平台的大数据基础环境开展构建交通管理数据资源管理系统，支撑业务扩充应用功能。

3. 数据标准化治理

数据治理是以数据资产管理为核心，对各类数据流转的各个环节进行规划、监督和控制。

道路交通管理数据治理要结合视频专网和公安网业务应用功能需求，通过与城市道路交通管理业务智能化工作紧密结合、专业通用的工具软件，实现对采集数据、共享交换数据等进行数据治理人工服务的具体化工作，对各类数据进行集中规整、数据分类管理、数据质量管理和脚本管理等数据的全生命周期管理；同时，结合不同业务应用和集成应用、数据类型规划数据库资源，构建各类标准化基础数据资源库和应用数据资源库。

4. 数据应用智能化

在具备数据建模、模型管理能力的系统基础上，以业务场景为导向、动态事件为驱动，结合业务集成应用平台，提供面向不同业务应用场景定制研发规则统计类、关联碰撞类、机器学习类等智能化模型服务，通过智能化算法实现业务服务模型并下沉在系统中固化，形成"预警类""管控类""决策类""勤务类"等分类的智能化应用业务模型仓库，形成既规范统一、又具有本地特色的多层级数据智能化服务体系，为各业务智能化应用提供支撑。

8.1.3 系统结构

交通管理数据资源管理系统需要具备数据、服务基础开放能力，系统结构具备"数据与业务应用松耦合"、迭代应用能力。同时，建议本地根据交通管理科技应用实际情况选择相应的技术实现模式。

城市智能交通管理系统数据来源主要包括公安交管业务数据、视频专网感知数据、其他相关部门业务数据、互联网交通服务数据。其系统结构包括：数据接口服务（内部交换接口服务、外部交换接口服务、数据访问接口服务），存储计算资源服务，数据资源管理服务，数据和视频接入、处理、存储和分析，计算服务资源池、存储服务资源池、网络资源池等。交通管理数据资源管理系统结构图如图 8-1 所示。

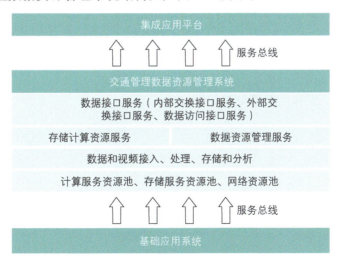

图 8-1　交通管理数据资源管理系统结构图

根据不同网络环境的业务需求建设情况采用不同的实施模式，支撑相应的集成应用功能，并根据业务应用需求在公安网、视频专网进行差异化、定制化的部署，参见如下所述：

1）公安网可采用基于公安交通集成指挥平台的基础环境，统一集中部署、分级应用。

2）视频专网可采用基于省级或城市自有的基础环境，分布式部署、独立应用或采用统一集中部署、分级应用。

8.1.4 系统功能

交通管理数据资源管理系统面向各类基础应用系统，提供数据统一汇聚接口服务、统一处理服务、共享共性应用服务、数据资源分类管理服务等基础功能，同时为各类业务集成应用提供算法、数据分析模型库服务、统一开放应用服务接口等基础应用服务功能。

1. 数据接口服务

提供数据采集统一汇聚接入服务、数据应用接口服务及系统共享交换接口服务三部分，数据与业务集成应用根据本地实际情况在满足国家标准、行业标准的前提下定制化编制形成本地数据应用、业务应用统一的数据服务规范。具备功能服务参见如下所述。

（1）数据采集统一汇聚接入服务

服务至少包括两部分内容：

1）基于路面感知设备直连通信方式获取监控设备数据，内部采取设备终端自适应的方式通过平台提供的数据统一接入服务标准数据接口上传（上级管理部门或不同网络的汇聚系统）和分发（平级管理部门或同级网络的应用平台）数据。

2）平台对平台的设备采集数据统一接入方式，以及第三方平台直接通过数据统一接入服务标准数据接口上传数据；同时可将数据分发到视频专网各相关应用中。

数据采集统一汇聚接入服务结构如图 8-2 所示。

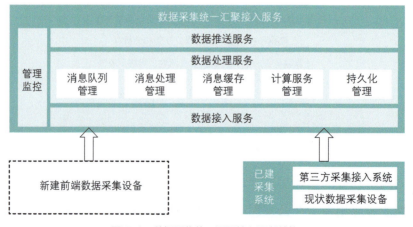

图 8-2　数据采集统一汇聚接入服务结构

1）设备与系统层。前端设备对经过车辆图像进行信息采集以及识别，包括可对车辆特征图像、全景图像进行抓拍并保存、上传，可对车辆信息（车型、车牌号码、号码颜色、车身颜色、车标、年检标检测等）以及车辆行驶信息（通过时间、车速、行驶方向等）进行识别、上报。数据上传接口方式包括：前端设备统一按照规范化制定的报文规范进行上报、通过第三方采集接入系统按照规范化制定的报文规范进行上报。

2）数据统一接入层。搭建统一接入服务，实现前端设备接入/第三方采集接入系统接入，其功能应包括数据接入、数据处理、数据推送和管理监控。

报文规范接入方式：该通信协议作为前端设备和系统数据接入的统一入口，支持多种传输协议的接入；采用 Web Service、HTTP、RESTful、TCP/IP、Servlet 等多种接口方式，实现多种接入服务集成。

3）服务模块功能。数据接入：用于按照约定的技术协议与前端设备或者已建采集接入系统进行对接。数据处理：用于实现过车信息进行比对、分析、告警及处理，联动管理监控模块。数据推送：用于与数据资源各类服务、集成应用平台各类业务应用等进行数据交互。管理监控：用于设备档案管理、过车信息记录监控、平台采集接入运行监控以及系统运行参数配置管理。

（2）数据应用接口服务

提供内部服务网关，对内部平台应用访问提供标准化服务接口，上层应用（包括第三方应用）通过服务接口访问数据服务。调用统一应用服务接口的输出数据以统一的可视化服务进行资源展示。

（3）系统共享交换接口服务

与上级单位、外部单位及互联网系统之间建立统一安全的内外共享服务接口，针对不同单位、互联网系统的数据交互共享服务要符合相关数据传输安全规定，实现分类分级、差异化的数据传输接口设计。

具体根据数据共享情况，采用请求响应类共享服务（基于 RESTful 风格）、海量流式数据共享（流式数据处理）、业务消息通信类（基于 AMQP）、其他接口方式协议（Web Service 接口方式、API 接口方式、Socket 接口方式、数据库共享方式及 ftp/文件共享方式等）等制定数据共享交换协议规范。

（4）系统接口管理

实现统一系统接口管理功能，管理公安网、视频专网内的统一数据采集接入接口服务、数据应用接口服务及系统共享交换接口服务等。至少包括以下内容：

1）用户可管理数据接口信息，至少包括数据接口类型、接口数据实体、接口来源、接口周期、接口到达时间等信息。

2）信息接口申请授权管理，按照系统现有业务流程，申请和授权信息接口使用。

3）查询统计，查询信息接口使用情况，对授权使用的信息接口进行分类统计。

4）接口使用监管，对所使用的信息接口数据传输情况进行分类统计，监管发现数据传输异常的接口并预警。

2. 存储计算资源服务

基于大规模、可扩展的并行计算框架，将大量X86架构服务器组成存储计算集群，建设大数据云服务管理系统，具备海量（PB级）结构化、半结构化、非结构化数据统一存储功能；升级现有中心机房环境，建成专业、安全、可靠的数据处理中心，合理配置网络、计算、存储等基础服务设施，建立完善的安全备份和运维管理机制，实现集群化、规范化管理，保障各类系统设备的安全稳定运行；建立"可信、可控、可管"的安全防护体系，具备三级安全等级保护能力，按需配置防火墙、单向安全隔离光闸、入侵防御系统（IPS）、数据库安全审计系统、运维安全审计系统、视频前端安全准入系统、防病毒软件等。

3. 数据资源管理服务

（1）数据资源管理

1）数据库资源管理。对多种数据进行资源集中管理，包括基础数据资源库、应用服务资源库以及其他已授权数据库。自动识别其他数据库中所有存在的有权限访问的数据资源，用户可对其资源进行注册或排除操作；对其他数据库中已持有资源总数进行信息汇总统计、各类型资源信息汇总统计、资源数据存储总数汇总统计、每个资源数据存储量汇总统计。

2）资源元数据管理。资源元数据对数据描述的信息，包括表、字段、长度、大小、类型、记录数等。资源元数据管理至少包括五方面功能：元数据获取、元数据存储、元数据展现、元数据更新、元数据接口，管理工具能够统一管理前端展现、抽取、转换和加载（ETL）、业务系统中的元数据。

3）资源状态监测。实现功能如下：①表结构监测：一旦资源的属性发生变化，会自动生成异常信息，并通知维护人员。②表空间使用率监测：表空间使用率达到预定的阀值时会生成异常告警信息，并通知维护人员。③触发器状态监测：数据库中的触发器状态变更时会生成异常告警信息，并通知维护人员。④资源记录数变化率监测：资源的记录数变化率超过预定阀值时会生成异常告警信息，并通知维护人员。

4）数据资源代码表管理。代码表管理功能至少包括代码表的录入、代码表数据获取、代码表数据展现、代码表更新等。①代码表分类管理。用户可根据实际业务需求，多角度、多维度对代码表字段进行分类管理和义务含义描述。②代码表与资源关联管理。通过代码管理服务对资源与代码表关联关系进行维护、调整。当关联关系在项目的运营过程中发生变化（新增、更新、删除）时，系统可以根据元数据本身的信息（最后修改时间、修改内容）等，将关联关系更新同步至最新的状态，实现关联关系的实时更新。系统的运作过程中也有很多情况，需要管理员人为修改（新增、更新、删除）资源库代码表的存储内容。

系统提供统一的界面，允许用户选择或查找要更新的资源。关联关系更新后，用户可以"预览"该关联关系的详细信息，对关联性进行分析，以确定所做更新是否合理。用户确认更新无误后，代码表管理服务以实时更新的方式，同步所有相关关联关系。

5）数据资源多维检索。以多维度形式，提供灵活、可自定义的资源属性信息展示面板。能够动态添加、删减查询条件和资源属性。支持个性化设置页面展示信息，使用户可快速、便捷地获取自己所关注的数据资源信息。

（2）数据存储

智能交通管理系统应用的交通管理数据主要涉及结构化数据（如过车文本记录、交通流数据、交通警情、交通违法、交通事故等）、非结构化数据（如视频、图片等）及半结构化数据等；结构化数据设计采用关系型数据库与大数据分布式存储相结合的同步存储方式，非结构化和半结构化数据采用分布式存储方式。

根据业务需求进行分类管理，对规范接入的各类数据资源要根据数据特征和应用需求，对数据资源进行分层存储；构建"人、车、路、环境"等不同应用数据集市，将系统结构的数据层在逻辑上再分为3个部分：基础数据层、汇总数据层、专题数据层。

1）基础数据层：如自产数据、公安系统交互数据、外部单位共享数据、互联网地图系统共享数据等，通过实时、批量等方式采集并进行标准化处理后建立，数据的类型和粒度与各业务信息系统相同。

2）汇总数据层：采用轻度汇总、信息聚合、特征提取等方式对基础数据处理后建立，形成交通管理基础信息库、交通管控信息库、交通管理地理信息库、视频信息库等。

3）专题数据层：基于基础数据和汇总数据，构建面向分析的专题数据层，为碰撞分析和挖掘分析提供数据支撑。

根据前述逻辑层次，以数据工程服务形式从实体上建设形成两大类数据资源库：一是基础数据资源库，如热点数据库、分布式文件系统资源库等；二是应用数据资源库，如建立关联库（主题库）、专题库、全文索引库及配置库等。具体描述如下。

1）基础数据资源库。基础数据资源库的主要任务是：结合相关业务范围对数据进行分类组织管理，对数据进行统一标准化和数据清洗工作；要求基础数据资源库尽量保留完整的原始业务数据，以此解决标准化、时效性、一致性问题，不需要进行复杂数据整合；用于对专题库进行快速批量获取数据需求提供支撑。

基础数据资源库建设要能够根据业务管理需求划分至少包括以下内容：①车辆运行数据库；②交通运行数据库；③管理预案数据库；④交通设施数据库；⑤交通设备数据库；⑥交通环境数据库；⑦路面管理资源库；⑧勤务指挥资源库；⑨警务资源数据库；⑩警情、案事件数据库；⑪地图资源数据库；⑫视频图像资源库。

2）应用数据资源库。应用数据资源库要求：根据特定的业务主题应用需求，在基础数据资源库的基础上进行二次抽取、关联和索引处理后，形成支撑交通管理业务不同应用功能的应用资源库；应用数据资源库的建设根据应用类别的不同划分为关联库（主题库）、专题库、全文索引库及配置库。具体描述如下。

关联库（主题库）：关联库（主题库）是在基础数据资源库的基础数据之上，要求遵循公安数据元规范进行数据结构设计；结合不同业务部门的业务需求数据情况，通过分析不同数据之间的关联关系，根据业务应用需要，对数据进行高效的整合，基于人、车、路、环境、企业等要素进行分类，以形成支撑交通管理实际业务应用的主题库。

划分至少包括以下内容：

车辆主题库：记录与驾驶人、事件及案件有关联的机动车信息，如机动车信息、车主信息等。

人员主题库：至少包含 3 个部分，即驾驶人、管理人员、相关社会组织人员。

事件主题库：记录驾驶人的各项社会活动情况，如过车数据、驾照补办等。

案件主题库：记录交通事故、交通违法信息，如事故时间、事故类型等。

道路主题库：记录与道路相关的信息，包括道路交通拥堵信息、交通事故信息、交通违法信息等。

企业主题库：记录企业的各项信息，如企业的名称、法人、地址、经营主题、营业执照信息、交通违法记录、归属车辆信息等。

专题库：专题库是根据交通管理相关业务关联性、重要性等要素进行划分。根据交通管理实际业务的不同需求和视角，从数据资源池环境中抽取数据，满足业务应用不同岗位人员对数据深入分析的需求，通过对数据进汇总、关联挖掘和重组，形成多个固化的分析专题。

划分至少包括以下内容：道路交通安全分析专题库、警力资源分析专题库、交通违法分析专题库、案（事）件分析专题库、重点对象分析专题库、道路交通运行状态专题库、车辆人员行驶轨迹专题库、道路交通拥堵分析专题库、交通事故分析专题库、车辆行为监管分析专题库、交通诱导路径分析专题库……

全文索引库：利用全文索引组件工具对交通管理数据资源的全量数据进行索引化，为交通管理业务应用功能服务层的全文检索功能提供数据支撑。

全文索引库服务至少具备如下功能：①具备多格式数据源索引功能、并行索引功能、分布式索引功能、同义归并索引功能以及索引自动检测与修复功能；②对系统所有数据进行扫描抽取索引关键字，按关键字将数据全文索引化，建设全文索引库；需要至少包括扫描索引服务、索引文件索引内容存储两部分，实现对不同层级数据的全文索引化；③提供数据接口，至少实现固定格式（txt、Excel、XML）的数据批量导入与索引化；④实现应用于人员、车辆、道路、企事业单位等电子档案的全文检索以及结构化数据的关联查询分析等场景；⑤为数据资源管理和集成应用平台的模型和业务应用功能以索引文件形式提供检索资源，支撑数据层和应用层的各类数据全文检索应用。

配置库：配置库建设包括存储用户信息、功能配置信息、资源目录信息、数据服务接口配置信息等。至少包括以下内容：

用户信息：记录用户的注册和配置信息，以及数据服务使用权限信息。

功能配置信息：记录数据服务日志信息、数据整合日志信息，以及功能配置信息，如数据模型、ETL规则、数据传输的时间、频率等系统参数。

资源目录信息：记录对外提供交通管理数据资源系统中资源情况的清单。

数据服务接口配置信息：按照统一接口标准和授权规范，建设数据服务接口资源库，应至少包括服务接口地址、调用方法、授权对象、调用日志等。

配置库建设可采用关系型数据库作为数据存储。

4. 数据和视频接入、处理、存储和分析

（1）数据接入、处理、存储和分析

数据接入服务可以从不同数据源进行指定规则的数据提取作业，抽取后的数据存储支持永久存储和缓存两大类，既可以作为数据转换环节的输入，也可以直接进行处理或者加载。按照交通数据资源体系建设分步实施和可持续建设的原则，在最大限度保护现有资源的前提下兼容第三方系统及设备的接入，为第三方提供了丰富的开放的接口形式，以满足大数据资源平台和不同系统、设备之间的数据交互需求。数据接入采用多样性的接口方式，除支持传统的JDBC接口、FTP文件接口，还支持目前主流的流数据采集Web Service接口，同时扩展支持Flume日志系统采集接口等。

交通数据资源体系的数据建设需要：实现数据资源的整合接入、数据标准化建设；数据指标代码体系的建设；进行大数据业务专题化组织；对系统有关的大数据分析模型进行详细描述；通过数据体系建设实现交通数据治理。

各类数据的来源方式多样化，包括存储于关系型数据库的数据、实时产生的数据、大量文件数据等，并且需要接入的延时性要求同样是多样化的，有些关系型数据库中数据需要实时同步，有些仅需要周期性批量同步；面对多种数据接入的需求，大数据平台需要提供针对性的采集接入能力，以支持消息队列实时数据、数据库增量/全量采集、文件数据采集等；分布式并行处理引擎实现数据清洗标准化、关联融合、深度分析后加载到分布式数据库；需要提供数据入库及索引构建能力；分布式数据库中的数据可用于业务系统统计查询、数据挖掘、决策支持等，业务系统可以访问分布式数据库中的数据用于业务处理、统计分析。

交通管理应用涉及的道路网、设备设施等基础数据，是所有数据应用的基础，必须进行统一规范化处理，形成数据规范化存储。

基于数据资源池，在提炼业务经验的基础上，研发规则统计类、关联碰撞类、机器学习类等各类智能分析算法模型，充分挖掘数据资源潜能。搭建具备模型创建、模型执行、模型管理等工具的"众创"环境和"众智"平台，丰富业务模型的种类和功能，打造以共性算法服务、模型服务为核心的符合公安交管需求的算法模型仓，包括通用模型算法库、交通算法库和建模工具等，实现智慧共享。

（2）视频接入、处理、存储和分析

视频监控系统前端设备能够按照制定的接口协议，将采集的交通事件信息、交通事件报警提示信息、交通流信息等由前端设备直接传输至视频应用平台，由平台进行统一存储。平台整合运行在视频专网、公安网内的各类交通监控视频资源，协调接入交通运输部门、公路运营管理单位的公路监控视频，实现在视频专网内的监控视频共享，通过视频安全边界接入平台接入公安网内的集成指挥平台，实现监控视频资源的共享。同时，建立与全省视频联网平台的接口，能够向全省视频联网平台上传任意视频图像，并可根据需要调用视频联网平台中的视频图像。

实现视频、图像等非结构化数据资源集中存储、备份、管理，提供集中检索服务，支持手动、自动定时、动态感知、报警联动、视频丢失、运动检测、循环等录像方式。按照应用需求，视频资源库需建立原始库和主题库。原始库用于存储各类视频系统采集的未加工的原始交通视频；主题库存储经过加工处理，带有数据标签的视频资源，包括人、车、路、事件等主题视频库。

分析重点路口、路段视频图像信息，提取路口的车辆通行记录和交通违法行为信息，实现机动车违法变道、不按导向车道行驶、非机动车违法等检测、抓拍；实时掌握交通路况基本信息，通过获得相应路段的通行速度、流量和道路占有率等信息，为路面交通组织、信号控制等服务提供支撑。

5. 计算服务资源池、存储服务资源池、网络资源池

（1）计算服务资源池

构建分布式计算资源池，主要满足数据仓库、大数据处理、结构化与非结构化数据碰撞应用等大数据业务场景。这些场景的数据处理操作对海量数据的查询、检索、分析、挖掘、碰撞的性能要求高，适合用分布式并行计算框架进行计算。

大数据处理场景主要通过多台服务器实现分布式的存储和计算能力，不需要外置存储，数据保存在服务器本地硬盘，通过多副本技术保证数据的高可靠存储。在本项目中平台服务层的大数据存储和计算服务基本上都是构建在分布式计算池上。

（2）存储服务资源池

分布式云存储系统，就是将数据分散存储在多台独立的设备上。分布式存储系统采用可扩展的系统结构，利用多台存储服务器分担存储负荷，它不但提高了系统的可靠性、可用性和存取效率，还易于扩展。分布式存储资源池应实现多种异构存储资源的管理，将多种异构设备形成可按需分配的存储资源池；并以块存储、文件存储、分布式存储、对象存储等多种方式提供服务。分布式存储主要适用于业务系统中的非结构化数据，主要是涉网数据、交通视频数据，以及道路交通卡口数据、案（事）件音视频和各类文件数据的业务场景中。

（3）网络资源池

网络资源池为云计算平台提供更为灵活、安全的网络环境，能够简化网络资源的管理。云平台整个网络架构可以分为三个层面：跨数据中心网络、数据中心网络以及云接入网络。网络虚拟化可以灵活实现和公有域的网络连接以及灵活的安全策略。网络资源池的功能要求如下：

虚拟网络：应实现网络IP池配置，包括添加、修改、删除、查看；可创建虚拟网络，划分VLAN或VxLAN等网络；可管理虚拟网络，包括添加、修改、删除、移除、配置端口组IP池；可配置虚拟路由，提供网关、DHCP、NAT/SNAT、端口转发、防火墙等高级路由功能；可显示项目内网络和实例的拓扑结构。

SDN：能配置SDN管理软件，包括添加、修改、删除、重新登录；可划分VxLAN、配置逻辑交换机、为虚拟机配置SDN网络。

防火墙：应支持防火墙管理，包括添加、修改、删除、查询、应用到网络、从网络卸载设置防火墙的配置规则；可配置防火墙规则，应支持四层或七层防火墙。

负载均衡器：应支持创建、删除、查询负载均衡器，为多台云服务器提供负载均衡服务。

一般采用层次化、模块化的设计思路，按照接入层、汇聚层、核心层进行网络设备设计部署，通过无线控制器、防火墙等实现增值业务功能，满足日益增长的业务需求。

6. 业务智能模型

业务应用需求层面的智能化分析模型，主要部署在公安网和视频专网。面向不同业务应用场景定制研发规则统计类、关联碰撞类、机器学习类等智能化模型服务，实现数据与平台集成应用功能应用模块之间的"分层解耦"，业务层面通过智能化算法实现业务智能化服务模型下沉在系统中固化，构建成模型仓库（"决策类""防控类""执法类""预警类"等）。

根据智能化算法、业务数据、业务实战流程实现业务智能化模型，模型分为以下两类：一是根据业务流程和数据的固化自主模型服务；二是根据业务管控的需求变化，接收当时人工干预指令和数据新衍生出的临时模型服务。

实现数据建模 API 服务，数据建模在提供界面服务的同时，可通过 RESTful 的接口形式，对外提供 API 接口，供外部服务使用数据建模过程和结果数据。

数据模型构建举例说明，例如"预警类"模型分析如下。

节假日道路出行特征分析模型：通过海量历史数据的环比、同比以及异常检测和拐点检测，发现节假日道路交通出行特征和拥堵规律，为未来节日出行预案提供支持。

（1）数据归集

包括卡口过车数据、路网地理信息数据、公交数据、城市交通运行指数、交通事件、交通流数据、交通设施数据等。

（2）分析建模

通过对历史路况数据分析，从时空不同维度以同比和环比的形式发现节假日道路出行特征和拥堵规律。

8.2 交通管理地理信息系统

交通管理地理信息系统是指以城市级全域路网电子地图数据为基础，统一集中为智能交通管理系统的集成应用平台与基础应用系统提供地图引擎服务和地图基础应用服务，作为城市智能交通管理系统基于地图可视管理的重要应用支撑系统之一。

8.2.1 当前存在问题

1. 地图系统多且封闭式应用

不同网络之间地图数据和地图服务来源不统一，支撑全国各城市智能交通管理系统的集成应用平台、基础应用系统的地图构建模式没有完全统一，存在地图系统多且封闭式应用，如不同时期建设采用不同的地理信息系统[如主流地图厂商的交管专用地理信息系统、警用地理信息平台（PGIS）等]；同时，存在公安网、视频专网内部的地图数据和坐标系统不统一现象。

2. 地图数据更新不够及时

地图路网基础数据更新不及时，每年更新区域小，更新周期长，市级数据源仅靠基础测绘更新，数据源单一，且本地公安交通管理基础设施设备数据采集与标注更新不到位；同时，存在公安网、视频专网地图基础数据、公安交通管理应用数据更新不同步现象。

8.2.2 设计思路

1. 统一开放的系统建设模式

为更好地支撑公安交通管理业务应用，解决地图支撑当前存在的各类问题，将对本地不同网络域的地图支撑进行统一标准规范，确保系统互联互通和跨区域数据服务共享。根据公安交通管理实际情况和业务应用支撑需求，不同网络域的交通管理地理信息系统设计模式如下所述。

（1）公安网内建设模式类别

基于上级单位的 PGIS 调用统一地图服务进行建设。

（2）视频专网内建设模式类别

基于上级单位的 PGIS 或者基于主流地图厂商的交管专用地理信息系统进行统一建设。

（3）公安移动信息网内建设模式类别

基于上级单位的 PGIS 或者基于主流地图厂商的交管专用地理信息系统进行统一建设。

2. 一体化地图服务

（1）省市一体化构建

针对不具备技术力量建设地图服务的城市，采用省市一体化建设模式，由省级统筹市级节点建设。省级节点负责全省地图引擎服务、省市数据融合、系统运行维护等工作，地市级节点负责本地地图数据资源、维护运行市级节点对外服务的网页（入口），向省级节点提交省市融合数据源，配合省级节点不断丰富省市融合数据源。

（2）城市一体化构建

针对具备技术力量和经济条件建设地图服务的城市，采用独立建设模式，负责全市地图引擎服务、地图数据服务、系统运行维护等工作，向省级提交省、市融合数据源，配合省级节点不断丰富省市融合数据源。

3. 及时更新基础数据

目前地图资源的基础数据主要来源于测绘部门和互联网地图等。

各地根据自身现有地图引擎服务和地图资源建设，针对地图基础数据更新、道路区域范围变化等需求，结合集成平台业务应用要求，设计更新周期短、基础数据新的地图资源和数据源，为集成应用平台与基础应用系统需要的地图引擎和地图基础应用等提供统一服务。

8.2.3 系统结构

依托公安网、视频专网系统运行环境搭建交通管理地理信息系统，开展道路交通管理警用地理信息相关的数据、服务、接口和应用设计。针对不同模式可采用的系统结构设计如图8-3和图8-4所示，其中公安网和公安移动信息网按照PGIS最新建设要求进行构建、设计。

1. 系统结构设计一

根据图8-3所示，设计应用公安行业最新PGIS建设标准规定的地图数据源、基础地图引擎和技术实现方式，并结合本地市公安局PGIS建设情况、城市道路交通业务管理需求，开展视频专网、公安网和公安移动信息网的道路交通管理地理信息系统搭建和业务应用层的二次开发。

图8-3 系统结构设计一

2. 系统结构设计二

根据图 8-4 所示，基于互联网地图厂家的服务合作或地图数据和地图引擎服务购买、技术实现方式，并结合本地市公安局 PGIS 建设情况、城市道路交通业务管理需求，开展视频专网的道路交通管理地理信息系统搭建和业务应用层的二次开发；应用公安行业最新 PGIS 建设标准规定的地图数据源、基础地图引擎和技术实现方式，并结合实际需求开展移动信息网的道路交通管理地理信息系统搭建和业务应用层的二次开发。

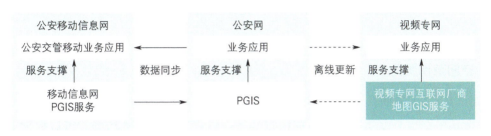

图 8-4 系统结构设计二

系统可以采取统一集中或者分级独立的部署模式，并根据业务地图空间数据可视化需求，在公安网、视频专网、公安移动信息网进行差异化、定制化的部署或提供相关地图服务。详细内容描述如下：

1）公安网可采用上级单位统筹集中部署、授权方式分级调用地图服务。

2）视频专网可采用上级单位统筹集中部署、授权方式分级调用地图服务；或者根据本地实际进行独立部署、独立应用调用地图服务。

8.2.4 系统功能

交通管理地理信息系统服务能够将地理信息数据与公安交通管理业务数据融合，通过关联分析挖掘，为公安交通管理各类业务应用提供空间信息服务能力。具体阐述如下。

1. 地图访问服务

地图访问服务基于基础地理信息数据，提供栅格瓦片地图、矢量瓦片地图、专题地图等多种地图可视化展示能力，主要包括：

（1）栅格瓦片地图服务

预生成分层分块地图缓存图片，对外发布地图图片服务，实现对于地图的高速浏览和缩放操作，能够适应 Web、桌面和公安信息通信网移动客户端多种应用环境。

（2）矢量瓦片地图服务

基于预生成分层分块地图矢量数据，对外提供矢量地图数据服务，在浏览器、手机终端中直接绘制显示地图,支持多种地图风格的快速定制化显示和便捷的交互操作。

(3)专题地图服务

通过配置地图内容、显示风格、叠加特定的业务关注信息,提供面向应用场景的专题地图服务功能。

(4)联网地图服务

基于各级公安交通管理部门对外发布的基础地图服务,通过多节点分布式实时调用的方式,实现在一个地图服务中访问多节点地图数据,并能够无缝拼接、平滑漫游和分级缩放。

2. 空间查询服务

(1)地图搜索服务

提供基于全量公安交通管理地理信息的"一键式"搜索服务功能,可以根据关键字、空间过滤、属性过滤、规则表达式等多种查询条件,进行智能化的高效检索服务,支持点、线、面地理实体的搜索。

(2)数据目录服务

梳理并制定基础地理信息库、地址资源库、动态资源库、业务关注库等空间数据目录,提供目录的更新、发布、查询、联网等服务功能。

(3)访问更新服务

提供通用的数据访问接口,实现数据的增加、删除、修改功能,支持批量数据操作。

3. 地址资源服务

基于地址资源数据,构建地址引用匹配、地址搜索、地址校验、地址管理等服务,为各警种部门提供基于地址应用的支撑服务。

(1)地址引用匹配服务

能够在地址资源库的基础上,对外提供地址匹配服务,通过正向、逆向地址匹配,实现地址数据的空间化。例如,输入一个自然语言描述的地址,返回其空间坐标,也可以指定一个位置,返回其附近的地址信息,支持批量地址匹配。

(2)地址搜索服务

可以根据输入的地址信息,快速返回与其匹配的相关地址信息,提供地址全文检索、拼音提示、区划查询、地名查询等服务功能。

(3)地址校验服务

基于地址标准规范,提供对基础文本、地址要素组成、空间位置等地址相关内容进行校验的服务。

(4) 地址管理服务

提供地址采集、更新、维护、应用的全生命周期管理服务。

4. 空间定位服务

(1) 实时定位服务

能够接入基于北斗等定位终端的多源实时位置信息,实现消息的收发管理和历史信息存储,通过标准协议提供实时位置和轨迹信息服务。

(2) 位置计算服务

根据智能终端实时获取的周边基站、卫星定位以及其他数据,在平台进行混合数据计算,从而提供终端所在的精确空间位置信息。

(3) 轨迹纠偏服务

能够将各类轨迹数据与道路数据进行纠正、拟合,从而获取更加精准的轨迹数据。

(4) 实时路况服务

提供实时在线路况查询服务,实时动态地获取道路路段的拥堵、缓行、畅通等通行情况。

5. 时空分析服务

(1) 路径分析服务

基于路网数据,设定起始点、终止点和途经点,提供最短路径和最优路径分析,支持设定步行、驾车等交通方式,以及道路通行规则等。

(2) 可达域分析服务

基于路网和实时路况等数据,设定原点坐标,分析在指定时间段内采用不同交通方式可达的空间范围。

(3) 叠加分析服务

将多个图层叠加到一起,计算其空间位置是否存在重合、交叉和覆盖等空间关系,发现各类人、车辆、道路、事件等不同对象之间的空间关联关系。

(4) 缓冲区分析服务

以建筑物、路网、辖区等地理实体为基础,自动建立其周围一定宽度范围内的缓冲区,分析两个地理实体之间距离相近程度。

(5) 热点分析服务

根据各类交通违法、交通事故、设施的空间点位,计算其空间分布的聚集特性,发现其分布热点区域,并提供可视化的展现能力。

(6)地理围栏分析服务

基于实时定位数据,分析人员、车辆等关注对象是否进入或离开指定区域。

(7)空间统计分析服务

按照网格化区域勤务模式等业务条件,分类统计特定范围内的要素信息,并实现针对特定数据的钻取和挖掘功能。

6. 其他数据服务

(1)数据接入服务

提供互联网在线地图数据至视频专网、公安网的数据传输通路。数据更新时效性高,轨迹数据和实时路况数据可实现分钟级别更新。具备完善的网络安全措施,可保障数据传输的安全、准确、高效。

(2)多网络分层数据融合服务

具备与位置相关的道路交通管理业务信息进行坐标归一化处理的能力,如交通拥堵警情数据、警员及警车定位数据、路口交通信号灯、特勤车辆等带有定位坐标的信息进行坐标标准化和统一,便于集成到统一坐标系的地图上。此外,将处理后的数据存储成不同的专题数据集,并封装为标准数据服务接口,提供给业务集成平台应用和其他应用调用,具备在业务集成平台里对带有坐标信息的各类业务数据在一张图上进行可视化交互和展示的能力。

针对不同的业务应用需要,能够提供开放接口,用于地图二次开发API、SDK和二次开发组件。

8.2.5 地图数据和图层

1. 数据建设

地理信息数据主要包括基础地理信息数据、地址资源数据、动态资源数据和业务关注数据。应按照公安大数据相关标准开展数据接入、处理、组织和治理,形成基础地理信息库、地址资源库、动态资源库和业务关注库,其中,基础地理信息库包括矢量数据、影像数据、栅格瓦片数据、矢量瓦片数据等。

路网地图数据更新范围根据各地城市道路交通管理业务应用实际地域范围开展,其矢量数据和影像数据的更新周期需要不低于1年一次,或依据城市路网变化和业务管理应用需求缩短更新周期,能够支持私有化部署并实现定期更新,具备每次更新变更表记录。

2. 坐标系和比例尺

（1）地图坐标系

地图坐标系根据地图服务来源情况，可选择2000国家大地坐标系（即CGCS2000坐标系）、GCJ02坐标系或其他坐标系等。

（2）地图比例尺

地图的矢量数据比例尺精度根据本地交通管理业务应用实际需求，选择建议依据表8-1所述。

表8-1　地图比例尺大小

序号	道路类型	选择比例尺类别
1	高速公路、一级公路、二级公路、三级公路、四级公路	不低于1∶2000、1∶1000
2	国道、省道、县道、乡道等	不低于1∶2000、1∶1000
3	城市道路	不低于1∶1000
4	城市道路交叉路口、快速路、主干路等	不低于1∶500、1∶200
5	桥梁、隧道、旅游景区、墓区及停车场等关键节点	不低于1∶500

3. 图层类别规范

交通管理地图应用所涉及的图层和数据类别见表8-2。

表8-2　图层和数据类别

序号	图层类别	地图数据
1	地图基础图层	主要包括：建筑物、交通道路、水系、植被、山脉、公共服务设施等基础地理信息
2	交通管理专用图层	主要包括：交通事故黑点、交通违法行为多发点段、团雾多发路段、积水路段等重要区域或点段，桥梁、隧道、公安机关（市公安局、支队、大队、中队、执法站等）、医疗救护机构、消防机构、路政单位、收费站、运输企业、汽修厂、加油站、大型商场、大型小区及学校出入口、收费站、旅游景区和停车场等空间位置和属性内容
3	交通设备设施图层	主要包括：交通标志、交通标线、防护设施、警示设施、安全设备杆件等；交通信号控制系统设备、交通视频监视系统设备、交通违法行为监测记录系统设备、道路车辆智能监测记录系统设备、交通信息发布系统设备等空间位置和属性内容
4	交通动态信息图层	主要包括：实时交通运行路况、交通拥堵点位、交通事件点位、交通管制、施工占道、警力资源定位分布、维护车辆定位、交通安全隐患点段、停车场停车位等交通动态信息

第 9 章
基础应用系统设计
Chapter Nine

9.1 交通信号控制系统

交通信号控制系统主要由道路交通信号控制机、道路交通信号灯、道路交通流检测设备、通信设备、控制计算机及相关软件等组成。交通信号控制在交通管理工作中发挥越来越重要的作用，近年来，信号控制路口规模不断扩大，信号灯规范设置水平不断提升，信号控制的智能化水平不断推进，信号控制在缓堵保畅中的作用更加突出。

9.1.1 当前存在问题

1. 信号灯设置和安装不规范问题仍比较突出

通过"两化"工作的开展，交通信号灯的规范设置水平明显提升，但仍存在交通信号灯应设未设、设置不规范等一系列问题。部分城市信号灯组合形式选择时，没有考虑路口实际控制需求，也没有结合路口渠化条件；路口的左转方向指示信号灯与机动车信号灯绿灯同亮，造成左转和对向直行车辆通行冲突，路口右转方向指示信号灯常绿现象依然存在，带来了严重的人车冲突，安全隐患较大；部分高架桥下路口缺少辅灯，双向六车道及以上道路信号灯组数量设置不足，大型货车或绿化遮挡信号灯，容易引起看不见看不清等视认性问题。

2. 信号机联网率和交通检测设备设置率均较低

交通信号机不联网，只能在前端进行信号配时调整，不能实现信号的远程调控，耗费大量人力和物力。据不完全统计，交通信号机与信号控制系统之间实现联网控制的路口比例为55%，信号机联网率较低。交通检测设备设置率也不高，据不完全统计，配置交通检测设备的路口比例仅为25%。而且，交通检测设备完好率较低，部分路口交通检测设备损坏后没有及时维护，不能为交通信号控制提供充足的检测数据，无法做到自适应优化和深度应用。

3. 多系统并存，跨系统协调控制实现困难

由于信号控制系统建设缺乏统筹规划，前期规划与后期建设脱节，建设标准不统一，信号控制设备品牌杂乱等，因此同一城市存在多个不同品牌的信号控制系统，且不同品牌信号机难以接入统一控制平台实现联网联控。据不完全统计，在用信号机品牌只有1种的城市占比25%，有2种的城市占比19%，有3种的城市占比27%，有4种的城市占比10%，有5种及以上的城市占比19%。

4. 信号控制策略、控制时段划分不够精细

信号控制策略是指导信号控制方案设计、主动调控交通流的基础。部分城市缺少整体和宏观控制策略，信号调整优化往往只考虑单个路口，未能从整体上统筹考虑。各城市对单点、干线、区域以及定时和感应等控制方式使用条件认识不充分，没有考虑路口实际交通特点，随意选择控制方式，如流量过饱和的路段仍然采用绿波控制，检测器损坏的路口仍然采用感应控制，往往达不到预期效果。

5. 专业人才和配套体制机制建设不完善

信号控制设施存在多头管理问题，交管、交通、城建等不同建设主体建设的信号灯在统一管理和维护上存在困难。信号配时管理制度不顺畅，部分城市成立了科研所、配时中心负责对信号控制进行管理，但相关的管理制度还不健全，造成信号控制管理运行不顺畅。信号控制专业人员数量严重不足，部分城市通过购买服务的方式，增加了信号配时专业力量，但仍存在人员不足的问题。

9.1.2 设计思路

搭建城市统一信号控制平台（系统），联网接入不同品牌信号机，实现交通信号联网联控和跨区域统筹优化。根据路口交通渠化情况，按照相关标准规范要求，配置路口交通信号控制设施。道路交通信号控制机的功能和性能应符合 GB 25280—2016 的要求，安装应符合 GA/T 489—2016 的要求，道路交通信号灯应符合 GB 14887—2011 的要求，设置和安装应符合 GB 14886—2016 的要求。根据路口交通流运行特点和信号控制机适配情况，合理选用视频、雷达、地磁等交通流检测设备，采集交通流量、速度、占有率等参数，支撑路口信号配时优化。

1. 完全新建系统设计思路

建设城市统一的交通信号控制系统，并根据路口控制规模和行政区划情况确定系统层级架构；根据路口所处地理位置及实际控制需求，确定交通信号机类型，并配套建设相应

的交通流检测设备。

2. 原有系统升级改造设计思路

为保护原有投资，保持系统建设延续性，可在原有系统的基础上进行系统架构升级和功能扩充，同时，进行交通信号控制机升级改造和信号控制路口范围扩展，不断扩大信号控制路口规模。原有系统功能无法满足当前控制需求，也可采用新系统替换原有系统，按照完全新建系统设计思路进行设计和建设。

3. 多个系统并存的设计思路

将原有各个系统独立进行升级改造，实现各系统分区域协调控制。在此基础上，建设城市统一的信号管理平台，并以平台对接系统建设模式，按照 GA/T 1049.2—2013《公安交通集成指挥平台通信协议 第 2 部分：交通信号控制系统》要求，实现统一管理平台与信号控制系统之间的数据传输及控制指令下发。

4. 控制设施设置和安装思路

根据系统设计思路、路口所处位置以及在信号控制区域中的重要性等因素，确定采用交通信号机类型（A、B、C类信号机）。同时，根据路口的重要程度、所处位置、周边光照、电磁干扰等环境情况，选择采用线圈、地磁、雷达、视频等不同类型的交通流检测设备。交通信号灯的设置应综合考虑路口、路段的类型、交通流量、交通事故等情况，并结合路口、路段的渠化情况，选用合适的信号灯组合方式。

5. 系统应用思路

鼓励通过购买社会化服务的方式引入社会专业团队，弥补专业力量不足。团队人员确定后，还要根据城市规模，结合工作流程，进行工作岗位设置。一般可设置管理岗、分析评估岗、方案决策岗、信号调优岗、舆情/宣传岗等，部分岗位可以配置多人，也可以将工作性质接近的岗位合并，以减少岗位设置。根据日常工作中涉及的主要工作任务，还要制定健全的工作制度和规范的工作流程，指导信号配时优化工作开展。

9.1.3 系统结构

交通信号控制系统目前各地一般采用以下两种结构方式：第一种是采用单独的交通信号控制系统结构；第二种是建立统一信号管理平台的结构。

1. 交通信号控制系统结构

交通信号控制系统主要由中央控制级设备、区域控制级设备、路口控制级设备组成，路口控制级设备主要包括交通信号控制机、交通流检测设备、交通信号灯和通信设备等，交通信号控制系统结构图如图 9-1 所示。

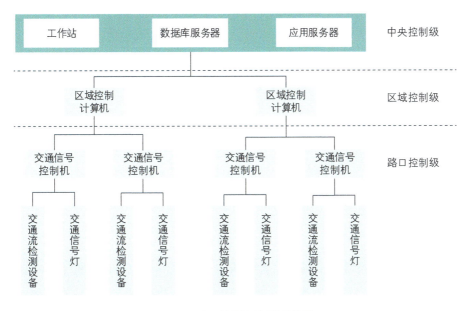

图 9-1 交通信号控制系统结构图

2. 统一信号管理平台结构

目前城市统一的交通信号管理平台的接入模式主要包括平台与系统互联（C2C）模式、平台与设备直连（C2F）模式两种。C2C 模式的数据通信标准化程度高、技术相对成熟、项目建设周期短，但功能扩展较困难。C2F 模式的通信层级少、功能全面，但数据接入难度大、项目建设周期长。C2C 接入模式结构图如图 9-2 所示，C2F 接入模式结构图如图 9-3 所示。

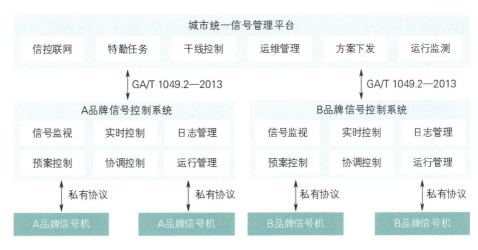

图 9-2 C2C 接入模式结构图

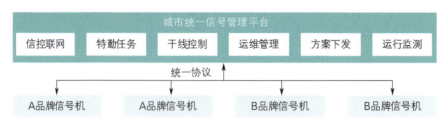

图 9-3　C2F 接入模式结构图

9.1.4　系统功能

1. 交通信号控制系统功能

交通信号控制系统中心控制软件功能应符合 GB/T 39900—2021 的要求。系统主要功能如下。

（1）优化控制功能

联网接入中心控制系统的交通信号控制机可以接收中央控制计算机下达的控制指令以及协调优化参数，实现多个相关路口交通信号的区域协调控制。控制区域内的路口交通信号控制机都在区域计算机的控制之下，线协调信号配时及相位差方案依据交通流情况由线协调自适应优化算法模块实生成。同时，能够在不同时段实施不同的绿波控制方案，即在不同时段绿波控制参数设置不同，亦可根据关键路口的实时交通流参数，从本地方案库中调用合适的协调控制方案，实现动态绿波带控制。

（2）特殊控制功能

系统能够接收警务、消防、救护、抢险等特种车辆的请求，并能够将上述各种车辆的请求按紧急度进行优先级分级，同时系统根据实际情况调整相应路口灯色变化，实现紧急车辆的"绿波控制"。紧急车辆通过后，系统能够恢复到原来的运行状态，尽快疏散因为紧急车辆通行而滞留的车辆。系统可以根据勤务路线和车队制定的行驶速度，对信号控制路口提前制定勤务预案，保证警务车队准时、安全到达目的地，尽量减少对社会车辆的影响。系统可以根据警卫任务或交通疏导等需求，发出命令直接强行控制路口交通信号的执行相位及阶段的执行时间。

系统可以调看和修改路口交通信号控制机的特征参数和配时参数；在联网的情况下中心控制系统能够远程从交通信号控制机读取方案以及下发方案。中心控制管理系统实现控制交通信号灯的黄灯按一定的频率闪烁，向车辆和行人发出警告或提示。能够实现向路口交通信号控制机（简称信号机）下发关灯指令，使交通信号控制机控制交通信号灯处于关灯状态。能够下达该路口的车道允许通行或禁止通行指令，以及交通管制的开始与结束时间。

（3）系统管理功能

可以对路口信号机的相位和相序进行设计和编辑，支持图形化操作和预览功能；可以读取信号机方案或者把设计好的方案下发到信号机，信号机在下个时段开始运行新的方案；可以查询交通信号控制机的报警日志信息；可以管理系统用户的信息注册、登录、权限等，主要包括机构管理、用户管理、角色管理、权限管理、管辖范围管理等。

（4）其他功能

基于GIS电子路网背景地图，实现交通信号控制功能图形化展示和操作。可以对历史交通流信息按时间、空间进行分类统计和综合分析，找出道路交通各时段、各节点的交通规律和特征，并以图表的形式展示。中心控制系统可以对交通信号控制机的实时相位灯色、方案信息进行监测，可以自动对诸如交通信号控制机、电源、通信链路、视频检测器等系统设备和软件的工作状态与故障情况进行全面监测，同时可以显示系统和设备的状态，不能正常工作可以发出警告或提示。可通过以太网、无线网络等远程联网方式与系统维护中心相联（用户授权），由系统维护中心对本系统进行远程维护和控制。可以对系统所控交通信号控制机进行时钟校准。

2. 统一信号管理平台功能

（1）多协议统一接入

对于已有信号控制系统，通过GA/T 1049.2—2013标准协议与已有系统进行对接；对于没有信号控制系统的信号机，若支持GB/T 20999—2017、国家运输ITS通信协议（NTCIP），中心控制系统可通过标准协议接入信号机实现数据互通；对于不支持标准协议的信号机，中心控制系统通过将信号机私有协议转换为标准协议后接入中心控制系统。实现与不同信号控制系统/信号机的互联互通，实现信号平台与各类控制系统/信号机间的交通数据、控制状态、控制命令、配时数据的传输。

（2）统一协调控制

基于统一页面风格、统一业务流程的路口监控，可进行跨品牌的干线监控、区域监控和协调控制，以及跨品牌的勤务预案和应急预案控制。结合实时信号状态、路况数据，全面展现路口交通流运行状态、交通信号控制状态。为操作人员提供监视、管理整体信号平台运行状态功能，使操作人员操作更加便捷。

（3）预案控制

可执行中心操作，进行逐个路口的指定阶段运行和解锁操作，保障勤务车路顺利通行或引导车路按预期目标运行，保障勤务的同时把影响降到最低。可执行中心操作，进行一键操作锁定所有路口的协调方向，保证勤务车路一路绿灯通行。预先设置各个路口的运行方案和执行时长，根据预约时间，系统自动执行各个路口的运行方案。

（4）信号运行监控

结合电子地图对交通信号灯的点位分布、实时状态、联网状态进行统计并展示。同时通过 GIS 地图数据、大数据等接入的数据，全面展示全市的道路交通运行状态、交通信号控制情况。基于 GIS 地图，实时显示各信控点位的信号状态和控制模式，即通过点位图标区分显示点位的信号运行控制模式和信号品牌，能够区分显示每一个路口所处的控制状态，即手动还是自动、单点还是协调。根据各路口的运行状态和路况信息，对干线的各个路口进行协调配时，实现干线的绿波控制，提高路口的通行效率，减少干线延误，通过对各个路口的协调配时，可实现干线协调控制的长效机制。支持跨品牌信号机的方案配置、协调相位和协调相位差设置，同时支持一键跨品牌信号点位的方案、协调相位、协调相位差的下发，保证跨品牌信号点位的协调运行。

9.2 交通视频监视系统

交通视频监视系统主要由视频监视设备、通信设备、视频交换设备、媒体服务器、交通视频监视信息显示设备及相关软/硬件等组成，主要实现对道路交通的实时监控查看以及基于视频图像的实战应用。本节重点介绍交通视频监视系统的当前存在问题、设计思路、系统结构、系统功能、视频存储等相关内容。

9.2.1 当前存在问题

1. 视频监视设备设置过密，共享需求无法满足

有些城市按照全覆盖的原则大量建设视频监视设备，设备点位的选取和设置具有较大的随意性，与实际业务需求存在一定脱节，点位设置过密、点位选取随意、点位视角遮挡等情况比较普遍和突出，甚至存在一个点位设置多个设备等重复建设情况；另外，在大公安部"天网工程""雪亮工程"的行动要求下对视频监视设备主导建设时，视频监视设备设置和使用往往以治安防控为主，设备所监控的范围以人员密集流动、机关单位和重要社会场所的人员为主，有时难以满足交通管理部门对道路车辆通行的监控需求，使用上也受到用户权限的制约，在一定程度上无法满足交通管理实战应用。

2. 存储设备资源整合方式粗放，利旧改造难度较大

目前视频监视系统的视频存储设备管理软件和协议私有化严重，存储设备中的管理软件大多为自有开发且缺少统一标准规定，改造时管理软件与原有设备兼容性差，跨品牌、跨型号间的整合需要适应不同城市的应用需求、适应不同厂家的兼容开展定制化开发；使用视频云存储时，原有老旧存储设备难以接入云存储管理，视频云存储的升级也无法实现跨品牌、跨型号的兼容，只能依赖原有系统进行管理。设计中往往寻求当期项目应用效果，否定原有存储技术和设备而另起炉灶独立设计，没有统筹考虑已有资源利旧，导致数据迁移成本过高。

3. 视频智能化、实战化应用水平有待提高

视频监视设备采集的监控视频主要用于日常远程巡逻以及历史或实时视频查看。实际设计中往往注重系统的基础功能和视频存储容量设计，缺乏基于人工智能、目标检测与特征提取、视频摘要等智能化技术的视频应用，未能通过视频图像的结构化数据进行深入挖掘应用，视频资源往往只存不用；缺乏与事件应急、活动安保、全景监测等交通管理实际业务场景的结合应用，未能发挥视频在交通管理实战中的应用。

9.2.2 设计思路

1. 视频监视设备按需选点科学建设

视频监视设备应紧密结合业务实战需求，秉承科学的点位设置原则，结合不同设备类型进行点位选取和设置应用，点位选建要与实际需求和存储客观条件相匹配，同时应综合运用事故、违法、交通运行等数据进行分析，结合实际道路情况和管控需求指导点位遴选，避免监控设备滥设乱设。

2. 系统采取统分结合的建设模式

交通视频监视系统整体上考虑统一建设与分级建设两种模式。在交通管理部门自建情况下，直辖市推荐分级建设，地级市结合行政管理情况主推统一建设，可考虑分级建设，县级市推荐独立建设；积极主动与大公安视频实现共享应用，建设模式的系统架构详见9.2.3节。在公安部门统建情况下，部分市县公安局主导公安视频图像系统建设，交通管理部门可在大公安的视频图像系统总体框架和要求下补充完善高点监控等视频建设，并依托公安局视频平台开展视频联网联控应用，建设模式的系统结构详见9.2.3节。

3. 充分利旧已有存储资源，合理考虑存储时长

各地已普遍建设交通视频监视系统和视频监视设备，现有建设主要以系统改造、设备升级、点位补充为主，已有存储资源的利旧是系统改造的重点和难点，系统扩充建设中应充分考虑原有存储设备的利旧使用，减少资源浪费。

4. 强化上位平台视频功能，突出实战应用

当前，从系统平台的总体框架来看，交通视频监视系统主要为指挥调度、警卫保障、事件监测、勤务管理等业务提供基础支撑，基于业务平台和可视化工具进行基础视频图像的关联应用，原有系统中基于视频图像的事件分析、视频结构化、视频共享等功能逐步移植到综合业务平台上实现应用，渐渐弱化系统原有独立功能应用，进一步强化上位平台的综合应用，重点突出视频自动轮巡、事件主动监测、全景可视监控、视频图像分析等实战化应用。

9.2.3 系统结构

交通视频监视系统按照实际建设主体可分为交通管理部门独立建设和公安部门统一建设两类架构。

1. 交通管理部门独立建设多级应用系统架构

本级交通管理部门独立建设交通视频监视系统结构图如图9-4所示。

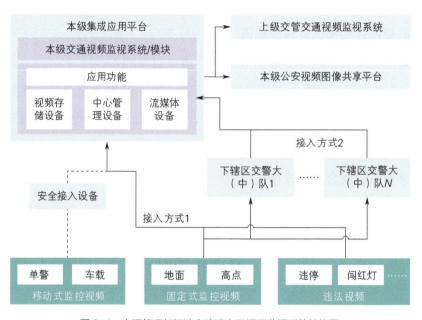

图9-4 交通管理部门独立建设交通视频监视系统结构图

本级交通管理部门独立建设交通视频监视系统情况下，可通过两种方式对视频监视设备进行接入，其中，接入方式1为本地建设的所有视频监视设备均通过本级交通视频监视系统/模块进行统一接入，接入方式2为本地移动监控视频采取本级系统统一接入，而其他固定式监控视频或违法监控视频由本级下辖区交警大（中）队进行分级接入。本级交通管理部门依托交通视频监视系统/模块开展功能应用，并与本级公安视频图像共享平台和上级交通视频监视系统实现共享对接。

2. 公安部门统一建设交通管理使用及监控补建结构

（1）交通管理部门自建视频监视系统

本级公安部门统一视频监视设备建设情况下，本级交通管理部门主要进行高点监控视频的补充设置，系统结构图如图9-5所示。

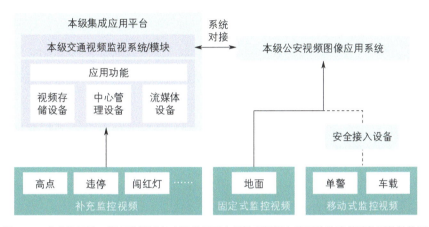

图9-5　公安部门统一视频监视设备建设情况下交通管理部门自建系统补建前端的系统结构图

本级公安部门统一视频监视设备建设情况下，本级交通管理部门可自建交通视频监视系统/模块对高点监控视频和违法设备视频进行统一接入，通过本级交通视频监视系统/模块实现与本级公安视频图像应用系统的共享对接，并实现对公安部门建设的监控视频的浏览查看。

（2）公安统一建设视频系统

公安部门统一视频监控设备建设情况下，本地交通管理部门依托公安视频图像应用系统进行视频查看和应用，系统结构图如图9-6所示。

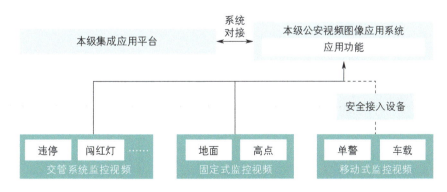

图9-6　公安部门统一视频系统建设及应用的系统结构图

本级建设的违法设备视频统一接入公安部门视频系统，本级集成应用平台与本级公安视频图像应用系统实现共享对接，可在集成应用平台上实现对公安部门建设的监控视频进行浏览查看。

9.2.4 系统功能

1. 基本功能

（1）前端控制

1）方向、镜头控制功能。可通过鼠标或键盘经浏览器或客户端软件控制接入的任一监控前端设备，控制包括监控前端设备切换、云台/快球控制器方向控制、焦距调节、镜头缩放、光圈调节、预置位设置、刮水器和电源开关控制、自定义辅助开关控制、监控前端设备锁定与解锁、云台/快球控制器的参数设定等功能。

2）视频画面点击变焦功能。可通过鼠标从左上向右下画框，自动控制镜头和云台联动，对目标进行放大并显示在画面中心，捕获细节；反方向画框则对画面进行缩小。

3）视频目标跟踪控制功能。操控鼠标单击监控目标可将目标显示在画面中心，可通过此功能对运动物体进行跟踪。

4）全景联动控制功能。操控鼠标单击全景画面内的监控目标，可跟踪所选画面进行实时监控，并可形成画中画显示。

5）前端控制方案选择功能。能通过手动和编程，将图像信号在指定的监视器上进行固定或时序显示，也可以进行图像混合、画面分割、字幕叠加等处理。

6）视频前端设置功能。支持按照监控区域、管理权限和实际使用情况（如行进路线）进行分组；可设置系统内所有摄像头的位置、IP、别名、所在区域、场所等信息；可在图像的任意位置叠加名称、时间、场地等字符信息；可在图像的任意位置叠加图片和黑屏框以屏蔽需隐藏的图像区域；可在中心通过软件远程设定和调节音视频编解码器的各种参数，如码率、品质、分辨率、制式、帧频、色彩等。

（2）视频浏览

系统可进行单画面快捷视频预览，支持对图像进行实时浏览及切换控制，支持单画面、四画面、九画面、十六画面、三十二画面等任意多画面组合模式的监控，对指定视频窗口进行实时抓拍和实时录像。

（3）下载回放

支持前端设备录像、中心录像的查询、回放及统一管理。

支持对多个通道的录像选中同一个时间段后进行视频下载。

支持多种播放控制操作，包括暂停、播放、停止操作，单帧前放、后放操作，最大倍速的快慢播放控制操作。

2. 应用功能

（1）视频巡逻

监控人员可以在室内进行视频巡逻，可以针对一条道路或一个区域的视频进行实时监看，在没有人员到达现场的情况下，通过实时监控了解道路情况，及时发现拥堵、车辆违法等行为，有效治理、抓拍取证。

视频巡逻是指基于实时视频监控，实现警情上报、警务监督、违法上报、故障上报等功能，对路面进行远程巡视。巡视可分为固定式（早高峰、晚高峰，期间还进行不定时巡逻）、全天候等形式。

支持视频巡逻方案的定制，可以根据早高峰、晚高峰重点监控的道路进行巡逻组划分，并对每个视频进行时间间隔定义，每个视频停留一段时间可自动巡视下个视频。

根据定义的巡逻方案，进行查看实时视频，提供抓拍、路线、云台控制等功能，提供故障上报、警情上报、警务监督、违法行为上报的入口。

（2）视频服务

1）视频转发。系统具有视频转发管理和网络传输控制管理功能，为网络用户提供视频浏览服务，支持视频图像多路并发。

2）视频点播。可通过客户端软件或 IE 浏览器显示实时或历史的监控视频图像，具有单画面、四画面、九画面、十六画面、三十二画面等多种画面分割显示模式。历史视频回放时应可以进行暂停、播放、停止、快放、慢放、单帧步进、单帧后退、循环播放、精确定位到某帧、打印、缩放、备份、调节音量／亮度／色度／对比度／色调等操作。

画面抓拍：系统可在历史图像回放时将任意一副画面存储成图片格式。

3）移动终端访问。在应急指挥的特殊情况下，指挥中心和现场外，可异地查询现场视频图像进行紧急指挥决策。

在移动终端包括智能手机、PDA 或者带网卡的笔记本计算机中安装有监控软件的客户端，通过 4G 或者 5G 的通信网络，获取实时视频。

系统应可将视频监控资源开放和扩展，在实现与其他系统和业务部门中进行资源共享、信息互通的基础上，将交通视频监视系统中的视频码流转为手机可用码流格式。

4）断点续传。在发生网络故障时，系统能将数据、图片等保存在路口前端，待故障排除后系统自动执行断点续传，将数据、图片等上传到系统数据中心。

5) Web 视频服务。系统具有系统管理、流媒体、报警转发、集中存储检索等统一 Web 访问配置服务功能，为网络用户提供统一远程监视查询浏览器/服务器（B/S）访问服务功能。

网络授权用户可以浏览多路实时或历史图像。多个不同用户可根据授权同时浏览同一实时或历史图像。

6) 业务终端浏览。在系统管理服务器认证下访问所有监控设备。

授权业务终端用户可以浏览多路实时或历史图像。多个不同终端用户应可根据授权同时浏览同一实时或历史图像。

（3）事件监测

具备设备状况监测功能，通过设备树可以查看视频通道是否在线。

具备多种事件监测功能，包括停止事件、逆行事件、行人事件、抛洒物事件、拥堵事件、车辆驶离事件等。

具备组合条件查询功能，查询条件可分为：事件类型、事件状态、事件地点、开始发生时间、结束发生时间等。供用户检索历史报警交通事件。支持事件详情信息查看、误报事件标记、事件信息备注等功能。

（4）全景监控

在大范围全景监控中，通过对已建系统进行对接，各对接子系统以标签的形式在全景监控视角中进行叠加，指挥中心工作人员可以实时与各子系统进行联动交互，以"画中画"的方式进行展示，如查看当前路口实时视频、信号机查看信号配时情况、诱导屏查看信息发布情况、执勤岗亭查看民警执行情况等。同时指挥中心可以对重点关注路口、热点区域等进行标签收藏，对重点区域再次查看可通过收藏功能进行快速定位，打开当前标签画中画场景。

标签内容支持灵活的自定义，可以在标签上面添加文字、图片、链接，以及关联视频资源，比如卡口资源、人脸抓拍资源、警务资源等。标签图标带分类标示的，标签可以按业务场景进行自定义模板，比如定点标签模板、卡口标签模板、路口标签模板、区域标签模板、警员标签模板、建筑物标签模板、商场标签模板、服务区标签模板、互通枢纽标签模板等，满足交通管理日常业务自定义展示需要。

（5）视频上墙

能够绑定多个视频通道，可预览视频，设置停留时间、码流；具备选择电视墙进行任务管理功能；具备选择任务并手动上墙功能；具备开启即时上墙，完成任务配置时系统自动执行上墙操作功能;具备配置电视墙定时计划和轮巡计划,并进行计划启动上墙功能;电视墙支持按能力集分割、标准布局、自定义布局;具备回显查看选定视频通道的实时预览画面功能;可实现清屏;具备开启所有屏幕通道轮巡和任务轮巡功能。

(6)地图时空应用

系统应能在地理信息系统上可视化显示各类在线视频监控设备资源,在地图上可明确区分不同的设备类型、监控方向等;并能快速检索采集设备资源,能按照点、线、面(框选、圈选、线选等)方式快速选取各类采集设备资源,并能调节框选、圈选和线选的范围大小;可通过采集设备资源列表在地图上快速定位。

系统应能在地图上对各类采集设备资源进行查看实时视频或图像、云台镜头控制、回放、下载和布控/撤控等操作。

系统可在地图上展示移动单兵、车载北斗设备等实时位置,可在地图上查看其运行的历史轨迹。

系统可在地图上绘制目标轨迹,或基于目标的时空关系自动生成轨迹等。

系统应提供视频事件地图定位功能,可在地图上显示视频事件发生地周边的监控设备分布情况。

(7)视频图像分析

视频图像分析主要可实现目标数量分析、行为分析、目标识别、目标检测与特征提取、视频摘要等功能,具体功能应符合 GA/T 1399 的要求。

(8)互联网共享

具备互联网服务发送功能,能够在系统针对拥堵、事件视频截图时向互联网提供安全的信息服务。

3. 系统对接

(1)系统内部对接要求

按照 GA/T 1049.3—2013《公安交通集成指挥平台通信协议 第3部分:交通视频监视系统》标准要求实现与公安交通集成指挥平台对接。

按照本级交通综合管控平台接口要求以 SDK 方式进行接入,应能够接收平台发出的方向控制、预置位、光圈焦距、镜头缩放等控制指令。

(2)系统外部对接要求

按照 GB/T 28181—2022《公共安全视频监控联网系统信息传输、交换、控制技术要求》、GA/T 1399《公安视频图像分析系统》、GA/T 1400《公安视频图像信息应用系统》

标准要求对接大公安视频图像资源共享平台。

4. 管理功能

（1）用户管理

主要实现用户注册、身份认证、用户访问控制、角色管理、用户授权策略等功能。

（2）设备管理

主要实现设备注册管理、设备认证管理、设备信息查询、设备状态查询等功能。

（3）日志管理

主要实现运行日志和操作日志的管理，记录系统功能模块启动、自检、异常、故障、恢复、关闭以及用户进入 / 退出、账号增加 / 删除 / 修改等信息。

（4）运维管理

主要利用设备心跳信息实现日常运行维护，具备设备远程配置和软件批量更新升级功能，可实现故障快速确定和诊断。

9.2.5 视频存储

1. 存储改造方式

存储设备主要包括 NVR、IP-SAN 和云存储等类型，在视频系统新建与改造过程中，不同设备类型在实际利旧中的实践方式存在差异。

对于 NVR 设备，无论是自有系统利旧的 NVR 设备还是兼容接入第三方 NVR 设备，都可通过系统与设备直连的方式接入系统进行统一管理。

对于 IP-SAN 设备，自有系统利旧的 IP-SAN 设备可通过系统直接接入管理，而对于第三方 IP-SAN 设备要兼容接入时，先要对该设备进行软件格式清除，再通过设备裸机模式接入系统实现统一管理。

对于云存储设备，自有系统利旧的云存储设备可通过系统直接接入管理，而对于第三方云存储设备，需考虑通过新建视频系统与原有云存储所属的视频系统通过定制接口开发进行系统对接，实现云存储设备的管理。

2. 存储时长要求

不同的视频存储对象，存储时长要求有所不同。其中，实时视频存储时长应不少于 30 天，违法记录视频存储时长应不少于 2 年。

各类存储对象的具体时长应结合本地视频图像存储要求进行调整。

3. 存储容量计算

（1）基本容量计算

实时视频存储容量（TB）= 单路视频传输带宽（MB/s）/8 × 视频路数（路）× 存储时长（3600s × 24h）/1024/1024。

违法记录视频存储容量（TB）= 单个记录视频文件容量（MB）× 单日视频数量（个/天）× 存储时长（天）/1024/1024。

基本存储容量为实时视频与违法记录视频的存储容量之和。

（2）冗余空间设计

存储需求容量计算应基于各类存储对象所需的基本存储容量基数，综合考虑存储信息安全校验（RAID 5）与备份占用空间、存储设备空间利用率和冗余存储空间。

9.3 交通违法监测记录系统

交通违法监测记录系统主要由中心管理系统、传输设备和交通违法监测设备等组成，其中心管理系统的功能主要依托公安交通集成指挥平台的非现场执法模块实现，主要包括违法信息审核、录入、查询、统计等功能。本节重点介绍交通违法监测记录系统的当前存在问题、设计思路、系统结构、系统功能等相关内容。

9.3.1 当前存在问题

1. 前端设备存在设置不规范、应用不合理情况

随着各地逐年加大智能交通管理系统建设，利用交通技术监控设备作为交通违法监测记录系统前端设备进行违法行为抓拍已成为主要的管控手段，但盲目扩大建设规模导致交通技术监控设备数量逐年递增。随着各类前端设备的不断快速增加，出现了前端设备的设置点位与管控重点不适配的情况，前端设备抓拍区域与安全隐患区域不一致，以及设备安装角度不当造成误拍等情况层出不穷，设备设置的规范性不足已逐渐凸显；配套设施不够完备、不够规范，也不能与交通技术监控设备同步更新。

2. 系统未按要求统一接入

《公安交通集成指挥平台技术实施方案》中提出交通技术监控设备按照统一要求将非现场交通违法数据进行直接接入，不得落地存储和多级转发，目前设计仍按照原有依托本地接入平台和厂家管理系统的方式进行接入。

9.3.2 设计思路

1. 规范前端设备设置

应结合本地实际管控重点进行交通违法监测记录系统的设置设计，应综合分析事故情况、违法类型、处罚数量、交通运行等数据情况，结合实际道路情况和管控需求指导点位遴选，按需合理确定设置数量，根据标准规范的要求进行科学选点并结合实际场景明确设备设置位置和安装要求，避免违法设备设置不合理，同时配套完善的提示标志设施。

2. 前端设备统一接入

应当按照公安交通集成指挥平台建设方案的要求，对交通违法监测记录系统前端设备进行统一接入设计，配套相应的统一接入系统。交通违法监测记录系统结构详见 9.3.3 节。

9.3.3 系统结构

交通违法监测记录系统一般包含闯红灯自动记录系统设备（依据 GA/T 496—2014《闯红灯自动记录系统通用技术条件》）、机动车测速仪（依据 GB/T 21255—2019《机动车测速仪》）、机动车违法停车自动记录系统设备（依据 GA/T 1426—2017《机动车违法停车自动记录系统通用技术条件》）、人行横道道路交通安全违法行为监测记录系统设备（依据 GA/T 1244—2015《人行横道道路交通安全违法行为监测记录系统通用技术条件》）、车载视频记录取证设备（依据 GA/T 1299—2016《车载视频记录取证设备通用技术条件》）等，系统结构图如图 9-7 所示。

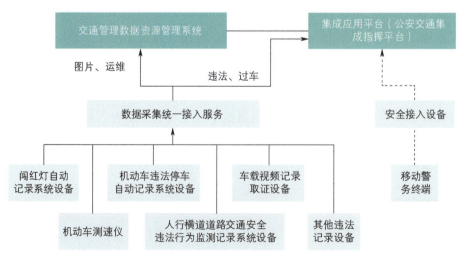

图 9-7 交通违法监测记录系统结构图

交通违法监测记录系统各类前端设备通过数据采集统一接入软件实现接入，其中违法信息、过车数据直接接入公安交通集成指挥平台，过车图片和设备运维信息接入交通管理数据资源管理系统进行统一存储和管理，移动警务终端的数据通过专用 VPN 通道和无线安全接入设备接入公安交通集成指挥平台。

9.3.4 系统功能

本系统功能主要依托公安交通集成指挥平台的非现场执法功能模块实现。

1. 设备备案

交通技术监控设备统一在公安交通集成指挥平台中进行备案。

系统将自动同步已在综合应用平台备案的交通技术监控设备信息，但同步过的备案信息需通过该模块进行重新维护。

2. 非现场 AI 审核

根据 GA/T 832—2014《道路交通安全违法行为图像取证技术规范》标准，结合违法文本数据和违法证据照片进行 AI 智能检测，识别违法目标车辆号牌种类、号牌号码、行车方向、车辆类型、号牌完整度等要素进行检测，并根据上传违法行为代码将违法图片按无效场景分类。根据用户配置和无效场景，自动删除明显不符合执法取证规范的违法证据图片。

3. 违法信息录入

违法信息录入功能主要是将交警人工采集的违法信息写入违法库，录入的信息主要包括违法车辆拍照的证据文件、车牌号码、车辆类型、违法时间等车辆详细信息。

4. 违法信息查询统计

系统应可以按单项或组合条件进行机动车交通违法信息查询统计。系统可供查询统计的条件包括日期（可精确到日历日单位）、时间（可精确到分钟单位）、地点（交叉口）、方向、车道、精确机动车号牌、模糊机动车号牌、机动车类型等。

5. 数据标准接入

交通违法行为监测记录系统采集数据按照交通管理数据资源管理系统统一接口标准格式和数据内容进行接入。

按照 GA/T 1049.5—2013《公安交通集成指挥平台通信协议 第 5 部分：交通违法监测记录系统》标准要求实现与公安交通集成指挥平台对接。

9.4 交通流信息采集系统

交通流信息采集系统主要由交通流信息采集设备、通信设备、存储和处理设备及相关软/硬件等组成，主要实现交通流信息的实时采集与设备管理。本节重点介绍交通流信息采集系统的当前存在问题、设计思路、系统结构、系统功能等相关内容。

9.4.1 当前存在问题

1. 感知设备投入大、精度低，部分设备破坏，路面维护成本较高

独立建设感知设备进行交通流信息采集需要大量的投入，独立的点段设备或少量的道路覆盖都难以获取完整的交通流运行状态，采集的整体效果相对较差。另外，传统线圈、地磁感知设备安装需要对路面进行破坏，施工工艺复杂，使用过程中因过往车辆超载导致路面破损、设备损坏，存在寿命短、维护要求高等情况。虽建设成本低，但路面维护成本高。

2. 前端独立建设多源数据复用考虑较少

目前，交通管理部门在考虑交通流信息采集的时候未统筹考虑现有闯红灯自动记录系统、道路车辆智能监测记录系统等前端设备的复用或者互联网数据，仍存在为了获取某一点段的交通流数据而单独设计交通流信息采集系统，导致采集设备过度设置的情况。

9.4.2 设计思路

1. 以互联网路况信息为基础，流量采集设备补盲

应充分考虑引入互联网路况信息的应用，不鼓励单独建设交通流采集设备进行信息采集，若互联网不能满足本级交通管理覆盖的需求，可补充建设独立采集设备进行信息采集。

2. 优先利用已有前端设备采集流量，按需补建流量采集设备

对独立建设设备进行设计时，应以已有交通违法监测记录系统、道路车辆智能监测记录系统、交通信号控制系统检测器等感知设备的交通流信息采集为基础，根据交通信息发布、区域流量监测等应用需求，再从应用需求出发补充建设路段专用交通流信息采集设备。确实需要独立建设交通流采集设备的，设计中应综合分析交通运行等数据情况，以及信息采集类型、采集内容等需求进行选定设置，并结合设备的可靠性、可维护性等因素尽量减少对地面开挖破坏。独立建设交通流信息采集设备的系统结构详见9.4.3节。

9.4.3 系统结构

交通流信息采集系统一般包括微波交通流检测器、视频检测器、RFID 检测器、交通微波+视频一体化检测器、镭视一体机等种类的前端设备，采集的交通流数据统一接入交通管理数据资源管理系统，系统结构图如图 9-8 所示。

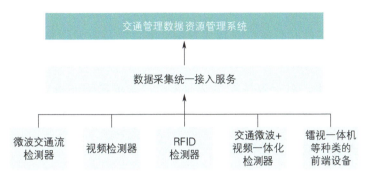

图 9-8　交通流信息采集系统结构图

9.4.4 系统功能

1. 交通流数据采集

交通流检测器主要采集交通流量、车速、占有率、车头间距、排队长度、车辆密度等交通流数据，交通流数据采集时间间隔可调，系统可将数据按照系统规则进行预处理后存入数据库中，并提供给公安交通集成指挥平台进行处理、分析。

2. 设备管理

用户可对系统中交通流采集设备进行管理，用户可添加、删除系统／平台中的设备，可对设备的基本信息进行查看、修改和保存。检测器的信息包括编号、类型、名称、型号、状态、通道数、端口、通信参数、采集时间间隔和安装地点等。

3. 数据标准接入

系统采集的数据按照交通管理数据资源管理系统统一接口标准格式和数据内容进行接入。

按照 GA/T 1049.4—2013《公安交通集成指挥平台通信协议 第 4 部分：交通流信息采集系统》标准要求实现与公安交通集成指挥平台对接。

9.5　交通事件检测系统

交通事件检测系统主要由管理系统、传输设备和交通事件检测设备等组成，主要实现各类事件的实时监测、事件信息汇聚以及检测设备管理。本节重点介绍交通事件检测系统的当前存在问题、设计思路、系统结构、系统功能等。

9.5.1 当前存在问题

1. 重要点段事件检测设置未实现全覆盖

城市道路的突发事件时有发生且较为普遍,事件的及时发现是应急响应处置的关键,有些城市主要依靠人工巡逻、视频巡查、群众报警等传统方式来发现突发事件,缺少事件检测设备的设置和应用,对于容易发生交通事故、车辆抛锚的点段,无法做到及时主动发现。

2. 应用场景复杂,实战效果不理想

交通事件种类繁多,虽然有 GB/T 28789—2012《视频交通事件检测器》等标准对事件的类型和检测准确率进行了要求,但实际应用中往往因为设计选点场景交通方式组成复杂、交通流量大以及环境复杂等情况较多,所以事件检测误报率高,难以满足实战应用需求,效果不理想。

3. 事件检测结果缺少确认落实

由于事件检测设备存在误报情况,但本级交通管理部门实际应用中缺少确认环节,所以事件检测结果不敢直接应用,不能发挥应有作用。

9.5.2 设计思路

1. 结合业务按需选点设置

从选点设置上,针对事故多发、交通拥堵等事件点段,有明确业务需求的可以按需设置事件检测设备,力争重要点段事件检测全覆盖,加强城市道路交通事件发现能力。

2. 聚焦场景灵活适配应用

从整体应用上,应选取检测目标明确、环境干扰较小的点段场景设置,在设计中结合设备类型特征,根据监测场景的常发事件情况,选取具备相应交通事件种类检测能力的设备,面对复杂环境情况可考虑选择多种检测能力的检测设备。

3. 对标客观条件选取检测方式

在技术路线方面,可综合项目投资、网络带宽、设备性能、机房空间、灵活应用等因素,结合实际情况,综合考虑前端事件检测设备和后台事件检测分析选取应用,也可在独立建设前端事件检测设备的同时通过后台事件检测分析方式补充基于视频监控的事件检测，将两种方式融合应用。系统结构详见9.5.3节。

9.5.3 系统结构

交通事件检测系统主要分为前端事件检测和后端事件分析两种方式，系统结构图如图9-9所示。

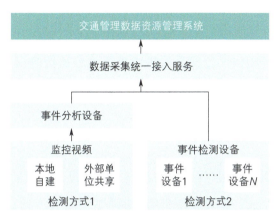

图9-9　交通事件检测系统结构图

目前事件检测主要以视频方式为主。独立建设前端交通事件检测设备的事件信息直接接入交通管理数据资源管理系统；利用本地自建或外部单位共享的监控视频进行后端事件分析应用，将分析得出的事件信息接入交通管理数据资源管理系统。

9.5.4 系统功能

1. 交通事件监测

系统可对路段异常停车、低速车流、超速车辆、排队超限、车辆逆行、能见度异常、行人穿越、路面遗撒等交通事件进行自动检测、实时报警、过程记录。

视频检测率和误报率应符合GB/T 28789—2012的要求。

2. 交通参数监测

实时交通参数是系统在车辆通过监测视域时即时产生的基础测量信息，主要包括交通流量、车辆存在时间及车长、车辆速度等关键数据。

3. 实时视频监控

实时视频流可通过专用的视频服务器、数字矩阵、视频监控终端等设备实时显示，对前端路口的实时交通状况进行在线监控、实时调度、应急处理。

4. 设备管理

系统可对事件检测设备进行管理，用户可添加、删除系统/平台模块中的设备，可对设备的基本信息进行查看、修改和保存。设备的信息包括：编号、类型、名称、型号、状态、通道数、端口、通信参数、事件类型和安装地点等。

5. 数据标准接入

交通事件检测数据按照交通管理数据资源管理系统统一接口标准格式和数据内容进行接入。

按照 GA/T 1049.9—2014《公安交通集成指挥平台通信协议 第9部分：交通事件采集系统》标准要求实现与公安交通集成指挥平台对接。

9.6 机动车缉查布控系统

机动车缉查布控系统主要由中心管理系统、传输设备和道路车辆智能监测记录设备（简称"卡口设备"）等组成，主要实现机动车辆布控、撤控、通行信息比对、预警、处置等功能应用。本节重点介绍机动车缉查布控系统的当前存在问题、设计思路、系统结构、系统功能等内容。

9.6.1 当前存在问题

1. 系统前端卡口设备设置合理性不足

有些城市在前端卡口设备设置上还存在应设未设、覆盖不全、选点不适等情况，导致车辆进出城区溯源困难。

在设置点位上的设备配置方面还普遍存在单套卡口设备覆盖多车道的应用，容易发生过车漏拍的情况。

2. 独立建设使用本地系统不符合统一要求

在公安交通集成指挥平台的统一部署框架下，各地围绕双网双平台的模式，在公安交通集成指挥平台外，独立设计建设一套缉查布控系统接入卡口设备过车数据开展本地应用，导致出现系统平台重复建设和交叉使用的情形，不符合公安交通集成指挥平台的规划部署要求。

3. 补光装置光污染问题较为突出

前端卡口设备所配置的补光装置强度高、亮度大，频闪灯变常亮灯、常亮灯如探照灯等情况普遍存在，夜间补光甚是明显，已然成为城市光污染的主要因素之一，影响机动车驾驶人交通安全。

9.6.2 设计思路

1. 科学选点设置点位，合理配置设备应用

重点围绕执法站管控、进出城区溯源和重要点段管理，以应上尽上的原则加大卡口设备覆盖力度；综合分析事故情况、违法类型、处罚数量、交通运行等数据情况，结合业务管控需求科学选点设置；按照"一条车道一套卡口"方式进行设置，避免过车漏拍。

2. 道路卡口过车数据统一接入

以公安交通集成指挥平台的核心版缉查布控功能为主，前端卡口设备统一接入公安交通集成指挥平台，具备卡口功能的闯红灯自动记录系统设备也一并接入，实现全国统一缉查布控应用。

3. 科学选用补光装置，适配场景优化设置

主动配齐辅助照明装置，按照城市道路和公路等不同的应用场景，结合照明条件情况，因地制宜地选择相适配的补光装置进行设置，使其补光区域与交通技术监控设备的监控成像区域相匹配。

9.6.3 系统结构

机动车缉查布控系统一般包括道路车辆智能监测记录设备和闯红灯自动记录系统设备，两类前端设备采集的过车数据统一接入交通管理数据资源管理系统。系统结构图如图9-10所示。

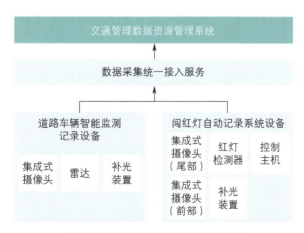

图9-10 机动车缉查布控系统结构图

9.6.4 系统功能

以公安交通集成指挥平台的缉查布控功能为主，主要功能如下。

1. 布控管理

人工布控各类违法嫌疑车辆，并根据实际情况可进行跨辖区布控。定时下载综合应用平台交通违法未处理、套牌假牌嫌疑、逾期未报废、逾期未检验等车辆信息实现自动布控。

2. 信息预警签收

根据配置关联的卡口信息，实时接收卡口相关预警信息，人工签收后指挥路面民警拦截。

3. 拦截处置反馈

采集录入民警现场拦截嫌疑车辆和处置情况，对当事人现场处罚的可采集录入相关处罚决定书信息。

4. 车辆轨迹分析

根据车辆号牌、行驶区域、地点等信息分析车辆行驶轨迹信息，通过授权可进行车辆全省、全国的轨迹分析。

5. 信息查询统计

查询布控、撤控、预警、处置反馈等信息，可根据预警类型、签收处置情况进行分析，考核统计卡口工作情况、民警拦截处置情况等。

6. 数据标准接入

机动车缉查布控系统前端卡口设备采集的数据按照交通管理数据资源管理系统统一接口标准格式和数据内容进行接入。

按照 GA/T 1049.10—2014《公安交通集成指挥平台通信协议 第10部分：机动车缉查布控系统》标准要求实现与公安交通集成指挥平台对接。

9.7 机动车电子标识应用系统

机动车电子标识应用系统主要由中心管理系统、传输设备、读写设备和机动车电子标识组成，主要结合重点车辆通行管理、大型活动安保出入车辆管控、信号主动优先控制等管理需求开展系统应用。本节重点介绍机动车电子标识应用系统的系统结构以及发行管理相关的系统功能。

9.7.1 系统结构

汽车电子标识应用系统一般包括中心部分和前端部分，系统结构图如图 9-11 所示。

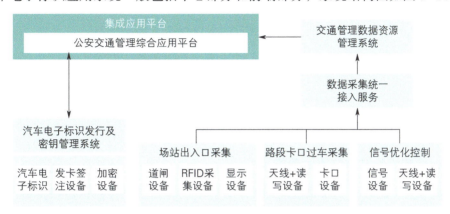

图 9-11 机动车电子标识应用系统结构图

中心部分主要是汽车电子标识发行及密钥管理系统，主要部署发卡签注、加密等设备，与集成应用平台实现关联对接。前端部分主要包括场站出入口采集、路段卡口过车采集和信号优化控制等设备，主要前端设备采集数据按照统一标准接入交通管理数据资源管理系统，并通过安全接入平台实现跨网络数据传输。

9.7.2 系统功能

1. 发行管理

在发行数据库记录电子标识发行信息（包括核发机关、核发时间、经办人等），将各地公安机关领取的电子标识数量和标识编号段实现计算机管理，建立入库和出库的领销数字化管理，实现本地库存量、消耗量以及废品的实时监管。

2. 车辆注册信息签注

由授权的公安机关将车辆注册信息按照规定格式和内容加密后，写入电子标识指定存储区，同时将电子标识信息（电子标识唯一编号、签注日期、签注机关和经办人等）写入后台发行数据库，便于溯源管理。

3. 数据标准接入

机动车电子标识应用系统采集的数据按照交通管理数据资源管理系统统一接口标准格

式和数据内容进行接入。

9.8 交通信息发布系统

交通信息发布系统主要由中心管理系统、存储与处理设备、载体、传输设备、各种信息接收/显示终端和道路交通信息显示设备等组成，主要实现交通信息的统一采编、处理、综合发布等功能应用。本节重点介绍交通信息发布系统中道路交通诱导可变信息标志发布方式的当前存在问题、设计思路、系统结构、系统功能、发布内容与发布方式等相关内容。

9.8.1 当前存在问题

1. 系统前端设备设置位置合理性不足

有些城市在交通信息发布系统前端设备设置上还存在过量设置、随意设置、选点不适等情况，出现前端设备设置多而使用少的局面，更有因设备设置位置不当导致信息告知提前量不足，无法起到预告作用，因此驾驶人也无法及时调整通行线路或路径。

2. 系统前端设备性价比较低

在交通信息发布系统前端设备选型方面，单纯追求高性能的新产品，过多选择点阵距小的全彩 LED 显示屏，导致所选设备与设置场景条件和信息发布需求匹配性差。

3. 系统前端设备未实现统一发布

有些城市每当新建项目时，只要有交通信息发布系统建设需求，就会单独新建系统对当期项目前端设备进行管理，而未考虑实现统一系统接入的设计，多个发布系统并存的现象仍然存在。

4. 系统发布内容较为单一

有些城市虽然建设了交通信息发布系统，但主要的应用是发布法律法规的日常宣传，并未真正发布实时路况或出行诱导等信息，甚至存在设而不用的情况，出行服务应用效果不理想。

9.8.2 设计思路

1. 科学合理设置系统前端设备

按照 GA/T 993—2021《道路交通信息显示设备设置规范》标准进行交通信息系统前

端设备的合理布设，结合本级城市路网结构特点，可按照多级诱导策略由外及内地逐级设置，并充分考虑集约设置；前端设备安装位置应确保提前量，确保信息发布达到预告效果。

2. 按需选配系统前端设备类型

应结合实际设置场景的应用需求确定前端设备的技术选型，在没有视频、图像等发布内容需求的情况下，优先考虑满足日常宣传、违法提示、路况发布、路径诱导等信息发布需求。

3. 统一管理系统，按照标准接入前端设备

本级交通管理部门应统一建设交通信息发布系统或在集成应用平台实现统一管理模块，各类新、改、扩建项目中的信息发布前端设备都按照本级统一标准进行接入，实现本级前端设备的统一接入和管理应用。

4. 整合优化信息发布内容

应充分利用互联网数据进行路况发布，并综合利用自有设备采集的数据进行突发事件发布，结合停车场数据的引入，在路况发布的同时告知停车场位置及车位信息，丰富发布的内容，提高信息发布的实用性和实效性。

9.8.3 系统结构

交通信息发布系统主要由前端和中心两部分组成，系统结构图如图 9-12 所示。

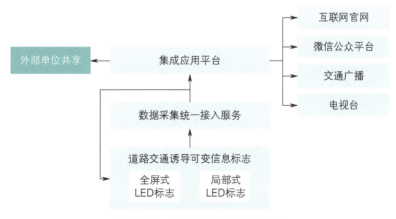

图 9-12 交通信息发布系统结构图

交通信息发布系统中心部分作为集成应用平台的一个模块，实现与互联网官网、微信公众平台、交通广播、电视台等多媒体信息发布方式进行信息对接，实现与外部单位服务信息的共享交互。前端部分以道路交通诱导可变信息标志为主，主要包括全屏式、局部式等多种样式，设备运维管理信息统一接入交通管理数据资源管理系统，并接收集成应用平台的控制指令。

9.8.4 系统功能

1. 交通信息模板编辑

该功能模块将通过自动采集功能收集和分拣的路况、交通管制、事件等交通信息，针对可变标志、微信、移动智能终端App等发布模板，将交通信息编辑成适合各发布手段的格式，通过对接接口将编辑好的信息进行发布，生成的发布信息可适应各发布手段直接发布。各发布手段无须再针对信息进行编辑和处理。

2. 交通信息分发

根据交通信息采编系统采集到的信息类型，该功能模块自动转发给智能交通服务各发布渠道，主要包括道路交通诱导可变信息标志、微信、手机App、外部地图信息共享等。

3. 采编信息查询

针对各类服务采编的交通信息，该模块提供施工占道、交通管制、交通事件等各类信息查询功能。同时，该功能模块可以查询交通信息发布方案库的预先制定的各种交通信息发布方案。提供交通信息查询统计功能，可以实现接收信息、推送信息的查询功能，按照接收时间、推送时间、推送的发布方式、接收状态、发布状态等进行单一查询、组合查询及模糊查询，同时能够实现统计信息的报表打印。

4. 设备管理

设备管理包括设备的工作状态、通信检测等。前端诱导屏能够设置自检功能和工作状态指示灯。通过自检功能，将发光模组的工作状态、通信接口的通信性能（误码率）、开关电源以及其他工作单元的状态正确检测出来，在工作状态指示灯上显示并上传给中心交通诱导屏发布系统。

5. 数据标准接入

交通信息发布系统数据按照交通管理数据资源管理系统统一接口标准格式和数据内容进行接入。

按照GA/T 1049.6—2013《公安交通集成指挥平台通信协议 第6部分：交通信息发

布系统》标准要求实现与公安交通集成指挥平台对接。

9.8.5 发布内容与发布方式

交通信息发布系统的发布形式、发布方式、发布内容等应符合GA/T 994—2017《道路交通信息发布规范》的要求。

各地可以根据本地情况制定发布机制，信息发布内容可根据不同的交通信息类型、级别、发布范围、发布次数、持续时间等需求特点，结合不同的发布形式和道路交通诱导可变信息标志版式设计相应的交通信息发布方案。

9.9 卫星定位管理系统

卫星定位管理系统主要由中心管理系统、传输设备和卫星定位设备等组成。本节重点介绍卫星定位管理系统的系统结构和系统功能。

9.9.1 系统结构

卫星定位管理系统结构图如图9-13所示。

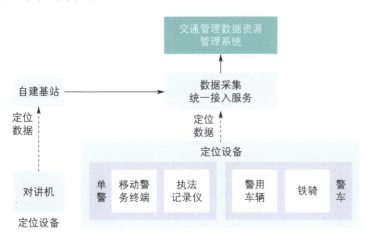

图9-13 卫星定位管理系统结构图

警员定位信息主要来自对讲机、移动警务终端、执法记录仪等；警车定位信息主要来自警用车辆、铁骑装配的北斗定位设备。

定位设备一般包括对讲机、移动警务终端、执法记录仪、警用车辆、铁骑等，其中对讲机的定位数据主要通过自建基站和专用通道接入交通管理数据资源管理系统；各类警用装备主要通过北斗定位装置将定位数据统一接入交通管理数据资源管理系统。

设计和应用中应考虑结合路侧等多源定位数据的融合。

9.9.2 系统功能

1. 卫星定位终端

卫星定位终端应采用北斗卫星定位技术，定位模块所确定的位置与实际位置的偏差应满足以下要求：水平定位精度不大于 15m，高程定位精度不大于 30m，速度定位精度不大于 2m/s，差分定位精度为 1~5m。

2. 设备管理

实时监测卫星定位终端的工作状态、通信检测等情况。用户可添加、删除系统/平台模块中的设备，可对设备的基本信息进行查看、修改和保存，具备对终端进行统一管理能力。

3. 数据标准接入

卫星定位管理系统数据按照交通管理数据资源管理系统统一接口标准格式和数据内容进行接入。

按照 GA/T 1049.7—2014《公安交通集成指挥平台通信协议 第 7 部分：车辆与单警定位系统》标准要求实现与公安交通集成指挥平台对接。

9.10 单警执法视音频记录系统

单警执法视音频记录系统主要由中心管理软件、执法记录仪等组成。本节重点介绍单警执法视音频记录系统的系统结构、系统功能。

9.10.1 系统结构

单警执法视音频记录系统结构图如图 9-14 所示。

中心管理软件主要依托集成应用平台实现应用，执法记录仪的视音频数据统一接入交通管理数据资源管理系统。

9.10.2 系统功能

单警执法视音频记录系统中心管理功能应符合 GA/T 947《单警执法视音频记录系

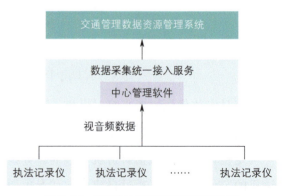

图 9-14 单警执法视音频记录系统结构图

统》的相关要求。

1. 执法记录仪接入注册

执法数据采集时查验执法记录仪序号与警号关联配置情况，未关联的应能通过密码验证和关联配置完成注册。

2. 数据采集

自动采集已注册的执法记录仪的视音频、音频、照片和日志等数据，验证采集到的执法数据与执法记录仪存储的原始数据的一致性。

3. 数据浏览

系统能浏览已采集的视音频、音频、照片和日志等数据。

4. 数据检索

系统能对已采集的视音频、音频、照片和日志等数据依据执法记录仪序号、警号、时间、文件类型及重点标记等一种或多种条件进行查询。

5. 数据清空

系统能自动或手动清空已完成数据上传的执法记录仪内部数据。

6. 数据标准接入

系统数据按照交通管理数据资源管理系统统一接口标准格式和数据内容进行接入。

9.11 停车服务与管理信息系统

停车服务与管理信息系统主要由停车服务与信息共享平台、停车场（库）管理信息系统、智能停车服务装备等组成。停车服务与信息共享平台用于汇集停车场（库）信息，实现停车信息采集、查询、统计分析、发布以及停车诱导、停车泊位预约、停车费电子支付等功能。停车场（库）管理信息系统具有停车场（库）停车信息采集、传输、发布、管理和应用等功能。

9.11.1 当前存在问题

1. 停车服务与信息共享平台建设缺乏统一规划

大部分城市停车服务与信息共享平台由各县（市、区）独立建设，平台间数据不共享，服务手段未打通，且平台功能重复，造成一定的投资浪费。

2. 停车服务功能不丰富、服务渠道不健全

已建成的停车服务与信息共享平台大都具有停车信息查询、停车诱导、停车缴费等功能，但车位预约、泊位诱导、反向寻车等功能尚未建设，服务功能不够完善；目前，主要依托路侧 LED 诱导屏进行停车信息发布，手机 App、小程序等服务方式建设缺失。

3. 停车场（库）数据接入不规范、不齐全

停车场（库）管理信息系统由各停车场（库）负责建设，采用的系统五花八门，采集的停车数据格式、数据库表结构等也较为多样，导致难以汇聚接入统一的停车服务与信息共享平台。

4. 智能停车服务装备建设缺失

大部分停车场（库）尚未建设停车场（库）智能停车服务装备，不具备场（库）内导航、停车泊位诱导等功能，导致停车场（库）内寻位、寻车耗费大量时间，严重影响停车资源利用率。路内停车位检测设备的建设也不充分，无法实时掌握停车位的占用状态，很多城市路内停车泊位的管理仍以人工为主，造成了资源的浪费和停车位周转率不足。

9.11.2 设计思路

1. 建设城市级停车服务与信息共享平台

统一汇聚接入停车场（库）、路内停车信息，开发停车信息查询、统计分析、发布以及停车诱导、车位预约、无感支付、反向寻车等功能，实现停车信息充分接入和共享。同时，利用手机 App、微信公众号、小程序等对外提供停车服务。

2. 建设完善停车场（库）、路内智能停车服务装备

在大型停车场（库）建设车位状态感知与精准定位设备、智慧引导与锁车设备、车辆号牌识别设备、反向寻车设备等停车场（库）智能停车系列装备，实现停车场（库）车位状态和交通状态感知与定位、正向寻位和反向寻车等功能，提升停车服务水平。

在路内停车泊位安装部署基于人工智能的视频路内停车精准识别装备、地磁与雷达复合的高灵敏度停车场景检测装备等路内智能停车服务装备，精准识别泊位的使用状态和停放车辆信息，并实现违规停车监测与报警等，提升停车泊位的周转率。

9.11.3 系统结构

停车服务与管理信息系统结构图如图 9-15 所示。

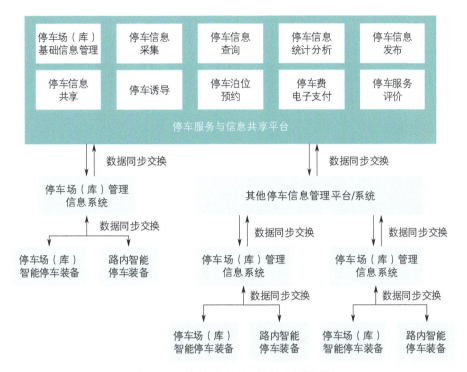

图 9-15 停车服务与管理信息系统结构图

9.11.4 系统功能

停车服务与管理信息系统的功能和性能应符合 GA/T 1302—2016 的相关要求，主要功能如下。

1. 停车服务与信息共享平台

（1）停车场（库）基础信息管理

能够接收、存储、统计、维护停车场（库）管理信息系统提供的停车场（库）登记信息、停车泊位登记信息、停车收费计价信息等。

（2）停车信息采集

能够接收、存储、统计、维护停车场（库）管理信息系统提供的车辆进、出停车场（库）数据。

（3）停车信息查询

能够通过互联网、移动终端及电话等方式，向用户提供停车场（库）的名称、位置、可用车位数、停车收费计价等信息。

（4）停车信息统计分析

能够实现停车泊位供给、停车需求、停车场周转率等指标的数据统计、分析及预测等功能。

（5）停车信息发布

能够通过互联网、移动终端、电话及可变诱导信息板等方式，向公众发布停车场（库）的名称、位置、可用车位数、停车收费计价等信息。

（6）停车信息共享

能够与其他的城市管理信息系统、停车场（库）管理信息系统进行数据信息共享。

（7）停车诱导

通过互联网、移动终端、广播及可变诱导信息板等方式，可以向用户提供具有可用停车泊位的停车场（库）名称、位置、可用泊位状况，以及驶入目标停车场（库）最优路径等信息。

（8）停车泊位预约

通过互联网、移动终端和电话等方式向用户提供停车预约功能，并将停车泊位预约信息传输至停车场（库）管理信息系统。

（9）停车费电子支付

具有停车费电子支付功能，实现与停车场（库）管理信息系统进行停车收费信息的交换。

（10）停车服务评价

具有用户对停车服务的评价功能。

2. 停车场（库）管理信息系统

（1）停车场（库）基础信息管理

具有停车信息采集、查询、发布和共享、系统后台管理等功能，以及停车诱导、停车泊位预约、停车费电子支付、停车信息统计分析和服务评价等功能。

（2）停车场（库）基础信息上传

能够向停车服务与信息共享平台提供停车场（库）登记信息、停车泊位登记信息、停车收费计价信息、车辆进入和离开停车场（库）信息。

9.12 移动执法警务系统

移动执法警务系统主要由移动执法应用软件、传输设备和移动终端等组成，可以为交通警察在道路上开展执勤执法工作提供信息化支撑和服务。为加强公安交管移动警务应用建设，依托新一代公安移动警务平台，公安交管部门正在研发统一版公安交管综合警务

App，实现与公安交管"四大平台"的数据联通、业务协同。同时，公安交管部门也在研发全国统一的辅警版交通管理 App，提升辅警工作效率和信息化应用水平。

9.12.1 当前存在问题

1. 系统建设缺乏统一规划

城市公安交管部门采用的移动执法警务系统建设模式比较多样，存在独立建设、市局统一建设、省厅统一建设等模式，系统功能存在重复现象。而且，各个系统相互独立、数据不一致、信息不共享，给用户使用带来不便，严重影响路面民警工作效率。

2. 辅警执勤执法缺乏有效技术支撑

辅警已成为公安交管部门不可或缺的重要辅助力量，在维护道路交通管理方面的作用日益突出，日常工作中对移动警务也有迫切需求，但目前尚无有效技术手段予以支撑。个别公安交管部门虽研发了本地辅警 App 应用，但功能较单一，应用效果有限。

9.12.2 设计思路

1. 构建"共性 + 个性"移动警务应用体系

在公安部统一下发的公安交管综合警务 App 的基础上，根据城市个性化应用需求，对现有系统进行升级改造，或研发新的应用功能，并根据交警移动警务 App 应用对接技术规范与综合警务 App 进行对接，不断强化公安交管移动业务支撑服务能力。

2. 部署应用全国统一版辅警 App

根据本地实际情况，为辅警配发专用移动终端或利用辅警个人手机，安装部署全国统一版本的辅警版交通管理 App，实现交通违法采集、交通警情上报、交通隐患排查等业务功能，满足辅警日常工作需要，提升辅警工作效率和信息化应用水平。

9.12.3 系统结构

1. 综合警务 App 总体结构

公安交管综合警务 App 在公安交通集成指挥平台警务通 App 的基础上进行升级改造，并基于新一代移动警务平台进行建设。民警使用移动警务终端进入公安交管综合警务 App，通过无线传输链路经移动接入区、安全隔离区访问公安信息通信网中的公安交管综合警务 App 后台服务。综合警务 App 总体结构图如图 9-16 所示。

图 9-16 综合警务 App 总体结构图

各地根据个性化应用需求自建的 App 通过统一接口协议接入公安交管综合警务 App，实现应用间交互，第三方应用功能模块可以作为公安交管综合警务 App 的有效补充，实现"共性 + 个性"技术融合。

2. 辅警版 App 总体结构

辅警版交通管理 App 遵循新一代移动警务平台架构要求，通过新一代移动警务平台提供的应用商店、统一认证和服务总线等基础能力，实现面向辅警的交通管理应用。辅警版 App 总体结构图如图 9-17 所示。

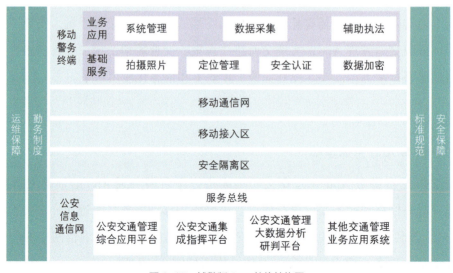

图 9-17 辅警版 App 总体结构图

各地根据个性化应用需求自建的辅警版 App 可以通过统一接口协议，接入统一版辅警交通管理 App，实现应用间交互，第三方应用功能模块可以作为统一版辅警交通管理 App 的有效补充，以实现"共性 + 个性"技术融合。

9.12.4 系统功能

1. 综合警务 App 主要功能

（1）公安交通集成指挥平台相关功能

1）缉查布控。民警路面巡逻核查过程中发现车辆违法并需要进行现场处罚时，系统提供离线现场处罚功能，通过前后端定时批量上传现场违法完成现场处罚流程。公安交管综合警务 App 可通过蓝牙模块接收来自外设设备传输的号牌、人像文本数据和图像文件，利用后台服务进行号牌和人像的识别比对，存在嫌疑的车辆和驾驶人在 App 上预警提醒并跳转至处置页面。

2）非现场违法。系统提供离线非现场违法采集功能，通过缓存道路、违法行为等信息，完成非现场违法采集操作，并通过前后端定时批量上传实现非现场违法信息上传操作。

3）指挥调度。用户可通过实时监测管辖路段温度、湿度、能见度等气象值变化和气象走向变化，生成恶劣天气警情，并选择发送路段管控指令；用户 App 可通过蓝牙与执法记录仪进行绑定，通过警情处置的到场、撤场报告自动关联提取执法记录仪的录像进行保存，便于警情查询。

4）信息核查。系统支持扫描机动车检验标志电子凭证二维码，核验电子年检标是否真实有效；支持扫描汽车电子标识卡二维码或输入汽车电子标识卡号，核验汽车电子标识是否真实有效；支持扫描机动车号牌上二维码或输入机动车号牌生产序列标识，核验机动车号牌生产序列标识是否真实有效；支持扫描机动车电子行驶证二维码，核验机动车电子行驶证是否真实有效；通过对接汽车 VIN 读取设备获取车辆车载诊断系统（OBD）中的 VIN 码，结合机动车基础信息进行车辆信息核验；还支持在逃人员核查、吸毒人员核查等。

5）数据统计。公安交通集成指挥平台每日定期生成非现场违法处理量、预警反馈量、现场处罚量等平台主要业务情况统计数据；每日定期生成按部门、按民警的 App 端执法处罚统计数据；系统提供重点客车检查情况统计功能等。

6）流程审批。通过互联网服务平台及"交管 12123"App 办理的通行证申请及通过集成指挥平台维护的车辆通行证需通过集成指挥平台审批后生效；对于设备故障、测速设备标定过期等原因导致前端设备采集大量的无效违法数据的情况，可通过设备报障功能进行申报，并通过取证设备报障处理进行审核；系统提供全省及全国轨迹查询权限申请审批、嫌疑车辆布控审批、外挂接口审批等功能。

（2）公安交通综合应用平台相关功能

1）机动车业务。系统具有对查验员、机动车安全技术检验机构、检测线、检验机构人员、检验机构业务系统备案信息审批功能，具有对选号异常业务审批、对授权打印、不刷二代证办理业务、补换号三次以上等业务办理相关信息的审批功能。具有对机动车电子化转籍申请电子档案未及时制作、未及时复核、未及时补充采集以及互联网转籍申请未及时预受理情况向相关业务人员进行及时提醒，对待办理注销异地报废车辆向相关业务人员及时提醒功能。

2）驾驶证业务。系统具有考试作弊审核、内外网考试计划管理、异地考试范围配置、调整考试、取消预约、取消考试等业务办理功能；具有档案补建审核、档案更正审核、考场、考试设备、考试员、考试车辆、考试监管软件的备案审核功能；具有考试预约、通过照片管理功能上传证件照片、注销转出恢复、业务退办、初学增驾业务退办后恢复、授权打印、不刷二代证办理业务、撤销满分记录、撤销审验记录、未通过人脸比对办理业务、核实在逃人员核查结果等进行授权审批功能等。

3）违法处理业务。系统具有非现场处理授权审核、违法信息更正、撤销、处理回退审核、租赁车违法转移申请、申诉审核等业务审核功能；具有机动车状态重算、驾驶证记分状态重算业务等信息修正功能；具有机动车违法信息查询、驾驶人违法信息查询、非现场违法处理量统计等查询统计功能。

4）事故处理业务。系统具有交通事故简易程序处理、一般程序事故现场信息采集等业务办理功能；具有简易事故处理审核、一般事故处理审核、事故复核审核等业务审核功能；具有简易事故起数、一般事故起数、死亡人数、事故四项指数统计数据等查询统计功能。

5）剧毒品运输。系统具有通行线路审批、通行线路通报和签收等业务办理功能；具有待审批通行线路、待签收通行线路等消息提醒功能。

6）队伍及监管。系统具有上级嫌疑信息签收、嫌疑信息发起调查、发起调查审批、调查结果确认、风险研判报告上级确认、通报签收等业务办理功能；具有机动车预警、驾驶证预警、违法预警、事故预警、执勤执法预警等业务预警提示功能；具有个人信息查看、业务预警信息分析、执勤执法记录仪应用分析、调查处置信息查询、预警信息查询等查询统计功能。

7）重点客货运管理。系统具有重点企业巡检、重点企业约谈等功能。

8）异常数据管理。系统具有数据修正审批、数据修正流程查询等功能。

（3）公安交通大数据分析研判平台相关功能

1）全国机动车数据支撑。公安交通大数据分析研判平台根据不同应用场景提供机动车简项数据、机动车全项数据以及临时号牌机动车数据查询，提供公安交管综合警务App各业务开展所需的机动车数据支撑。

2）全国驾驶人数据支撑。公安交通大数据分析研判平台根据不同应用场景提供驾驶人简项数据、驾驶人全项数据查询，提供公安交管综合警务App各业务开展所需的驾驶人数据支撑。

3）分析研判数据支撑。公安交通大数据分析研判平台通过多维数据分析，研判出一系列重点机动车、重点驾驶人以及重点运输企业等标签数据。公安交管综合警务App在开展机动车驾驶人相关业务中，实时关联上述标签数据，提醒业务人员重点关注。

2. 辅警版App主要功能

（1）系统管理

系统提供的功能如下：网页版的辅警用户管理功能；网页版的道路信息、违法行为信息、管辖区域信息以及设备备案信息等基础数据管理功能；网页版的角色菜单权限管理功能等。

（2）路面管控

系统提供非现场违法采集、隐患排查采集、交通警情采集功能，提供交通设施、道路设施等信息的排查保障功能。

（3）执法辅助

系统记录辅警日常巡逻排查工作，并提供各类电子证照核验功能和缉查布控预警接收功能。

（4）勤务管理

通过辅警版交通管理App可查看自己当前的勤务排班，可以进行考勤打卡、执勤信息上报以及临时离岗报备等各类操作，可以查看自己近期的工作量统计情况等。

（5）基础能力支撑

通过对接集成指挥平台融合通信系统，提供辅警App与民警App、指挥中心之间音视频通话功能，并提供标准接口与对接方式，实现与各地自建App之间的快捷跳转和业务交互功能。

第10章
运行保障系统设计
Chapter Ten

运行保障系统是为智能交通管理系统正常运行提供支撑、发挥保障作用的系统,是智能交通管理系统必不可少的组成部分。其设计内容主要包括通信系统、信息安全防护系统以及运行维护管理系统等方面的设计。

10.1 通信系统

本系统主要是指位于视频专网上的智能交通管理系统的通信系统。通信系统主要采用光纤网络传输数据。系统设计采用分层方法,将视频专网上的智能交通管理系统的通信网络划分为公安交通指挥中心/分中心内部网络、外场前端网络以及联通二者的城域网。

10.1.1 当前存在问题

1. 网络结构可扩展性存在不足

在开展智能交通管理系统通信网络设计时,没有充分考虑通信网络的层次化设计,导致通信网络存在可扩展性不足、延续性不好等问题。随着智能交通管理系统不断建设,不同时期建设的通信网络不能很好地相互结合,致使整个通信网络结构复杂、管理不便。

2. 公安交通指挥中心/分中心内部网络存在瓶颈

在开展公安交通指挥中心/分中心内部网络设计时,没有很好梳理业务、存储、管理等需求,未能根据系统、设备部署等情况进行网络的平面化设计,内部网络分区划分不合理,网络功能、性能优化不充分,网络余量空间预留不足,导致不能很好适应智能交通管理系统特别是中心系统和设备的建设和发展需求,往往业务应用产生变化,网络瓶颈随之显现。

3. 前端网络集约化建设不够充分

在开展前端网络设计或建设时,对于资源复用或利旧使用考虑不充分,视频监控、交通违法监测等设备各自采用独立的通信链路，不符合集约化、成本最优化建设的要求。此外，数据传输并发容量或高峰期带宽需求分析不足，致使出现网络拥塞、数据传输延时等问题。

10.1.2 设计思路

通信网络要采用层次化、平面化的设计方法，针对公安交通指挥中心、公安交通指挥分中心、外场前端以及城域网等不同层级的网络，整体性统筹设计通信网络结构，层次化开展网络结构的优化设计，对于每个层级的通信网络，合理划分不同网络区域，充分计算每个层级、每个区域、每个终端、每条链路的通信网络带宽需求，并按照方便管理和控制的原则为各网络区域分配地址，避免将重要网络区域部署在边界处，重要网络区域与其他网络区域之间应采取可靠的技术隔离手段。同时，还要限提供通信线路、关键网络设备和关键计算设备的硬件冗余，保证系统的可用性、可靠性。此外，在开展通信网络设计时，还要尽可能整合不同时期建设网络资源，最大限度实现通信资源的共享化和集约化建设与使用。

1. 设计内容

对通信网络以下内容进行设计：

1）构建公安交通指挥中心/分中心与外场前端之间的城域网拓扑关系。

2）构建公安交通指挥中心/分中心、外场前端等各个网络层级的网络拓扑关系。

3）分析计算公安交通指挥中心/分中心、外场前端、城域网等各个网络层级的网络通信需求等。

2. 城域网

对城域网的以下内容进行设计：

1）细化网络拓扑关系。

2）分析确定信息传输节点。

3）分析计算信息传输容量等。

3. 公安交通指挥中心/分中心内部网络设计

对公安交通指挥中心/分中心信息传输的以下内容进行设计：

1）细化网络拓扑关系。

2）分析确定信息传输节点。

3）分析计算信息传输容量等。

4. 外场前端网络结构设计

对外场前端信息传输的以下内容进行设计：

1）细化网络拓扑关系。

2）分析确定信息传输节点。

3）分析计算信息传输容量等。

10.1.3　网络结构

智能交通管理系统的通信系统网络结构复杂，可采用层次化的设计思路进行网络设计。合理的通行系统网络结构，能够良好支撑和高效保障智能交通管理系统的应用运行。

1. 城域网结构

智能交通管理系统城域网是联通公安交通指挥中心/分中心与外场前端的通信传输网络。当前，城域网的典型结构类型主要有星形、树形和环形3种。根据不同环境、不同条件等因素，城域网可采用单一结构或混合结构进行组网。城域网典型结构模式分别如图10-1~图10-3所示。

星形网络结构类型的智能交通管理系统城域网，支队指挥中心节点是整个网络的核心节点，联通了各个大队指挥分中心节点和路口前端节点、路段前端节点。因此，各大队指

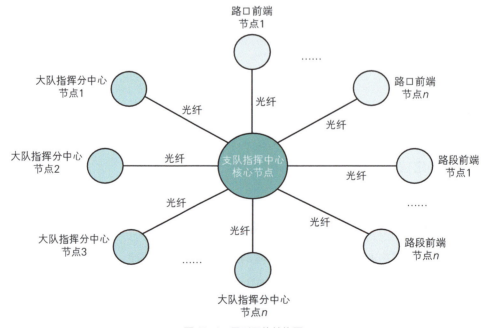

图10-1　星形网络结构图

挥分中心节点与路口前端节点、路段前端节点的信息交互，必须通过支队指挥中心核心节点才能实现。这种网络结构简单，易于控制与管理，容易诊断故障和隔离故障点，单个分支节点的故障只影响本节点设备，不会影响全网，但是，支队指挥中心核心节点负担较大，一旦发生故障，将会影响全网通信。

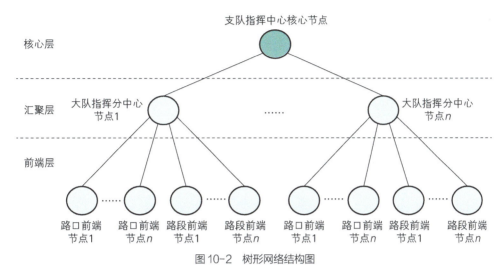

图 10-2　树形网络结构图

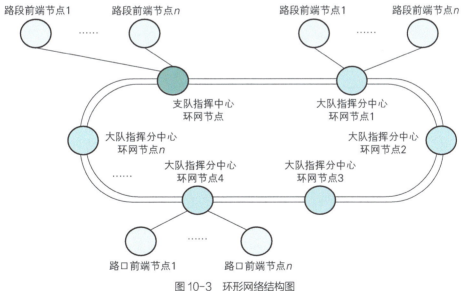

图 10-3　环形网络结构图

树形网络结构类型的智能交通管理系统城域网，由上至下，整个网络分为核心层、汇聚层和前端层。其中，核心层主要由支队指挥中心核心节点构成，能够实现与不同大队指挥分中心进行信息交互。汇聚层由大队指挥分中心节点构成，能够实现与局部对应的路口前端节点或路段前端节点进行信息交互。这种结构的网络易于扩展，可延伸出多个分支或子分支。同时，易于隔离网络故障点，当某一线路或某一分支节点出现故障时，其只对局部区域产生影响。但是，一旦核心节点出现故障，不同分支节点之间就将无法信息交互。

环形网络结构类型的智能交通管理系统城域网，由支队指挥中心节点、大队指挥分中心节点构成环网节点，各个路口前端节点或路段前端节点通过星形网络或串接方式，联通至对应的支队指挥中心节点、大队指挥分中心节点，由此实现各个节点间的信息交互。这种结构的网络组网实现相对简单，任意节点故障不影响整个网络的正常运行。不过，这种网络结构相对封闭，不便于扩充环网节点，另外，维护难度较大，对节点故障定位较难。

2. 公安交通指挥中心/分中心内部网络结构

为确保网络的稳定性和可靠性，公安交通指挥中心/分中心网络结构通常采用双机双链路热备模式组网，如图10-4所示。

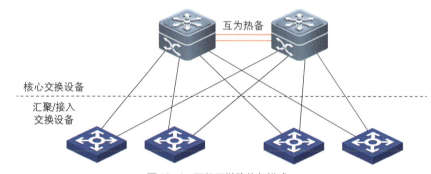

图10-4 双机双链路热备模式

3. 外场前端网络结构

外场前端通信网络主要用于连接部署于外场的各类系统设备，是对外场点位设备进行组网，实现外场前端设备内部数据交互的通信网络。以路口前端网络为例，路口前端典型网络结构示意图如图10-5所示。

部署于路口各个方向的外场设备通过方向汇聚通信设备连接至路口汇聚通信设备，由路口汇聚通信设备通过光纤链路与支队指挥中心通信网络或大队指挥分中心通信网络联网。

外场前端通信网络带宽计算主要包括外场前端内部组网链路带宽计算和外场前端至公安交通指挥中心或分中心通信链路带宽计算。其中，外场前端内部组网链路带宽主要根据各个方向汇聚通信设备接入的交通信号控制机、交通视频监控设备、闯红灯自动记录系统设备、LED标志等智能交通管理系统前端设备采集、传输的数据类型和设备数量来计算。外场前端至公安交通指挥中心或分中心的通信链路带宽计算方法为，先根据路口或路段每个方向所汇聚的前端设备的类型和数量计算每个方向的通信带宽需求,再汇总计算各个方向的通信带宽需求之和,并在此基础上考虑合理比例的冗余带宽,由此得到外场前端至公安交通指挥中心或分中心的每条通信链路的带宽。

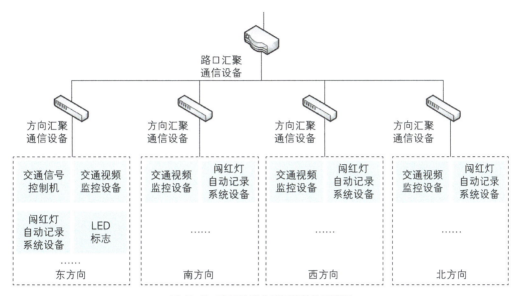

图10-5 路口前端典型网络结构示意图

10.2 信息安全防护系统

信息安全防护系统主要从安全计算环境、安全区域边界、安全通信网络及安全管理中心等方面,为智能交通管理系统构建安全保护环境,对部署于公安交通指挥中心的中心应用系统和部署于外场的前端设备进行安全保护,确保智能交通管理系统及相关设施安全可靠运行。

10.2.1 当前存在问题

1. 信息安全需求分析还需更深入

信息安全体系需要从管理、组织和技术上完整、准确地加以实现,而在实际工程项目实施过程中,往往只是片面地对技术体系需求加以分析,而对管理体系和组织体系的需求分析较少,导致信息安全管理体系、组织体系和技术体系之间整体上未能实现合理部署和关系配置。

2. 信息安全防护体系构成不够完整

缺乏整体化的信息安全防护体系规划设计,安全防护硬件系统不齐全,不同系统建设项目之间未能整合形成统一的信息安全防护体系，或没有采取协调一致的信息安全防护策略，导致系统存在信息安全风险隐患。此外，系统用户基本安全意识薄弱，如为了工作的方便性，往往设置单一或简单的登录口令，或在实际的工作中，存在账号随意转借、多人共用等情况，弱化了系统的安全性。

3. 信息安全防护制度机制不够健全

在开展信息安全防护体系构建时，侧重于信息安全设备的投入，忽视必要的制度机制性防护措施，如安全管理制度不健全、安全管理机构或安全人员缺少，以及安全建设管理、安全运维管理未能有效实施等。

10.2.2 设计思路

信息安全防护系统主要保护智能交通管理系统部署于公安交通指挥中心的中心系统安全防护以及外场前端设备安全防护，设计要参照国家标准 GB/T 22239—2019《信息安全技术 网络安全等级保护基本要求》和 GB/T 25070—2019《信息安全技术 网络安全等级保护安全设计技术要求》标准规定的安全保护要求，考虑从安全计算环境、安全区域边界、安全通信网络等方面由外到内进行整体防护，并由安全管理中心对分布在整个系统中的安全功能或安全组件进行集中技术管理。

10.2.3 系统结构

信息安全防护系统结构示意图如图 10-6 所示。

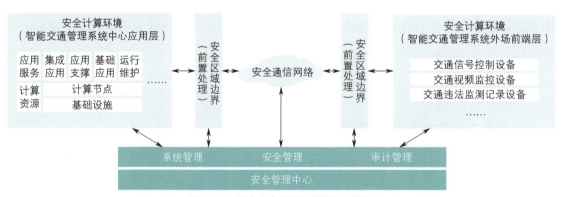

图 10-6 信息安全防护系统结构示意图

该系统由安全计算环境、安全区域边界、安全通信网络及安全管理中心组成。

安全计算环境包括智能交通管理系统中心应用层和外场前端层两部分。中心应用层安全计算环境包括对部署于公安交通指挥中心的集成应用平台、应用支撑系统、基础应用系统中心软件、运行维护管理系统等应用服务系统和计算资源进行安全保护的相关部件。外场前端层安全计算环境包括对各类基础应用系统前端设备进行安全保护的相关部件。

安全区域边界包括安全计算环境边界,以及安全计算环境与安全通信网络之间实现连接并实施安全策略的相关部件。

安全通信网络包括安全计算环境和安全区域边界之间实现信息传输及实施安全策略的相关部件。

安全管理中心包括对系统的安全策略及安全计算环境、安全区域边界和安全通信网络上的安全机制实施管理的平台,包括系统管理、安全管理和审计管理部分。

10.2.4 系统功能

信息安全防护系统包括安全计算环境、安全区域边界、安全通信网络和安全管理中心等部分,各部分至少需要实现以下保护功能,也可采取更高强度的保护功能。

1. 安全计算环境

(1)中心应用层安全计算环境

1)用户身份鉴别。具有用户标识和用户鉴别功能。对注册用户采用用户名和用户标识符标识用户身份,并确保在系统整个生存周期用户标识的唯一性;在每次用户登录系统时,使用受控的口令进行用户身份鉴别,并使用密码技术对鉴别数据进行保密性和完整性保护。

2)自主访问控制。能够在安全策略控制范围内,使用户对其创建的客体具有相应的访问操作权限,并能将这些权限的部分或全部授予其他用户。访问控制主体的粒度为用户级,客体的粒度为文件或数据库表级。访问操作包括对客体的创建、读、写、修改和删除等。

3)系统安全审计。具备安全审计功能,能够自动记录系统的相关安全事件。审计记录包括安全事件的主体、客体、时间、类型和结果等内容。

具有审计记录查询、分类、分析和存储保护功能,并可由安全管理中心管理;能对特定安全事件进行报警。

4)用户数据完整性保护。采用常规校验机制,检验存储的用户数据的完整性,防止用户数据完整性被破坏。

5)用户数据保密性保护。采用密码技术对在安全计算环境中存储和处理的用户数据进行保密性保护。

6)安全客体复用。具有安全客体复用功能和信息防泄露功能,对用户使用的客体资源在这些客体资源重新分配前，自动对其原使用者的信息进行清除。

7）恶意代码防范。具有防恶意代码功能，并定期进行升级和更新，以防范和清除恶意代码。

8）可信验证。能够基于可信根对计算节点的BIOS、引导程序、操作系统内核、应用程序等进行可信验证，并在检测到其可信性受到破坏后进行报警，将验证结果形成审计记录。

9）入侵检测。能够通过主动免疫可信计算检验机制及时识别入侵和病毒行为，并将其有效阻断。

（2）外场前端层安全计算环境

1）前端设备身份鉴别。能够采用常规鉴别机制对感知设备身份进行鉴别，确保数据来源于正确的感知设备；能够对前端设备和外场前端层网关进行统一入网标识管理和维护，并确保在整个生存周期设备标识的唯一性。

2）前端设备访问控制。能够通过制定安全策略如访问控制列表，实现对前端设备的访问控制；前端设备和其他设备通信时，能够根据安全策略对其他设备进行权限检查。

2. 安全区域边界

（1）中心应用层安全区域边界

1）区域边界数据包过滤。能够根据区域边界安全控制策略，通过检查数据包的源地址、目的地址、传输层协议和请求的服务等确定是否允许该数据包通过该区域边界。

2）区域边界安全审计。能够在安全区域边界设置审计机制，并由安全管理中心统一管理。

3）区域边界恶意代码防范。能够在安全区域边界设置防恶意代码网关，由安全管理中心管理。

4）区域边界完整性保护。能够在区域边界设置探测器，探测非法外联等行为，并及时报告安全管理中心。

5）可信验证。能够基于可信根对区域边界计算节点的BIOS、引导程序、操作系统内核、区域边界安全管控程序等进行可信验证，并在检测到其可信性受到破坏后进行报警，将验证结果形成审计记录。

（2）外场前端层安全区域边界

1）区域边界准入控制。在安全区域边界设置准入控制机制，能够对设备进行认证。

2）区域边界协议过滤与控制。在安全区域边界设置协议检查，能够对通信报文进行合规检查。

3. 安全通信网络

（1）通信网络安全审计

能够在安全通信网络设置审计机制，由安全管理中心管理。

（2）通信网络数据传输完整性保护

具备由密码等技术支持的完整性校验机制，实现通信网络数据传输完整性保护。

（3）通信网络数据传输保密性保护

具备由密码等技术支持的保密性保护机制，实现通信网络数据传输保密性保护。

（4）可信连接验证

能够在设备连接网络时，对源和目标平台身份、执行程序进行可信验证，并将验证结果形成审计记录。

4. 安全管理中心

（1）系统管理

具备系统资源和运行配置、控制和可信管理功能，包括用户身份、可信证书、可信基准库、系统资源配置、系统加载和启动、系统运行的异常处理、数据和设备的备份与恢复以及恶意代码防范等。

能够对系统管理员进行身份鉴别，只允许其通过特定的命令或操作界面进行系统管理操作，并对这些操作进行审计。

（2）安全管理

能够对系统中的主体、客体进行统一标记，对主体进行授权，配置可信验证策略，维护策略库和度量值库。

能够对安全管理员进行身份鉴别，通过特定的命令或操作界面进行安全管理操作，并进行审计。

能够对系统中所使用的密钥进行统一管理，包括密钥的生成、分发、更新、存储、备份、销毁等。

（3）审计管理

可通过安全审计员对分布在系统各个组成部分的安全审计机制进行集中管理，包括根据安全审计策略对审计记录进行分类；提供按时间段开启和关闭相应类型的安全审计机制；对各类审计记录进行存储管理和查询等。

能对安全审计员进行身份鉴别，并通过特定的命令或操作界面进行安全审计操作。

10.3 运行维护管理系统

运行维护管理系统采用信息化技术和手段，通过资产管理、集中可视化实时监测、资产运维、故障报警、运维管理、移动运维、智能分析等功能，对智能交通管理系统前端设备和IT设备进行有效管理，从而保障智能交通管理系统稳定运行。

10.3.1 当前存在问题

1. 面向全生命周期的精细化管理需求响应不足

智能交通管理系统设备种类多、规模大，运维过程涵盖设备的安装、维修、迁改、拆除、停用、报废等多个环节，不能为设备的计划、采购、建设、管理、维护等工作形成科学、有效的信息技术支撑，未能有效满足设备设施的全生命周期及精细化管理要求。

2. 运维系统智能化程度不高

系统设计功能过于简单，只能进行常规查询统计，未能针对设备专业运行特点，设计基于设备采集的业务数据实现故障隐患自动监测和预警功能，未能充分运维服务数据，以及面向运维服务流程，设计量化服务研判分析功能，从而不能满足系统设备运行质量、运维工作科学评估、运维人员绩效考核等应用需求。

10.3.2 设计思路

系统设计应立足智能交通管理系统设备的集成化监测与管理，按照系统运行维护管理流程与要求，实现系统设备一体化监管、运维信息可视化展示、系统设备全流程运维、运维工作智能化分析等系统应用。

1. 实现系统设备一体化监管

应以系统为依托，实现对基础应用系统前端设备、IT设备等各类设备设施的全面维护管理，满足统一管理、统一监测、统一配置等要求。

2. 实现运维信息可视化展示

应以流程管理为基础，面向不同对象、不同业务，构建层级化多维运维视图，满足不同运维人员关注需求。

3. 实现系统设备全流程运维

应以全生命周期管理为导向，融合设备资产管理、设备使用管理、运行状态监测、运行维护管理等业务功能，提供全程、快捷、高效运维支撑。

4. 实现运维工作智能化分析

应以设备风险防范、故障隐患挖掘为目标，运用数字化管理思维，基于业务数据、设备运行数据，实现运行状态、使用效能等智能化分析研判。

10.3.3 系统结构

运行维护管理系统结构示意图如图 10-7 所示。

运行维护管理系统结构主要由用户层、应用层和设施层组成。

用户层是系统面向的使用用户，主要包括公安交通管理部门用户、运行维护单位用户以及其他单位用户等。

应用层主要包括资产管理、集中可视化实时监测、故障报警、运维管理、移动运维、智能分析、系统管理等应用功能。

设施层是支撑系统运行所需的设施资源，主要包括服务器、存储设备以及网络设备等。

系统对外关联示意图如图 10-8 所示。

图 10-7 运行维护管理系统结构示意图

图 10-8 系统对外关联示意图

运行维护管理系统通过交通管理数据资源管理系统，一是获取基础应用系统前端设备、IT 设备等运行状态数据，二是调用资源对运维管理数据进行分析、研判等计算处理并存储相关结果数据。此外，系统通过关联交通管理地理信息系统，通过调用 GIS 服务，实现基于地图的可视化展示。

10.3.4 系统功能

系统主要实现以下功能。

1. 资产管理

系统具备设备从采购、安装、运行、维护直至报废的完整档案管理功能，具有设备入网登记管理、基础信息管理、设备编码管理、设备变更管理、备品配件管理等应用，能够对设备信息进行新增、编辑、删除、查询等操作。

系统具备设备报废、维修、停用等审核功能。

系统管理的设备资产至少包括：智能交通管理系统前端设备；服务器、存储设备、网络设备、安全设备等 IT 设备；交通安全设施等。

2. 故障监测与上报

系统能够对智能交通管理系统前端设备，服务器、存储设备、网络设备、安全设备等 IT 设备进行运行状态实时监测和预警。

系统能够自动分类接收设备运行状态信息和设施状态信息，并将这些信息在 GIS 地图上进行可视化展示。

系统能够按照不同条件类别对设备分布情况、维护单位情况、设备运行状态、故障维护情况、故障实时报警等信息进行不同专题可视化展示。

系统具备故障发现、确认、处理和复查等完整设备运维流程管理功能。系统具有人工上报、自动监测、分析预警等故障报警方式。

（1）人工上报

运维人员巡检发现故障时，可通过移动运维 App 上报故障信息，上报信息包括故障编号、位置信息、上报人、现场图片等。

中心巡检人员可基于系统进行巡检，发现问题后通过中心系统上报故障信息。

（2）自动监测

系统能够自动监测设备故障信息，检测并展示设备离线、异常遮挡、黑屏等故障状态。

（3）分析预警

系统能够对业务数据进行分析，通过历史数据和实时数据综合分析，实现对设备故障预警功能。

设备故障报警信息能够通过 GIS 可视化展示，并能以不同颜色分级标识故障严重等级。

3. 设备运维管理

（1）日常运维

1）方案编制。系统提供巡检方案编制及审核功能，制定的方案包括方案编号、方案名称、实施人预案、检查项目、巡检频次、维护时间、巡检范围等信息。

2）任务执行。系统能够按照设定条件下发方案至移动运维 App。通过移动运维 App，系统可实时记录运维任务执行信息，并具有运维要求提示功能。

3）运维核算。系统具有运维费用自动核算功能，具备验收单查询、费用明细查看、金额合计和导出等应用。

（2）故障运维

1）预警报修。系统能够根据各类预警信息，自动生成维修工单，按照管理要求推送不同运维人员。

2）维修处置。系统实现功能如下。

维修派单：系统可具体指派维修任务至运维单位或个人，同时记录运维响应时间，派单内容包括单号、详细故障等信息。

运维接单：运维人员通过移动运维 App 获取派单信息，可选择接单、挂单、退单操作。维修完毕后填写维修记录并归档，包括关联维修单、维修人、联系电话、修复时间、维修照片上传、简单文字描述等内容。

审核任务：系统具备退单、挂单审核，根据退单、挂单的描述，给予通过或不通过，退单通过后可选择重新派单至其他维修人员。

（3）移动运维

系统具备移动终端运维管理功能，可实现运维任务接单、定时定位、运维信息反馈、运维流程跟踪等应用。

4. 运维考核评价

系统具有时间、空间、单位、设备类型及自定义设置等不同条件统计分析功能，结果可以通过数据报表、图形化等不同形式展示。

系统具备设备平均在线率、系统完好率及趋势、设备运行状况、故障设备统计、役龄超期预警、役龄分析统计及设备使用效率评估等分析功能。

系统具备对维修工作进行验收记录的功能，对于验收不通过的，系统可将信息实时反馈至运维人员，同时计入考核记录。

系统可实现统计分析运维单位响应及时率等情况，可根据维修人员、维修类型、紧急程度、发现时间等信息查询维修记录，也可按照设备类型、故障频率、维修响应时长等条件进行排名。

5. 系统管理

系统具有用户角色管理功能，能够根据需求增加或删除用户角色，并按照不同用户身份分配相应权限。

第 11 章
基础配套设施设计

Chapter Eleven

基础配套设施是指满足智能交通管理系统建设及应用的基础运行环境，主要包括指挥中心基础配套设施、分指挥中心基础配套设施、基层指挥室基础配套设施、前端基础配套设施等。

11.1 指挥中心及分指挥中心基础配套设施

公安交通指挥中心（以下简称指挥中心）的建设应整合道路资源和交通管理需求，提升交通信息研判、应急指挥、重点车辆监管、执勤执法监督、公共服务能力水平，实现智能感知路况、动态监控警情、快速处置违法、科学安排勤务，达到指挥有序、调度精准、引领勤务的目标。规范化指挥中心的建设，将进一步提升快速反应能力和整体作战水平，全面推动交通管理指挥调度扁平化，提高科技应用和城市交通管理水平，提升警务效能。

11.1.1 当前存在问题

1. 实用性有待进一步提高

部分指挥中心建设过于追求高端技术应用，功能华而不实，虽建设了大量的系统、设施设备，但日常业务使用频率低。

2. 灵活性和可扩展性考虑不足

指挥中心应具有良好的灵活性和可扩展性，能够根据业务不断深入发展的需要，扩大设备容量和提高办公化质量，因此在设计时应充分考虑预留各类信息设备的接口。

3. 缺乏统一的标准规范支撑

目前全国各地的指挥中心大部分基于现有的房建条件进行建设或改造，没有形成以指挥调度需求指导指挥中心建设的理念，且指挥中心建设缺乏统一的标准规范支撑，造成指挥中心空间布局、功能分区、设施配置等各有差异。

11.1.2 设计思路

1. 经济实用

指挥中心建设，首要原则就是经济实用性，确保各项功能高效稳定发挥作用。设计时宜充分利用成熟的技术和设备，以满足当前业务稳定实用的需要。兼顾未来的业务要求，适当采用先进设备、材料，以适应高效执行、高速运作的需要。

2. 安全可靠

为保证指挥中心各项业务的应用，应对指挥中心的布局、结构、设备选型、日常维护、布线管理等各方面进行高可靠性的设计和建设，避免单点故障。

3. 灵活可扩展

设计时应充分考虑预留各类信息设备的接口，满足业务不断深入发展的需要。

4. 标准规范化

指挥中心系统的设计应遵从国家、行业有关标准，坚持统一规范的原则。

11.1.3 指挥中心架构

1. 省级公路/城市指挥中心架构

1）架构形式一（直辖市、高速公路）：总队指挥中心—支队分指挥中心—大队指挥室。省级公路指挥中心架构形式如图 11-1 所示。

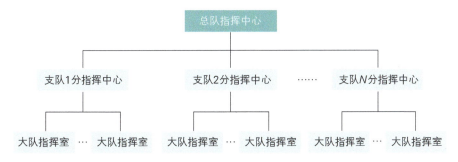

图 11-1 省级公路指挥中心架构形式

2）架构形式二（省市/自治区市）：支队指挥中心—大队分指挥中心—中队指挥室。城市指挥中心架构形式如图 11-2 所示。

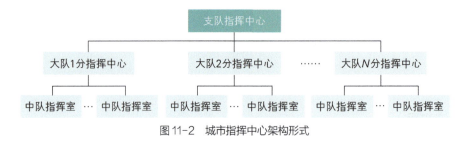

图 11-2　城市指挥中心架构形式

2. 指挥中心基础配套设施系统结构

指挥中心基础配套设施系统结构如图 11-3 所示。

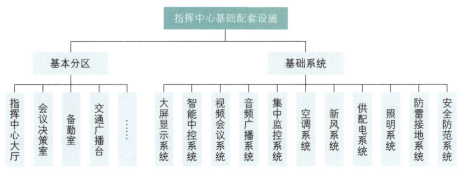

图 11-3　指挥中心基础配套设施系统结构

11.1.4　指挥中心基础配套设施

1. 指挥中心大厅

指挥中心大厅设计应满足如下要求：

1）主体结构应具有耐久、抗震、防火、防止不均匀沉陷等性能，围护结构的构造和材料应满足保温、隔热、防火等要求。

2）地面（楼板）荷载宜不低于 500kg/m²。

3）面积应与智能交通管理系统的建设规模和岗位设置需求相适应。

4）室内地面应有静电泄放措施，宜铺设防静电地板，地板安装高度宜控制在 0.25~0.4m。地板下地面应经过处理，保持光滑、平整、不起尘。

5）应设单独出入口，不应与其他部门共用出入口。门宽不应小于 1.8m，高不应小于 2.1m。

6）室内应有良好的照明，操作台照度不应低于 500lx。主要照明光源宜采用高效节能荧光灯或 LED 灯。

7）室内装修材料应采用非燃烧材料（燃烧性能 A 级）或难燃烧材料（燃烧性能 B1 级）。

8）吊顶材质应防尘、美观和易于拆装。

9）墙面涂料应选用不起尘、不吸尘的材料，墙面美化宜与室内装修风格协调统一。

10）室内预留单独的交通广播电台区域。

2. 会议决策室

1）会议决策室面积应按应急指挥调度会商和决策需求配置。

2）室内应有良好的照明，会议台照度不应低于300lx。

3. 备勤室

备勤室面积应按备勤人员数量需求配置。

4. 视频会议系统

视频会议系统应满足以下要求：

1）实现与上级、下级视频会议系统互联互通。

2）实现指挥中心与业务现场的多级多点视音频通信。

3）与视频监视系统进行视频联网应用。

5. 显示系统

显示系统应具备视频监视图像、交通运行状态、交通地理信息、车辆和人员卫星定位信息、事件报警、车辆和人员布控预报警等信息清晰显示的能力，应支持多路信号同时显示以及图像缩放及拼接显示的能力。

6. 其他系统

应根据指挥中心大厅的实际需求确定大屏显示系统、智能中控系统、视频会议系统、音频广播系统、集中监控系统、空调系统、新风系统、供配电系统、照明系统、防雷接地系统、安全防范系统等系统的功能和配置。

7. 机房

机房设计应满足如下要求：

1）机房宜独立设置。

2）建设内容应符合 GB 50174—2017 的要求。

3）面积应与所放置的设备相适应，并留有扩展余地。

4）机房不间断电源（UPS）设备、UPS电池摆放处地面（楼板）荷载宜不低于 1000kg/m²。

11.1.5 分指挥中心基础配套设施

分指挥中心基础配套设施要求如下：

1）具有在其管辖区域内进行交通监测、视频巡逻、指挥调度、勤务管理和执法监督的能力，应为指挥中心反馈信息，并接收指挥中心的指令。

2）根据分指挥中心的实际需求确定显示系统、视频会议系统、供配电系统、空调系统、防雷接地系统、综合布线系统等的要求。

3）机房建设内容应符合 GB 50174—2017 的要求。

11.1.6 基层指挥室基础配套设施

基层指挥室基础配套设施要求如下：

1）具有在其管辖区域内进行交通监测、视频巡逻、指挥调度、勤务管理和执法监督的能力，应为指挥中心/分指挥中心反馈信息，并接收指挥中心/分指挥中心的指令。

2）根据指挥室的实际需求确定显示系统、视频会议系统、供配电系统、空调系统、防雷接地系统、综合布线系统等的要求。

3）机房建设内容应符合 GB 50174—2017 的要求。

11.1.7 典型配置

指挥中心及分指挥中心的建设，应当统筹兼顾，要具有现实适应性和科学合理性，做到功能齐全、安全保密、高效实用。既要充分体现公安交通指挥中心职能特点，满足实际工作需要，又要考虑社会发展对公安交通指挥中心工作提出的新要求，预留发展空间，结合本地实际合理确定建设规模、建设内容和建设水平。

指挥中心及分指挥中心基础配套设施的典型配置要求见表 11-1。

表 11-1 典型配置要求

基础设施		基础配套典型配置		
		指挥中心	分指挥中心	基层指挥室
基础环境	建筑面积	包括大厅、会议决策室、备勤室、交通广播电台等功能房间，满足日常管理和处置事件的需求 指挥中心大厅推荐面积不小于160m²	包括大厅、会议决策室、备勤室、交通广播电台等功能房间，满足日常管理和处置事件的需求 分指挥中心大厅推荐面积不小于100m²	基层指挥室推荐面积不小于40m²
	建筑净高	推荐≥3m	推荐≥2.7m	推荐≥2.7m

（续）

基础设施		基础配套典型配置		
		指挥中心	分指挥中心	基层指挥室
基本分区	指挥中心大厅	■	■	■
	会议决策室	■	□	□
	备勤室	■	■	□
业务设施	交通广播电台	■	□	—
	操作控制台	■	■	■
	工作站	■	■	■
	大屏显示系统	■	■	■
	智能中控系统	□	□	□
	视频会议系统	■	■	■
	音频广播系统	■	□	□
	集中监控系统	□	□	□
基础系统	空调系统	■	■	■
	新风系统	■	■	□
	供配电系统	■	■	■
	照明系统	■	■	■
	防雷接地系统	■	■	■
	消防系统	■	■	■
	安全防范系统	■	■	■

注：■代表基本配置，□代表可选配置，—为无此项。

指挥中心、分指挥中心及基层指挥室典型平面布置示意图如图 11-4 ~ 图 11-6 所示，具体面积宜根据实际业务需求配置。

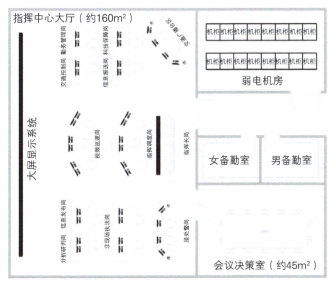

图 11-4　指挥中心典型平面布置示意图

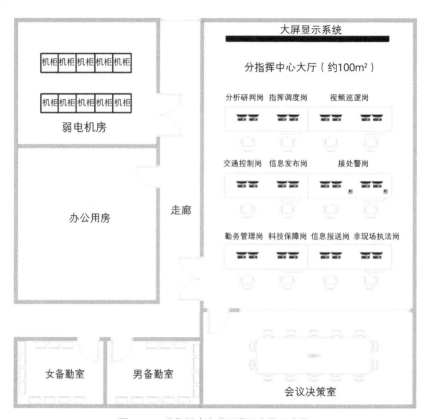

图 11-5 分指挥中心典型平面布置示意图

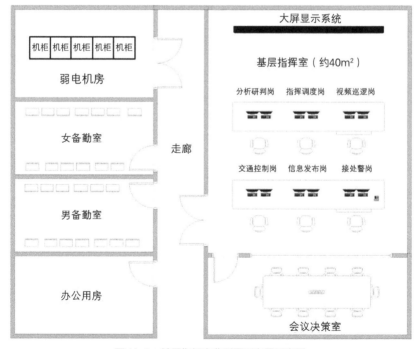

图 11-6 基层指挥室典型平面布置示意图

11.2 前端基础配套设施

11.2.1 当前存在问题

1. 前端预留预埋考虑不足

目前道路上各类杆体、管线设施的传统建设方式为单独建设，且前端基础设施预留预埋不足，如因功能需求要新增杆体、管线等设施设备，会导致城市道路反复开挖。

2. 前端建设缺少统筹规划

由于前期缺少统一建设规划，目前城市道路各类杆件林立问题仍然存在，不仅影响城市品质，有的甚至严重侵占了人行空间，影响行车视线。

3. 多杆合一、多箱合一执行不足

"多杆合一、多箱合一"涉及多项城市公共设施的整合，每套设备都有单独的线缆、网络铺设，需要联合多个管理部门共同完成建设，在实际执行中尚存在一定困难。

11.2.2 设计思路

1. 标准化设计

前端的管道、窨井、设备机箱、杆件、基础、防雷、接地等基础配套设施设计应符合 GB 25280—2016、GA/T 489—2016、GA/T 652—2016 及地方标准的相关要求，形成标准化设计。

2. 集成式设计

在前端基础配套设施设计过程中，应遵循能合则合的原则，开展多杆合一、多箱合一等集成式设计，并积极组织、协调相关单位进行专题讨论、专项设计。

3. 冗余性设计

充分考虑未来交通管理需求的变化，合理规划前端基础配套设施布局，开展相关预留预埋设计。

11.2.3 前端基础设施

前端基础设施包括管道、窨井、设备机箱、杆件、基础、防雷、接地等。

1. 管道

1) 管材宜采用镀锌钢管或高密度聚乙烯（PE）管等高强度管材，公称外径直径应大于或等于75mm。镀锌钢管管壁厚度应不小于2.0mm，高密度聚乙烯管管壁厚度应不小于5.0mm。

2）地面开挖埋设，管与管接头处应牢固连接，在进、出窨井端应用防火阻燃填充物封闭；镀锌钢管进、出窨井端宜烧制喇叭口并去除毛刺，以便于线缆敷设；管道埋深应不小于700mm。

3）顶管埋设宜采用顶钢管或定向钻孔地下敷管，管道埋深应不小于700mm。

4）现状机动车道埋管宜并排布置不少于2根，新建及改扩建道路宜在道路结构铺设前预埋4~6根管道。

5）管道宜采用硬质塑料管或PE管，管道的公称外直径规格应大于或等于50mm。硬质塑料管壁厚度应不小于5.0mm。

6）管与管接头处应牢固连接，在进、出窨井端应用防火阻燃填充物封闭。

7）穿越非机动车道下的管道周围应包有足够强度的混凝土防护层。

8）管道埋深应不小于500mm。

9）线缆沿杆（或墙）敷设应在线缆外部采用热镀锌钢管或硬质塑料管作为保护。保护套管应有效固定，固定点间隔应小于2m（3m）。

10）管道在引上处的弯曲半径应不小于4倍的管道直径。管道铺设完成后应按原道路标准恢复路面。

11）外场前端基础设施建设时应对沿线管道进行排查、充分利旧，减少大面积开挖。

2. 窨井

1）管道拐弯处或长度超过50m时或杆件和设备机箱附近2m范围内，应设置窨井。

2）窨井底部应设有渗水孔。窨井中管道到井底的距离应不小于20cm。

3）井口应与地面持平。需要在地势低洼且易积水处设置窨井时，井口应适当抬高以避免积水倒灌至井中，但井口高出地面部分不得影响行人、非机动车正常通行。

4）不得在临河、临沟处设井。

5）窨井应设置有交通设施或公安专用标记的窨井盖，井盖材质宜采用复合材料。

6）窨井管道口应用防火阻燃填充物封闭。

7）设置在车行道路面内的窨井应采用钢筋混凝土材料，人行道、绿化带内的窨井可采用红砖、砂浆方式。

8）窨井内部宜采用方形结构形式。

9）大窨井一般设置在设备机箱附近或管道汇集处，井口面积宜不小于$0.6m^2$，深度宜不小于700mm。

10）小窨井一般设置在人行道、渠化岛或绿化带上，井口面积宜不小于$0.15m^2$，深度宜不小于500mm。

3. 设备机箱

1）机箱位置应避开易发生火灾危险程度高的区域。应避开有害气体来源以及存放腐蚀、易燃、易爆物品的地方。应避开强电磁场的干扰。

2）机箱位置如需安装在人行道上的，应避免设置低洼处或易积水位置，应避免影响行人通行。

3）独立置于基础上的机箱应在基础达到设计强度并经验收合格后方可安装。

4）机箱安装应稳固，垂直度允许偏差为2%。

5）安装在立杆上的机箱，机箱底部距地面应不小于2.5m。

6）箱体材质宜采用不锈钢板或镀锌钢板。

7）立杆或挂壁机箱箱体厚度宜不小于1.2mm，落地机箱箱体厚度宜不小于1.5mm。

8）箱体应具有防水、防尘、通风散热、抗紫外线（防老化）、防盗、防锈、耐酸碱腐蚀等功能。

9）箱体应设立明显标识，标识的样式统一设计，宜采用在机箱正侧面喷涂方式实现。

10）箱体应预留下进线或后进线敲落孔，进线孔须有胶套保护，以防止线缆被刮伤。

11）箱体内部宜采用机架结构化设计，并进行功能分区，可分为终端设备区、供电区、通信设备区等。

12）智能式机箱应配置智能控制器，具备前端设备状态感知、安全防范等功能。

13）箱体门宜采用防拆装铰链，门可开启角度宜不小于120°。

14）箱体门锁应具有防盗防破坏功能，宜采用机械锁或机械锁/电磁锁双模式。

15）宜设计集成交通、监控、通信等多类设施配套的综合机箱。

16）在综合考虑各类机箱要求的前提下应整合的机箱包括：视频监控、卡口、道路交通可变信息标志、电子警察、流量监测、光缆交接和无线通信等设施的配套机箱。

17）综合机箱及配套设施应合理预留一定的荷载、接口、机箱仓位和管孔等，满足未来使用需要。

4. 杆件

1）公安交通杆件常用形式有L形杆、T形杆、龙门架三种。

2）立杆外形宜采用圆形或八棱锥形。杆体宜选用优质钢材Q235B热轧钢卷一次成型，所有材料应符合 GB/T 12467—2009《金属材料熔焊质量要求》的规范，表面质量应符合 GB 50205—2020《钢结构工程施工质量验收标准》规定。杆体应采用内外热浸镀锌工艺处理，镀锌层附着力达 GB/T 13912—2020《金属覆盖层 钢铁制件热浸镀锌层 技术要求及试验方法》要求，镀锌层平均厚度应不小于 $80\mu m$。杆体表面颜色宜与周边环境协调一致。

3）道路照明灯杆作为道路上连续、均匀和密集布设的道路杆件，应作为各类杆件归并整合的主要载体。在综合考虑各类杆件布设要求的前提下，应合杆设施如下：道路照明、交通标志标牌、信号灯、监控、路名牌、公共服务设施指示标志牌等。

4）杆件应在基础达到设计强度并经验收合格后方可吊装。杆件吊装时应做好安全防护措施。安装在人行道的杆件吊装完成后，应对裸露的螺栓进行包封处理。

5. 基础

1）杆件基础宜采用钢筋混凝土材料，基础内应预埋 1 或 2 根穿线管。混凝土设计强度等级 C25 及以上。基础的浇注、混凝土强度等级应符合 GB/T 50010—2010《混凝土结构设计标准（2024 年版）》中 4.1.2 的要求。

2）机箱基础宜采用素混凝土材料。基础应根据具体要求进行设计。基础的浇注、混凝土强度等级应符合 GB/T 50010—2010 中 4.1.2 的要求。

6. 防雷

1）避雷针应安装牢固、可靠，垂直度与杆件垂直度一致。避雷针引下线应与接地端可靠连接。

2）机箱内应设置电源、网络避雷器。机箱内避雷器应安装位置正确，并牢固、可靠，且有安全标示。

7. 接地

1）杆件应安装保护线，保护地线可使用规格为 4mm×4mm 以上的镀锌扁钢制作，焊接到每个钢制杆件的法兰盘上。焊接处应进行防腐处理。保护地线应与接地装置有效连接，接地电阻应小于 4Ω。各接地极之间间距应不小于 5000mm，埋深应不小于 800mm。接地装置施工应符合 GB 50169—2006《电气装置安装工程 接地装置施工及验收规范》中第 3 章的规定。

2）设备机箱的专用接地铜排应与接地装置有效连接，接地电阻应小于 4Ω。引入设备机箱的接地线应使用软铜绞线，其截面积不得小于 $10mm^2$。接地装置施工应符合 GB 50169—2006 中第 3 章的规定。

第 12 章
系统应用机制设计

Chapter Twelve

智能交通管理系统在保证结构和功能科学先进的同时,还需强化系统应用机制设计,以应用机制创新驱动智能交通管理系统实战化运行。新时代条件下,立足于公安交通管理部门职能,推进技术创新和机制创新相结合,构建以公安交通管理大数据应用为核心的一体化现代警务机制。公安交通指挥中心是智能交通管理系统的主要应用单元,应在应用分区、岗位设置、业务流程、应急预案等方面开展设计。

12.1 应用分区

围绕公安交通指挥中心业务职责,将一体化现代警务机制充分融合应用于公安交通管理每个业务场景,指挥中心功能应用分区主要包括情报研判区、指挥调度区、警务督察区、宣传服务区、信号配时区等。

12.1.1 情报研判

情报主导警务是当今信息化时代背景下警务工作发展的必然趋势,是保证警务决策科学化、警务工作高效化的必由之路。要通过情报研判将交通管理数据优势转化为管理优势、决策优势,建立"用数据说话、用数据管理决策"的新方式。

整合各类动静态信息,打破内部各业务系统之间分隔的局面,通过数据碰撞、关联分析和深度挖掘,形成"交通状态研判、交通警情研判、交通安全研判、交通违法研判、合成侦查研判"等多主题的情报研判体系,在交通警情、交通流、交通违法、交通事故分析等方面开展大数据分析研判,掌握交通运行规律特点及发展趋势,推动交通管理向主动预测、预警、预防转变,推动交通数据转化为现实警力,提升管理决策水平。

12.1.2 指挥调度

公安交通指挥中心是代表公安交通管理部门实施指挥调度的重要机构和场所,主要应用智能交通技术和方法对道路交通进行系统、高效、科学的管理,是指挥体系的枢纽,发挥着纵向协调、横向联动的重要作用。

构建以指挥中心为"龙头"的统一调度、统一指挥、跨区域合成作战的指挥调度体系,形成纵向贯通、横向协同、区域联动的整体作战格局,与纵向各级交通指挥中心(省级总队公安交通指挥中心、县级大队公安交通指挥中心)、横向相关指挥中心(应急管理部门城市应急指挥中心、公安局指挥中心、交通部门交通运行监测调度中心)等相关机构保持信息快速交换、高度共享,便于协调指挥,增强处置突发事件能力,实现日常指挥可视化、扁平化,应急指挥预案化、集成化。同时,持续分析评价勤务执行效果,不断优化勤务任务制定,提出合理化参考建议,使路面勤务执行更好发挥作用与效能,全力助推新型勤务机制改革。

12.1.3　警务督察

利用大数据研判分析技术开展警务督察,分析预警异常数据,及时发现并督察民警工作中不规范、不作为甚至违纪违法行为,形成常态化、精确化的警务督察,规范化、人性化交通执法。

依托警务通、执法记录仪、数字对讲机、酒精测试仪、巡逻摩托车等执法装备,将民警的巡逻轨迹、执勤执法情况实时回传中心,对民警执勤执法进行全程监督,对民警在岗履职情况进行实时监管,加强对巡逻、接警、指挥、出警、处置等警务活动过程的督导,督促民警依法按规履职尽责,对存在工作失职渎职、勤务责任不落实的,一律严格倒查责任,对勤务工作制度不健全的,及时修改完善,堵塞漏洞。对群众反映强烈的热点、难点问题重点督办,全面提升民警执勤执法规范化程度和群众满意度。

12.1.4　宣传服务

针对舆情监测、新媒体运用、交通安全宣教等业务需求,建立集信息素材采集、加工处理、综合服务于一体的信息全流程处理体系,将分散在不同系统内的各种信息进行汇聚和整合,提升整体交通信息宣传服务能力。

通过网站、微信、微博、App、服务热线、LED道路交通诱导可变信息标志、广播电视等多样化手段,实现多途径、全方位的交通信息综合服务,不断提高信息服务的针对性、权威性和实效性。通过电话、短信等传统方式以及互联网公众参与平台的微信、微博、App等新型的互联网技术手段等多种方式广泛收集民生诉求,打通公安交警与人民群众互动渠道,广泛征求交通管理民生意愿诉求,以民意引导警务,以警务服务民生,警务围着民意转。加强交管舆情应对管理，正面舆情积极宣传，负面舆情及时引导，全面科学监测，破解舆情监管难题。

12.1.5 信号配时

以信号配时为核心，集交通感知、需求调研、政府决策数据评估、决策依据等综合性的辅助决策为一体，及时准确地发现信号配时问题，并进行方案的动态优化，同步开展交通组织优化、交通舆情处理等与城市道路缓堵保畅相关的工作，着力提升城市道路交通信号控制应用精细化、智能化水平。

通过大数据平台，结合监控视频，日常巡查发现口信号配时问题，对发现的问题梳理汇总，并结合路口实地考察、调研的具体情况，进行初步分析研判，研究设计最优信号配时方案，制定方案并运行，对调整的路口继续观察、分析，对调整效果进行分析评价，形成工作闭环，形成"日常巡查、分析研判、优化设计、评价总结"交通信号控制应用管理工作机制。

12.2 岗位设置

岗位设置依据公安交通指挥中心应用分区的业务职责，岗位人员数量需综合综合考虑管辖区的道路里程、交叉口数量、交通流量及道路交通等实际情况。另外，可以根据实际工作需要配备协助民警开展工作的警务辅助人员，有条件的地方可配备交通工程类、计算机应用类等专业技术人员。

情报研判区可设置情报采集岗、分析研判岗，指挥调度区可设置指挥长岗、指挥调度岗、接处警岗、勤务管理岗等，警务督察区可设置执法监督岗、投诉受理岗等，宣传服务区可设置信息报送岗、信息发布岗、多媒体应用岗等，信号配时区可设置视频巡逻岗、交通控制岗等。

在具体的岗位设置过程中，可灵活采取"一岗多席"，如交通控制岗涉及信号控制路口较多时，可设置多个席位，按区域开展交通信号控制工作。也可采取"一人多岗"，如辖区交通管理业务量较少时，视频巡逻、交通控制、信息发布等可一体化运作。

指挥中心岗位需明确工作目标、岗位职责、应用的具体智能交通管理系统等，以指挥调度岗、视频巡逻岗举例说明。

指挥调度岗的主要工作目标是警情事件处置过程中，快速发布指挥调度指令，协调部署勤务迅速到位。指挥调度岗的主要职责如下：

1）对重大警情发布指挥调度指令。

2）开展勤务安排工作。

3）重大突发事件处置期间，督导警力到位和外围分流疏导工作。

4）其他职责。

指挥调度岗应用集成应用平台、接处警系统、交通视频监视系统等智能交通管理系统。

视频巡逻岗的主要工作目标是对全域道路进行周期性网格化的"电子巡逻"，对交通运行状态进行可视化监控，及时发现交通警情事件，视频巡逻岗的主要职责如下：

1）通过视频监控与路面警力相互呼应配合，根据现场回馈信息进行有效操作，配合路面民警工作。

2）熟悉所辖监控点分布情况。对高速公路、国省道、城区主次干道、重点区域、重点部门进行巡查，及时发现交通拥堵、交通事故、交通信号故障、交通设施损毁以及群体性事件等问题，第一时间报告指挥调度岗，通知辖区民警进行处理。

3）对执法站室内外监控进行定期巡查，掌握执法站点的工作情况。

4）对视频监控系统设备进行工作巡检，发现问题及时报告。

视频巡逻岗应用交通视频监视系统。

12.3 业务流程

智能交通管理业务流程设计主要是指根据实战业务需求，依托智能交通管理系统对公安交通管理业务的工作流程开展设计。界定清晰的业务流程可提高操作性，强化分层分级管理，明确逻辑关系，避免部门相互推诿。应立足一体化现代警务机制，结合部门职责、岗位设置、人员配置等因素，因地制宜建立完整的业务流程链，避免出现断点或者过多交叉。

以交通拥堵处理为例，视频巡逻岗发现拥堵原因上报，或者公安交通指挥中心通过互联网、民意上报、数据分析研判等多方式收集辖区内主要路口、路段的动态流量情况，及时识别流量较大、容易拥堵的路口、路段。一旦发现拥堵的路口、路段，迅速分析研判造成拥堵的原因，并上报领导，拥堵情况严重的，报上一级指挥中心。根据应急管理预案或领导授权，指挥调度岗指令辖区警力到现场排除致堵原因，疏导交通。同时，实时了解周边路口交通状况，具备分流条件的，指挥周边路口民警进行分流。需要交通信号控制系统进行协助的，交通控制岗通过交通信号控制系统远程控制，适时调整优化路口信号配时参数，无法远程控制的，授权现场民警进行手控。信息发布岗同步通过室外交通诱导标志、媒体等手段定时发布道路交通信息，诱导机动车避开交通拥挤路段，合理组织交通流，减少道路拥堵，提高道路通行能力。

交通拥堵处理的指挥调度流程如图12-1所示。

以交通事故处理为例，公安交通指挥中心视频巡逻岗通过视频监控发现交通事故后，初步查明现场情况，确定大致伤亡情况并上报指挥调度岗。对于轻微事故，指挥调度岗通知附近民警到现场进行快速处理，及时撤除现场、恢复交通；对于一般及以上事故，及时通知事故处理部门以及医疗救援单位到现场处置、救援，交通控制岗通过信号控制系统远程调节信号控制策略，信息发布岗通过交通广播电台和LED道路交通诱导可变信息标志及时向社会播发交通诱导动态信息；对于重大以上事故，信息报送岗将相关信息报领导，审批通过后向上一级指挥中心及时报送。

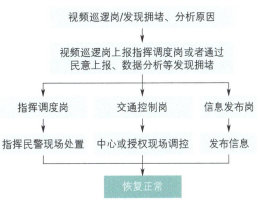

图12-1 交通拥堵处理的指挥调度流程

交通事故处理的指挥调度流程如图12-2所示。

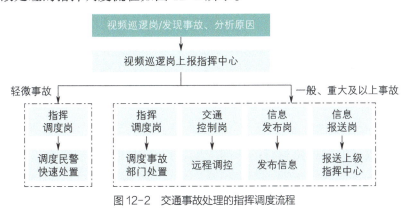

图12-2 交通事故处理的指挥调度流程

12.4 应急预案

预案是指在辨识和评估潜在的重大风险、时间类型、发生的可能性、发生过程、事件后果及严重影响程度的基础上，对事件处置过程中机构与职责、人员、技术、装备、行动及其指挥调度等方面做出的具体安排。预案明确了在事件发生之前、发生过程中以及刚刚结束后，谁负责做什么，何时做，以及对应的策略和资源准备等。

在道路交通管理领域和智能交通管理系统应用中，应急预案主要是指道路交通突发警情事件应急预案。

道路交通突发警情事件应急预案是公安交通管理部门为依法、迅速、科学、有序应对可能发生的道路交通突发警情事件，最大限度减少突发事件及其造成的损害而预先制定的工作方案。道路交通突发警情事件应急预案主要解决什么样的突发警情事件（情景类型）、由谁来处理（组织体系）、使用什么装备（应急资源）、采取什么应对行动（流程措施）的问题。道路交通突发警情事件应急预案可有效保障道路交通应急管理工作有章可循，处置过程有条不紊。

道路交通突发警情事件应急预案体系按照制定主体划分，主要分为部级应急预案、省级应急预案、市级应急预案、县级应急预案。部级应急预案重点规范全国道路交通突发警情事件的应对原则和部级层面应对行动，体现全国应急预案的政策性。省级应急预案重点规范省级层面应对行动，同时体现对下级预案的指导性。市级、县级应急预案侧重明确道路交通突发警情事件的指挥体系与职责、指挥调度流程、风险防控、监测预警、信息报送行动、先期处置、应急处置措施、现场秩序管控和通行保障措施、应急保障等内容，重点规范市级、县级层面应对行动，落实相关任务，细化工作流程，体现应急处置"属地为主"的主体职能和可操作性。

道路交通突发警情事件应急预案体系按照功能目标划分，应急预案主要分为总体应急预案、专项应急预案。城市道路交通突发警情事件应急预案应该以总体应急预案为指导，侧重于专项应急预案，道路交通突发警情事件专项应急预案是公安部为应对某一类型或某几种类型道路交通突发警情事件而制定的。专项应急预案要"分类分级"制定，主要针对道路交通事故处置类、道路交通异常拥堵类、道路交通安全管控类（恶劣天气、自然灾害、事故灾难、公共卫生、社会安全等突发事件）等类别，针对警情事件造成人员伤亡情况、涉及车辆数量及对道路通行的影响程度、持续时间等不同等级道路交通突发警情事件。

道路交通突发警情事件应急预案编制程序包括成立应急预案编制工作组、资料收集、风险评估、应急资源调查、应急预案编制、应急预案评审、批准实施等步骤。道路交通突发警情事件应急预案编制主要是依据风险评估及应急资源调查结果，结合组织管理体系、业务职能划分、应急处置权限及能力清晰界定响应分级标准，制定相应层级的信息报告和应急处置措施等，做到职责明确、程序规范、措施科学、应对有效，尽可能简明化、图表化、流程化。应急预案编制过程中应对典型道路交通突发警情事件的发生演化规律、造成的后果和处置与救援等情况进行复盘研究，可构建道路交通突发警情事件情景，采取推演方式模拟应对过程，逐步分析讨论并形成记录，检验应急预案可行性，并进一步完善应急预案。

第三部分

案 例 篇

第 13 章
重庆市主城区智能交通管理系统

Chapter Thirteen

13.1 简介

重庆主城区交通拥堵问题日趋严峻,当前的智能交通管理系统已难以为道路交通安全、交通拥堵缓解工作提供更加有效的技术支撑和保障。根据市委市政府统一部署,将全市道路交通管理智能化建设作为一项重点任务,要求重庆市主城区的交通管理的指挥调度、执勤执法、协同管控和信息服务达到全国一流水平。为此,重庆市公安局联合国内一流科研院所和企业,在借鉴国内外先进经验的基础上,按照全新理念对智能交通管理系统的优化提升开展规划与设计,提出了建设1个城市交通智慧大脑、3大应用平台、8个基础应用系统为主体架构的"1+3+8"智能交通综合体系。

13.2 现状

13.2.1 主城区智能交通管理系统建设现状

当前重庆市主城区智能交通管理系统运行时,存在系统设备老化、运行维护资金短缺等各种问题,整体系统和设备已不能较好地发挥其作用;覆盖范围主要集中在主城区城市快速路以内,覆盖范围有限,不能完全满足城市道路交通管理智能化应用的需要。

1. 指挥调度系统

指挥调度系统是在视频专网中独立运行的系统,并未接入公安信息网,只能在总队交通指挥中心进行操作;系统运行时还缺乏基础数据支撑,数据资源共享程度不够,不能充分发挥路网运行状态估计与预测、交通组织优化、警卫控制等应用功能。

2. 交通违法行为监测记录系统

主城区机动车闯红灯、超速、路侧违法停车现象仍较为突出,严重影响了道路交通安全与道路通行能力,在1400余个现有交通信号控制路口中,其中路口交通违法行为监测记录系统占比低于25%，系统设备老化严重，功能较弱。

3. 卡口系统

目前，卡口系统已有一定的建设规模，但与缉查布控和大数据分析的需求相比仍然需要提高部署密度。

4. 交通视频监控系统

道路监控可视化程度不高，目前已经建成有200余个交通视频监控点，画面清晰度较低，在总队交通指挥中心只能调阅到其中100多路视频图像，影响交通指挥调度的效率。

5. 交通信号控制系统

主城区约1460余处交通信号控制路口中，仅有461处实现与中心联网和控制；部分采用无线联网控制的路口，存在网络频繁掉线、流量数据上传丢包多等问题，联网控制能力较弱，交通信号配时还需要在路口操作；其余路口交通信号控制尚未联网，较多采用单点定周期控制方式。

交通信号控制系统主要采用重庆易博交通控制设备有限公司产品，部分路口应用了澳大利亚SCTAS和西班牙ITACA系统；渝北区新南路干道绿波联动动态控制实施效果较好；主城区多数交叉口采用单点定周期控制或单点感应控制，"绿波带"控制路段有55条。

6. 交通诱导系统

交通诱导屏数量少且老化严重，类型多样、功能不一、分布不成体系，主要依靠人工发布信息、自动化发布能力较弱；发布的信息无法有效支持驾驶人预知路网运行状况，在交通拥堵路段疏导时发挥作用不大。

7. 通信系统

总队通信系统采用自建光缆方式，长度共计479.18km，覆盖渝北区、渝中区、南岸区、九龙坡区、大渡口区、江北区、沙坪坝区、两江新区、巴南区主城九区；主要承担7个监控分中心、358处视频监视点（包括332处视频监视、26处卡口）及渝北区30处交通信号控制路口的光纤通信传输，运行情况正常。

13.2.2 主城区各支队智能交通管理系统建设现状

主城各区智能交通管理系统发展水平不平衡，渝中区在全市处于领先地位，南岸区、江北区、两江新区、大渡口区、巴南区等正在大力推动智能交通建设工作，而渝北区、沙坪坝区、九龙坡区发展还比较慢。主城区各支队智能交通管理系统基本概况见表13-1。

表13-1 主城区各支队智能交通管理系统基本概况

序号	部门	基本概况
1	城市快速路	1）通过接入市政设施管理局、中国电信、施工单位视频图像（不属于同一平台），基本实现了对城市快速路（全长约90km）的可视化管理 2）一线民警配备平板计算机，通过视频图像监控执勤区域 3）自建24芯光纤通信链路，另有市政设施管理局分配的3芯光纤通信链路 4）有9处LED交通诱导屏正常使用 5）有26处卡口系统正常使用 6）城市快速路尚未建设区间测速系统 7）通过市公安局接警平台转警 8）通过智能交通管理系统实现电子执法和交通管控需求迫切
2	渝北区	1）建有50处电子警察系统、6处卡口系统，拟建219处卡口系统 2）建有660处道路视频监视点 3）支队监控分中心作用未能体现 4）外场设备损坏严重 5）警保卫任务较重 6）通过市局接警平台转警，通常为市局→分局→交巡警大队
3	江北区	1）建有支队监控分中心，但其指挥中枢作用未能体现 2）建有26处卡口系统 3）建有62处道路视频监视点 4）拟建10处测速卡口系统 5）建议采用集中协调式信号机对干线道路进行联网控制 6）建议在干线道路增设交通诱导系统及在商圈增设停车诱导系统
4	两江新区	1）建有55处电子警察系统、4处卡口系统；拟建卡口259个，道路监控镜头633个 2）交通信号灯基本为单点控制，部分实现单点自适应控制及干道绿波控制（新南路），共103处；水晶郦城片区采用SCTAS（30个路口） 3）交通诱导系统尚未建设，拟建"两江新区停车诱导系统" 4）无支队监控分中心，交通指挥调度手段落后，目前拟建监控分中心 5）交通信息未共享，数据无法整合 6）外场设备损坏严重
5	南岸区	1）建有55处电子警察系统、43处道路视频监视点 2）建有卡口系统65处、道路视频监视点66处 3）建有支队监控分中心 4）拟建数据感知系统、交通控制系统、信息交互系统等，有效化解当前行车难、停车乱、公交效率低下、路网流量负载不均衡等交通问题 5）拟在弹子石CBD、南滨路、茶涪路等重点布建RFID采集点，在全市率先实施由交巡警主导的个性化实时路况导航系统（移动智能终端App），通过实时获取区内主干交通网的动态空间信息，为智能交通系统提供基础数据，再将数据进行整合分析，市民通过智能手机等终端便可获取道路实时路况信息 6）拟通过南岸区"智慧城市"（国家智慧城市试点）工程推进智能交通系统建设

（续）

序号	部门	基本概况
6	渝中区	1）建有16处电子警察系统、92处道路视频监视点、24处卡口系统 2）建有交通诱导屏20套 3）建有支队监控分中心及智能交通集成控制平台 4）建有17套线圈车辆检测器、149套微波车辆检测器 5）98处信号灯大多采用单点定周期控制，52套为自适应控制 6）拟建渝中区智能交通系统（二期），包括智能交通集成控制平台功能扩展、交通违法行为监测记录系统、停车诱导系统、路况查询系统（App）、部分主要干道完成绿波协调控制与自适应控制试点
7	沙坪坝区	1）原支队监控分中心已废弃 2）支队没有独立管理的智能交通系统 3）建有8套交通诱导屏，由分局监控分中心发布信息 4）建有8处超速检测系统，但未正常投入使用 5）交通信号控制多以单点控制为主，绿波控制效果不明显 6）新建道路（大学城、物流园、微电园）监控系统未接入分局监控分中心
8	九龙坡区	1）区内部分路网未成型，智能交通系统建设主要集中在建成区 2）建有支队监控分中心 3）建有66处电子警察系统、30处道路视频监视点、18套交通诱导屏 4）建有32处卡口系统、265处视频监视点
9	巴南区	1）建有42处电子警察系统、15处卡口系统 2）目前初步实现电子警察、卡口、视频监视系统联网 3）支队监控分中心与分局监控分中心合署办公，利用智能交通系统破获了多起刑事、交通案件 4）建立了交通信号控制系统、电子警察系统及卡口系统管理平台
10	大渡口区	1）建有26处电子警察系统，严重老化、基本瘫痪 2）已建14处卡口系统 3）建有79处交通信号灯，干线绿波控制效果一般 4）商圈办协助发布交通管理系统

13.3 需求分析

通过建设重庆市智能交通管理系统，应能实现对各基础应用系统采集的交通数据的汇聚、融合、处理、分析，为城区路网的拥堵疏通、交通管制监控等提供科学决策依据；进一步提高多源数据整合共享能力、道路交通综合管理能力、基础设施集成管控能力、交通信号协调控制能力和道路交通信息服务水平。

13.3.1 用户需求分析

重庆市智能交通管理系统的用户主要分为外部用户和内部用户。其中内部用户主要包括市公安局、市公安局交巡警总队、主城区各支 / 大队及远郊区县支 / 大队等；外部用户是规划局、交通委、经信委、市政委等其他相关政府部门和社会公众等外部用户。

1. 内部用户需求分析

（1）市公安局

重庆市智能交通管理系统的视频监视、交通违法行为监测视频、交通卡口等信息资源可接入市局应指视频平台，实现全市范围的信息共享应用。

（2）市公安局交巡警总队

总队是智能交通管理系统的主体用户。智能交通管理系统可实现对路网交通流运行状况的实时监测，对交通信息的实时采集、集成及发布，科学、准确地进行交通管理和运输管理决策，同时可以有效监测管辖区内的交通行为，并进行及时的纠正，改善城区现有路网上的交通运行状况，提高道路通行能力和交通安全运输效益，降低道路的交通拥挤程度、减少交通事故和非法运营，全面提高交通安全、畅通水平和交通运输管理水平。

（3）主城区各支 / 大队

重庆市公安局已建的视频监视资源可供总队调用，且公安局可调用重庆市智能交通管理系统的视频资源，实现交通指挥中心和公安局对视频信息的共享及互操互控。主城区各支队可通过平台进行相应权限数据资源的调用。

2. 外部用户需求分析

智能交通管理系统拥有交通实时路况、交通事件、道路交通管制、高空视频监视、交通出行、宏观交通管理政策、现状道路交通流量、现状道路交通的运行现状评价、规划用数据、车辆保有信息及增长率等信息，通过这些信息的挖掘、分析，提供给政府决策，同时可将上述共享信息推送给交通局、规划局、城管执法局、经信委、市政委等其他相关政府部门和公众用户等外部用户应用。

13.3.2 应用需求分析

重庆市主城区智能交通系统总体功能需求可以归纳为：交通状况监测、交通组织与管控、应急指挥与协作、交通安全态势评估、交通基础数据管理、机动车缉查布控、非现场执法取证、警力资源与勤务管理、交通信息分析研判、交通信息服务、对外交通信息共享与交换等。

系统具备采集公安交通管理信息、监视道路交通状况、实施交通组织、控制城市道路交通流、应急指挥调度、组织协调、决策支持和执行监督、指挥和协调交通安全保卫工作、交通流信息分析研判、监测记录道路交通违法行为、发布道路交通管理信息、市内多级协调控制、与相关部门交换和共享信息等功能。

系统具有大范围的信息采集、汇总、处理能力，能够整合不同来源（包括人工采集）的交通信息。对所采集到的交通信息进行分级集中处理，具有对道路现状交通流进行分析、判断的能力，能对道路交通拥堵具有规范的分类与提示，包括周期性交通拥堵、交通事件（如交通事故、车辆抛锚等）。在发现交通事件时能够以恰当的方式及时向相关交通管理人员报警、提示。

系统具备有效组织、调度功能，具备对重大或特大交通事件的应急预案管理、警力调度以及执行监督功能。

系统能有效监测管辖区内的违法交通行为，为纠正交通违法提供可靠依据，并为快速处理提供相关信息，为维护交通秩序提供技术保障，针对道路通行车辆，具备有效的管理手段，可自动发现通过监控区域的布控车辆等。

系统具备勤务管理功能，可通过系统协助勤务安排登记、查询等。系统具有发布交通信息的能力，以调节、诱导或控制相关区域内交通流变化。发布内容可以是交通拥挤、交通事故等信息。

系统具备设备、设施管理功能和故障自动监测功能，可以使得交通管理人员能及时了解设备运行状况。

13.4 建设思路

重庆市主城区智能交通管理系统建设秉承"智慧管理、服务民生"的理念，围绕"安全、畅通、有序"三大需求，以全面提升交通管控、查控执法、应急指挥、勤务管理、出行服务水平为重点，以物联网、云计算、大数据、人工智能等新一代信息技术为支撑，按照"一切业务数据化、一切数据业务化"的原则，建设信息充分共享、数据深度挖掘、系统高度集成、应用全警共享的智能交通管理系统，成为重庆市打造智慧城市的重要组成部分，实现"人-车-路-环境"的和谐统一，达到国内领先、西部一流水平。

坚持建设与需求相结合，以需求为导向，做好面向需求设计，在系统架构、功能实现方面全面融入用户思维；坚持升级与接续相结合，适度超前，做好模块化、嵌入化设计，向前无缝整合已有平台设备，向后预留升级扩展空间接口；坚持顶层与分层相结合，做好前瞻设计，在顶层设计中充分考虑与各区县正在实施和将要启动的智能交通建设的对接融合；坚持实战与实用相结合，做好开放设计，打造以智能交通管理系统为"航母"，以可扩展、可更新的各类算法模型为"舰载机"的城市交通智慧治理新模式。

13.5 建设方案

13.5.1 建设目标

通过智能交通管理系统优化提升建设，实现"四个全面提升"，增强"五个核心能力"，最大限度挖掘和提升重庆主城区现有道路资源的通行潜力和效率。

"四个全面提升"即：

1）技术手段的全面提升。全面引入人工智能、深度学习、泛在计算、神经网络等最新技术手段，实现交通流量检测准确率为95%以上，车辆二次识别日处理图片1000万张以上，识别准确率为95%以上，卡口数据运算达秒级响应，10分钟以内形成情报精准推送。

2）系统覆盖的全面提升。将智能交通建设覆盖扩大至主城全部21个组团，实现交通监控、违法监测、信息检测设备对城市快速路、主次干路和重点区域覆盖率内环以内达100%、内环以外为80%以上。

3）数据集成的全面提升。统一系统接口、统一数据标准、统一运行规范，上层应用隔离，底层数据贯通，全面消除数据"孤岛"和系统"烟囱"。

4）后台支撑的全面提升。实现服务器集群为2000台以上，存储能力20PB以上，日均数据汇集量为5亿条以上，数据处理能力达到EB级，单集群云服务调度能力为5000个节点以上，支持万路实时视频流处理。

"五个核心能力"即：

1）全域感知能力。依托覆盖监控卡口、视频检测以及高德、百度平台的智慧交通综合感知网络，加强对城市交通的实时、全域、精确感知。

2）深度分析能力。依托大数据深度离线分析和实时在线分析，支持对城市交通运行、拥堵成因、形成机理、扩散影响、规律特点、发展趋势的全维精准分析。

3）辅助决策能力。依托仿真推演、建模分析，强化数据驱动，建立涵盖交通组织、规划、建设、管理等不同场景和类型的智慧化辅助决策方案库、预案库，实现智慧决策、菜单调用。

4）应急指挥能力。通过"一张图"展示、"一张网"感知、"一盘棋"调度，有效提升预测、预知、预警和处置一体化水平。

5）优质服务能力。提供出行诱导、在线办事等"线上+线下""传媒+新媒"多样化交通服务。

13.5.2 总体架构

建设 1 个智慧大脑、3 大应用平台、8 个基础应用系统为主体架构的"1+3+8"智能交通管理综合体系，重庆主城区智能交通管理系统总体架构如图 13-1 所示。

图 13-1　重庆主城区智能交通管理系统总体架构

"1 个智慧大脑"即城市交通智慧大脑。建立超大规模存储、计算和分析平台，一方面全面汇入企业、部门以及泛在感知等全域全量交通数据，扩容"数据池"，另一方面全面融合人工智能、决策树、反向传播（BP）神经网络等算法模型，建立"算法仓"，将数据优势、感知优势和计算优势，全面转化为管理优势、决策优势和服务优势，为全样本、全时空、全过程智慧交通管控提供有力支撑。

"3 大应用平台"，即：

1）公安交通"情指勤督"一体化指挥调度平台（公安交通集成指挥平台扩充）。全面集成大数据分析研判、基础信息管理、多任务特勤管理、交通状态监控、缉查布控、应急指挥、勤务管理、监督考核等 13 项功能。

2）智能交通集成管控平台。全面实现对交通检测、信号控制、诱导发布、视频监控、卡口系统、云防控系统等 12 类外场设备的集中管控。

3）互联网信息服务平台。全面支持信息交互、信息发布、信息服务、"随手拍"交通违法举报、事故快处等 7 项衍生应用。

"8 个基础应用系统"，即：

1）交通信息采集系统。综合运用 RFID、感应线圈、微波、视频检测等技术手段，实现对交通流量、流速等数据的实时获取掌握。

2）交通违法监测记录系统。综合运用高清视频、电子卡口等技术手段，实现对交通违法的自动识别、抓拍和记录。

3）交通视频监视系统。综合运用全景视频、高空视频等技术手段，实现对交通运行的实景掌握和实时监控。

4）交通视频智能感知分析系统。综合运用基于深度学习、实时计算的算法技术，实现对交通视频图像的流式处理和智能分析以及对交通运行、事件等要素的全面感知。

5）交通信号智能控制系统。综合运用自适应控制、区域协调控制、多车道汇入控制等技术手段，实现对交通信号的智能控制和广域优化。

6）交通信息发布系统。综合运用路面诱导屏以及高德、百度等"互联网 +"载体，实现对交通出行信息服务的即时推送、精准诱导。

7）移动警务系统。综合运用 PDA 移动警务终端、4G 执法记录仪、车载及单警移动视频等技术设备，实现对交通执法、指挥调度、勤务管理、便民服务的全面集成提效。

8）通信网络系统。综合运用光纤通信、4G 通信（预留 5G 升级接口）、数字通信等技术手段，实现对各类交通数据信息的可靠传输和高效交互。

13.5.3 建设内容

项目以重庆市公安局交巡警总队、主城区支队 / 大队的交通管理业务实战为需求出发点，以主城区内环线区域为核心，辐射打通周边远郊区域。设计了面向公安网、专网、互联网的 1 个城市交通智慧大脑、3 大集成应用平台（公安交通集成指挥平台扩充、智能交通集成管控平台、互联网信息服务平台）、8 个基础应用系统（交通信号智能控制系统、交通信息采集系统、交通视频智能感知分析系统、移动警务系统、交通视频监视系统、交通违法监测记录系统、交通信息发布系统、通信网络系统），配套总队机房改造、支 / 大队公安交通指挥中心、交通组织与路口优化等。

重庆市主城区智能交通系统升级改造项目总体规模见表 13-2。

表13-2 重庆市主城区智能交通系统升级改造项目总体规模

序号	项目名称	建设内容	建设规模
1	大脑	城市交通智慧大脑	1套
2	平台	公安交通集成指挥平台扩充、智能交通集成管控平台、互联网信息服务平台	3套
3	基础应用系统	交通信息采集系统	200套
		交通视频智能感知分析系统	163套
		交通违法监测记录系统	598处,共2295套
		移动警务系统	30套
		交通视频监视系统	160套
		交通信息发布系统	145套
		交通信号智能控制系统	560套
		通信网络系统	1套
		总队数据中心机房	1处
		系统安全保护	等保三级
4	其他	内环支队分中心及机房	1处
		内环重点大队指挥室	3处
		交通组织与路口优化	30处
		其他配套工程	1项

13.6 建设情况

按照建设方案和工程施工图设计方案的要求,开展了智能交通管理系统的工程建设,重庆市主城区智能交通管理系统建设情况详见表13-3。

表13-3 本项目建设情况

序号	系统名称	建设情况
		1个城市交通智慧大脑
1	主城区城市交通智慧大脑	包括主城区城市交通智慧大脑基础设施服务(IAAS)、平台服务(PASS)、数据服务(DAAS)、应用服务(SAAS),其中应用平台服务主要包括交通态势评价服务、交通信号优化与评估服务、交通智能诱导信息服务
		3大应用平台
2	公安交通集成指挥平台扩充(公安网)	包括公安交通集成指挥平台核心版和扩充版(应用)、大数据基础环境系统、警用地理信息系统(PGIS)、交管移动警务系统、执法记录仪(4G图传)管理系统、交通管理重点区域三维地图可视化预案系统服务等,其中平台包含"交通管理数据交换"功能

（续）

序号	系统名称	建设情况
3大应用平台		
3	智能交通集成管控平台（专网）	包括智能交通集成管控平台应用、交通管理地理信息系统（GIS-T）、数据资源可视化管理系统、高点立体防控指挥系统、交通管理信息服务系统、视音频资源调度管理系统、运行维护管理系统、统一门户访问系统
4	互联网信息服务平台（互联网）	包括互联网信息服务平台扩充、互联网12123语音服务系统等，建设面向公众的、多管齐下、方式灵活、智能快捷的交通信息发布系统
8个基础应用系统		
5	交通信息采集系统	系统将新建交通信息检测设备，并接入社会单位相关数据，整合公安系统内部资源，建立交通信息采集系统。实现浮动车、RFID、微波、视频、环形线圈、地磁等各种方式采集的交通信息融合及存储、处理、分析、交换和分发等功能
6	交通视频智能感知分析系统	系统具备交通事件（交通事故、排队长度过长、逆向行驶、烟/雾、遗撒等）检测、监控、分析及预警处理功能，并可充分利用视频监视系统、交通信息采集系统的视频资源进行分析处理
7	交通违法监测记录系统	系统具备自动监测记录闯红灯、超速、违法停车、逆行、闯单行道、占用专用道路以及货车、黄标车驶入禁行区域等多种交通违法行为的能力；能够利用视频监视系统开展电子巡逻或巡查，同时具有检测交通数据功能
8	卡口系统改造专项工程	内容包括高清卡口系统（含抓拍单元、补光灯、主机）、通信供电、基础埋设、管线和手孔井等
9	交通视频监视系统	系统以交通事件监测管理系统、交通违法行为行为监测系统、高空高清视频监视系统和市公安局"社会安全事件应急联动指挥系统建设工程"的视频资源为主，补充建设部分视频监视设施，一方面用于LED交通诱导屏信息监视，另一方面用于道路监控
10	交通信号智能控制系统	本项目升级改造现有交通信号控制系统，建设交通信号区域协调控制系统和匝道信号控制系统。结合路口实际，实现区域协调、干线协调、自适应控制、感应控制、定周期控制、匝道控制等多种控制方式组合应用，有效提升路口通行能力
11	交通信息发布系统	通过LED可变情报板，实现道路交通状态、行程时间及交通事件等公共信息发布功能
12	通信网络系统	通过自有、租用光纤以及采用无线通信等多种方式，解决外场设备与中心及中心与其他外部系统的通信问题

（续）

序号	系统名称	建设情况
配套工程		
13	交巡警总队数据中心机房改造	包括模块化机房设计、环境要求、综合布线、模块化机房功能要求等内容
14	内环快速路支队监控分中心及重点大队指挥室	配合内环快速路支队办公地点搬迁，建成内环快速路支队监控分中心以及3处重点大队指挥室，包含指挥室布局、综合布线、功能需求等内容
15	系统安全保护	公安网数据属于涉密数据，而道路交通数据属国家统计数据范畴，是不宜公开的内部使用数据，但不属于保密数据，因此，本项目安全保护系统方案按照信息安全等级保护的相关要求分类进行设计，以满足相关规定。主要从网络、数据和管理三方面开展安全系统建设工作
16	交通组织与路口优化	通过交通组织与路口优化提高道路通行能力，充分发挥智能交通系统的作用，内容包括交通标线、标志等优化
17	其他配套工程	主要涉及外场地下管道、窨井、自建光缆及基础建设等

13.7 建设效果

重庆市主城区智能交通管理系统工程项目的建设应用，在支撑交通管控政策、助力交通组织优化、构建数据侦查新模式等方面发挥了作用。

支撑交通管控政策：依托智能交通管理系统数据采集和大数据应用，形成主城区过桥过隧道车辆的起讫点和路径时空分布特征，制定了交通流量大的15座过江桥梁和1座穿山隧道等重点路段的高峰时间段错峰通行政策；实施后，通过智能交通管理系统实时管控，中心城区高峰时段交通流量同比下降7%，平均车速达37.6km/h，相比实施前平均车速提升了约28.3%。

助力交通组织优化：科学分析了南岸区四公里立交桥作为进出城市快速路重要节点的交通流及周边路网交通运行场景的交通通行规律，优化启用了四公里立交桥潮汐车道，实施后，从四公里立交桥进入城市快速路的时间由原来的30min减少为19min。

构建数据侦查新模式：在项目建设中搭建了"车辆轨迹研判平台"，通过数据导侦、数据布控，建立了"以车查人、以车寻迹、以车导侦"新型侦查模式，针对交通肇事逃逸、危险驾驶、机动车假牌假证、酒驾、失信驾驶等重点违法行为，建设完善了70余个技战法模型，实现人车联查预警。

第14章
武汉市智能交通示范工程

Chapter Fourteen

14.1 简介

2014年,为配合深化实施武汉市"城管革命",服务武汉市"两型社会"建设和"智慧城市"建设,武汉市交管局组织实施了武汉市智能交通示范工程。武汉智能交通示范工程遵循"实用、先进、可靠、经济"的原则,采取"总体规划、分步实施"的建设策略,按照"先中心城区,后外围城区"的步骤有序实施,通过工程建设,进一步提高武汉市交通管理的科技应用和智能化水平。

武汉市智能交通示范工程建设范围包括三环线及三环以内区域(不含东湖新技术开发区)、外环及三环线至外环线间放射线现状道路。

14.2 现状

武汉市智能交通管理系统已有一定基础,系统由中心应用系统、基础应用系统及基础配套等组成。

14.2.1 中心应用系统

1. 交通集成指挥调度系统

交通集成指挥调度系统建设模式是集中部署、分级应用。系统部署于交管局指挥中心,并设置于公安网。系统面向武汉市公安交通管理局和各辖区交警大队公安网用户使用。

系统实现了对地理信息系统、"122"接处警系统、警车卫星定位系统、交通视频监视系统、通信系统、道路交通勤务管理系统与动态大屏幕系统的整合,通过动态大屏实现可视化、扁平化指挥功能。

2. 道路交通勤务管理系统

系统具有人员管理、岗位管理、排班管理、查勤查岗、统计分析、考核管理、系统管理及 GIS 管理等功能。系统与集成指挥调度系统和移动警务系统相关联，作为交通集成指挥调度系统的功能子模块，通过网页链接方式访问道路交通勤务管理系统。通过与移动警务系统相关联，系统能够自动获取前端警员卫星定位信息。

3. 治安交通综合管控平台

武汉市智能交通管理系统虽已尝试应用了大数据、云计算技术，采用 Hadoop 框架搭建了治安交通综合管控平台大数据处理环境，但只应用于车辆轨迹分析等缉查布控功能，没有用于开展交通态势、交通违法、交通事故等综合研判，新技术优势发挥还不充分，已滞后交通管理需要和智能交通发展。

平台应用了大数据、云计算技术，具有通行监控、交通违法、布控管理、轨迹分析、治安管理、通行证管理、交通路况、流量统计、短信平台、系统运维、系统管理 13 大功能模块。其中，平台已与交通违法处理系统、通行证管理系统和短信平台实现整合。平台能够实现发布驾驶员/机动车主驾驶证到期、驾驶证变更、驾驶人新增违法及机动车新增"闯红灯"违法记录、机动车到期检验、机动车到期报废等 6 类短信提示信息，还能不定期发布交通管制、节假日或恶劣天气等特殊时段的交通预警、交通出行指南等信息。

4. 互联网公众服务系统

2014 年，武汉市交管局对互联网各便民服务应用系统进行了升级调整，现已建成"互联网公众服务平台"。平台不仅涵盖了交管局主页、网上信息查询、网上选号、网上违法处理、驾考人网上考试预约、短信服务、机动车驾驶证变更、机动车驾驶证补换证等功能，还包括手机 App 提供交通管理业务预约、受理、办理及告知、警示教育等服务。互联网各便民服务通过门户网站、微信公众号以及手机 App 多种方式向外提供。

武汉市智能交通管理系统总体相对分立，层次不够分明，中心应用系统之间关联程度不高，中心应用系统与基础应用系统总体集成程度不高，只有交通集成指挥调度系统这个单核心系统，系统功能也相对较弱；系统数据分布较为分散，未能构建统一的数据资源池，形成有效、集约的数据支撑。

14.2.2 基础应用系统

随着武汉市城市发展进入了快速上升期，城市范围不断扩大，道路里程快速增长。但由于资金投入不足和缺乏相应配套机制，大量道路未能建设智能交通管理设施，特别是很多道路关键路段、关键节点未能有效覆盖，造成路面交通管控需要投入大量警力。

1. 交通信号控制系统

三环以内中心城区现状信号控制路口 1037 处，其中区域控制路口共 887 处（含东湖新技术开发区 79 处）。交通信号控制系统主要采用青岛海信 HiCon 系统和西门子的 SCOOT 系统。目前两大系统相互独立运行。各系统均通过计算机联网协调控制，对受控范围内道路的交通参数进行采集、分析和显示，同时对控制路口的周期、绿信比、相位差进行优化，实现子区协调控制（面控）或绿波带控制（线控）。

2. 交通视频监视系统

系统主要由局机关系统和 7 个辖区大队系统组成。局机关系统和 7 个辖区大队系统已实现互联互控，但各系统之间保持独立。局机关系统以模拟系统为主。数字网络系统也已建设，但主要是中心设备，规模较小，系统结构为客户端 / 服务器（C/S）模式。模拟系统和数字系统还未整合。

江汉交警大队、江岸交警大队、硚口交警大队、青山交警大队、洪山交警大队、武昌交警大队、汉阳交警大队 7 个辖区大队系统均为模拟系统。

交通视频监视系统前端设备主要为模拟球形摄像设备。前端设备主要为直接接入局机关系统，部分接入所属辖区系统。

3. 交通违法行为监测记录系统

闯红灯自动记录系统共有 914 处（方向）。其中，672 处（方向）系统满足行业标准 GA/T 496—2014《闯红灯自动记录系统通用技术条件》规定的基本功能和扩展功能；242 处（方向）系统只满足 GA/T 496—2009《闯红灯自动记录系统通用技术条件》规定的功能。

4. 公路车辆智能监测记录系统

公路车辆智能监测记录系统共 228 处（方向），在主城区内网格化布局已现雏形，尤其是过江通道已实现全覆盖。系统以线圈检测为主、视频检测为辅的方式检测车辆。

5. 交通可变标志信息发布系统

武汉市主城区交通信息服务存在以下不足：一是缺乏覆盖全面的自动化数据采集手段，难以满足交通出行者对信息服务范围及时性的需求；二是缺乏有效的数据分析工具，难以快速生成实时出行服务信息；三是信息发布手段单一，主要以人工方式发布交通信息，难以实现大范围针对性的出行服务信息发布。

交通可变标志信息发布系统后台管理软件能够实现主城区交通可变信息标志的统一集中控制和信息发布，但信息发布方式为人工方式。外场前端共建设88处，在主城区内分布较为均衡，均设置于地面道路上。

6. 警车卫星定位系统

警车卫星定位系统通过电子地图实时显示定位警车的位置、行驶方向和路线，用于指挥人员对交通事故、交通拥堵和道路上的各种突发事件进行直观、快速的指挥调度。

14.2.3 基础配套

1. 武汉市交管局交通指挥中心

武汉市交通指挥中心由大厅、决策室、广播间、附楼四楼监控机房、主楼十四楼智能交通信息机房等组成。目前附楼四楼监控机房和主楼十四楼智能交通信息机房空间已基本用满。

2. 大屏幕动态显示系统

武汉市交管局大屏幕动态显示系统由 8×6 共 48 块 55in（1in=0.0254m）LCD 超窄边拼接屏组成。大屏幕动态显示系统能将交通信号控制系统、视频监视系统、交通地理信息系统等各种信息在屏幕墙上显示，并能对这些信号按比例、任意大小、任意开窗、漫游、叠加和跨屏显示。

3. 辖区大队交通指挥分中心

目前，中心城区的 10 个辖区大队正在或已经建成辖区大队交通指挥分中心。

4. 通信系统

通信系统主要存在以下问题：通信主要为单链路，在系统运行中，可靠性较低，特别是在当前城市基础设施大建设中，经常出现挖断通信链路的情况，严重影响了系统的正常运行；系统扩容难，成本高。由于各子系统均采用独立的通信链路，因此，随着大规模智能交通设备前端的扩建，现有模式的建设成本将成倍增长，不能满足系统发展的需要。

通信系统已初具规模。链路类型为有线通信链路，链路建设类型主要包括自建和租用两种，自建通信链路分为武汉市交管局建设光纤和市政配套建设光纤两种，租用通信链路分为租用广电裸光纤和租用广电 VPN 两种。

14.3 需求分析

通过武汉市智能交通示范工程的建设，应能实现对各基础应用系统采集的交通数据的汇聚、融合、处理、分析，为城区路网的拥堵疏通、交通管制监控等提供科学决策依据；进一步提高交通信息采集、研判、处理、发布、服务能力，以及交通监控、执法、指挥等水平。

14.3.1 用户需求分析

1. 面向交通管理用户

目前城市规模逐渐扩大，造成交通复杂度增大，系统的自组织性差，而交通管理和指挥是维护城市交通秩序的重要手段。因此，智能交通管理系统建设需要面向城市交通管理和指挥用户，实现交通信息采集、处理、辅助决策、管理、控制及指挥的集成，为高效、科学开展道路交通指挥管控，确保交通顺畅运行提供坚实保障。

2. 面向交通参与者

武汉市道路交通出行需求大、方式多，亟须面向广大交通参与者提供实时、高效的交通信息服务渠道。因此，智能交通管理系统建设需要顺应需求，融合互联网上、新闻媒体、诱导标志或车载终端等多方式媒介，建立简便、快捷的交通信息发布手段，针对不同的用户个性化需求，实现交通信息实时、精准发布。

3. 面向城市交通规划者

随着武汉市经济增长迅速，机动车保有量逐年增加，原有道路的通行能力已不能满足新发展要求。其中主要原因之一就是规划和管理的依据不充分，缺乏有效的交通出行 OD 数据，难以做出适合交通需求的真实或接近真实发展趋势的交通决策。因此，智能交通管理系统建设需要为规划和管理的预测分析和决策提供准确和翔实的数据资料，促进武汉市宏观交通规划和微观交通设施建设以及土地利用规划的科学有效，减少道路规划不合理导致的交通问题。

14.3.2 应用需求分析

1. 交通信息综合分析研判功能需求分析

改变交通数据散落、孤立现状，实现交通信息集中存储，通过综合分析研判，实现交通信息的高度共享和增值服务，使交通管理部门能够决策科学、反应及时、响应快速，使交通资源的利用效率和路网的服务水平得到提高。

2. 交通指挥功能需求分析

通过统一接口规范和适配接入服务，实现基于交管专用电子地图进行交通指挥和综合管控应用，实现立体化、扁平化、可视化的交通指挥管控目标，形成上下联通、指挥顺畅的交通管理体制，确保交通警情实时响应、交通信息及时发布、交通流动态疏导组织。

3. 交通监控功能需求分析

实现对武汉市道路交通状况全天候实时监控，使交通指挥中心能够实时了解整个路网的运行状况，及时、准确发现和定位交通异常事件，并为交通管控、事件处置、交通诱导等提供基础数据。

4. 交通执法功能需求分析

目前武汉市道路交通闯红灯、逆行、违法掉头、不按规定车道行驶、闯禁行等违法行为较为常见，需要建立大范围的交通违法监测记录系统，实现向科技要警力，改善道路交通秩序，提升交通文明程度。

5. 交通信息采集功能需求分析

对武汉市路网的交通运行数据进行实时采集，并对采集数据进行分析处理，形成规范的交通态势指数和指标，以多种方式对外提供应用，从而为交通研判、交通指挥、交通管控、交通诱导等各类业务提供数据依据，提高交通指挥中心对城市动态交通异常事件的快速反应能力。

6. 交通信息服务功能需求分析

通过建设融合型信息发布媒介，向交通参与者提供道路实时运行情况，提醒、建议或控制交通参与者选择最佳的行走路线，从而避免和减少行程延误和损失，从宏观上合理引导交通流，均衡路网流量分布，提高路网运行效率。

14.4 建设思路

立足"响应部局、立足武汉；满足实战、注重实效；结合实际、经济适用；符合规范、适度超前"的设计思想，遵循"资源整合、信息共享、重点突出、关联协同、应用高效"的设计思路，按照"实用性、先进性、可靠性、可维护性、基础性、整体性、安全性、可扩展性、成熟性"的设计原则进行本次设计。

"响应部局，立足武汉"——即响应部局"四个平台"的建设指向，为今后系统与部局平台衔接与关联打下基础。按照武汉市"智慧城市"总体规划进行建设，争做武汉市

"智慧城市"建设排头兵。

"满足实战，注重实效"——即以武汉市交管体制为基础，以实际需求为导向，面向交管局、大队、中队等不同部门的业务特点进行系统建设。针对全市智能交通管理系统建设无法一蹴而就的现实，选择重点进行建设，解决当前交管业务重点关注的热点和难点问题。

"结合实际，经济适用"——即根据武汉市路网情况和交通特点进行系统布局和设备布设设计。基于现有智能交通管理系统建设现状，整合既有系统和数据资源。充分利用现有可再用资源，如服务器、网络设备、杆件、供电、管道等设施，合理使用建设经费，避免浪费，杜绝重复建设。

"符合规范，适度超前"——即系统设计注重规范性、标准性，国家、行业或地方已制定相关标准、规范的，务必严格执行。着眼当前和未来一定时期技术发展趋势，在本项目设计中应用大数据、云技术、物联网等新一代信息技术。

14.5 建设方案

14.5.1 建设目标

在武汉中心城区现有道路网络条件下，以合理组织规划交通流、完善道路交通管理设施、提高交通参与者的现代化交通意识为基础；以道路交通有序、畅通、安全以及交通管理规范服务、快速反应和决策指挥为目标；通过制定一个全面的技术方案，以信息技术为主导，以计算机通信网络和智能化指挥控制管理为基础，初步建成集高新技术应用为一体的适合武汉市道路交通特点的、具有高效快捷的交通数据采集处理能力、决策能力和组织协调指挥能力的智能交通管理系统，实现交通管理指挥现代化、管理数字化、信息网络化、办公自动化。

1. 促进科学化交通管理决策

通过对各种业务信息的高度集成，建立共享的数据库，实现定性管理与定量分析管理相结合，为交通管理决策提供可靠、准确的科学依据，并提高对道路交通的科学化管理水平、警务人员的现代化管理及交通意外事件的预案报警和快速反应能力。

2. 实现信息化交通指挥调度

以交通地理信息系统和交通流动态现实系统为基础，以视频、检测、监控、诱导等技术为手段，对交通进行宏观、动态、实时的调控。同时，配之以先进的警务管理机制，使公安局交警和交管局警务指挥调度高效、统一。

3. 实现与市局系统的协调运作

通过市公安局视频专网，实现与市局系统的连接，需要智能交通管理系统配合时，可以直接实现数据交换，使两个系统配合协调运作，达到快速响应的目的。

4. 实现信息社会化服务

武汉市智能交通管理系统通过公安部门认可的数据交换接口，提供非公安信息系统数据交换平台，可以实现交通数据及信息服务于大众的目的，达到便民的目的，同时也可以减少因为沟通问题而造成的投诉现象，改善公安部门的工作效率，充分体现公安部门服务于大众、便民利民的宗旨。

5. 实现与政府部门的信息共享

由于武汉市智能交通系统与政府相关管理部门的关系密切，根据政府相关管理部门提供的需要，智能交通管理系统可以为相关部门预留接口，能根据实际情况及时、准确地协调交通组织，为有关的相关部门（如城管局、公安分局、公交公司等）或新闻媒体提供需要的交通基础数据或信息，更好地服务市民，充分体现信息取之于民、用之于民，提高武汉市公安机关的形象。

14.5.2 总体架构

武汉市智能交通管理系统分为三级：交管局公安交通指挥中心、中心城区大队分中心/远城区大队分中心、外场基础应用系统设备。

交管局负责统一建立面向城区道路交通管理的智能交通管控平台和面向公路交通管理的集成指挥平台，各中心城区（三环以内）大队分级应用；远城区大队按照《全国主干公路交通安全防控体系建设三年规划》及GA/T 445—2010《公安交通指挥系统建设技术规范》等相关要求，在交管局指导下建设各远城区的智能交通管理系统并实现与交管局智能交通管理系统的互联互通。

系统逻辑结构主要包括基础设备层、网络层、接口层、支撑层、数据处理层、应用层和用户层，如图14-1所示。

交管局智能交通管理系统主要由中心应用系统、应用支撑系统、基础应用系统、运行环境和配套及保障措施等有机组成。通过系统接口与总队集成指挥平台、市公安局城市视频监控系统、治安卡口系统等关联，并与"智慧交通"数据中心及相关部门系统实现数据交换与共享，面向全市公安用户、政府部门及社会公众提供服务。

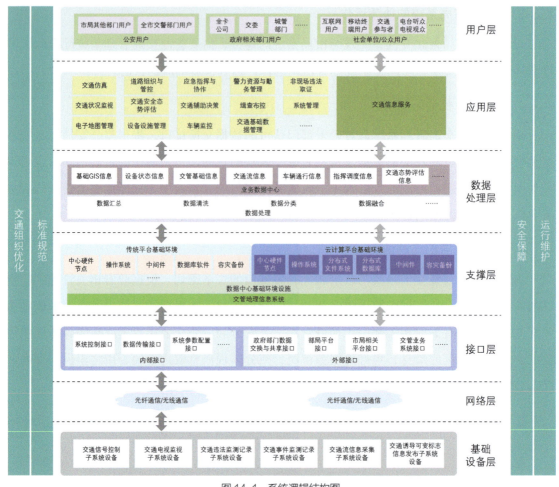

图 14-1 系统逻辑结构图

其中，中心应用系统包括集成指挥平台（公安网部分和专网部分）、交通管理信息研判平台、视频图像综合应用平台（含治安交通智能化综合管控平台）、交通管理信息发布系统（含互联网公众服务平台）、运维管理综合平台。

应用支撑系统包括交通管理信息资源平台、交通管理地理信息系统。

基础应用系统包括交通视频监视系统、交通违法行为监测记录系统、公路车辆智能监测记录系统、交通流信息采集系统、交通事件检测系统、匝道控制系统等已建或本项目新建系统。

运行环境包括通信网络和系统安全防护。

配套及保障措施主要包括规范标准、交通组织优化等保障措施。

14.5.3 建设内容

武汉市智能交通示范工程建设内容见表 14-1。

表 14-1 武汉市智能交通示范工程建设内容

序号	系统分类	建设内容	建设规模
1	指挥中心（基础设施系统）	1）武汉市交管局指挥中心机房扩容	1 项
		2）东湖风景区大队分控中心建设	1 项
		3）青山大队分控中心建设	1 项
2	五大中心应用平台	1）集成指挥平台	1 套
		2）交通管理信息研判平台	1 套
		3）交通管理信息发布平台	1 套
		4）视频图像综合应用平台	1 套
		5）运维管理综合平台	1 套
3	两大应用支撑系统	1）交通管理信息资源平台	1 套
		2）交通管理地理信息系统	1 套
4	六个基础应用系统	1）交通视频监视系统	1 套数字系统软件（C/S）及硬件设备；1 套数字系统软件（B/S）及硬件；1200 个前端点位（共 1200 套设备）
		2）交通违法行为监测记录系统	554 个前端点位（共 1906 套设备）
		3）公路车辆智能监测记录系统	202 个前端点位（共 801 套设备）
		4）交通流信息采集系统	1 套中心软件及硬件设备；24 个前端点位（共 74 套设备）
		5）交通事件检测系统	1 套中心软件及硬件设备（具备 40 路视频分析处理能力）
		6）匝道控制系统	10 套交通信号控制设备；24 套 LED 交通诱导可变标志；10 套违反禁行规定自动记录设备
5	运行环境	1）通信网络	1 项
		2）系统安全防护	1 项

14.6 建设情况

紧密结合交通管理业务，基于现有系统进行升级改造设计，完善原有系统，丰富、扩展其内涵和外延，充分发挥既有资源潜能和新一代 IT 技术、新型智能交通技术效能，应用云计算、大数据等新技术，调整武汉市智能交通管理系统整体架构，扩展应用系统，优化运行环境，深化资源整合，推进信息共享，完善安全保障，全面提升系统功能，为面向全市道路交通管理及社会公众服务提供更好的技术支撑。

武汉市智能交通示范工程主要建设一个中心、五大中心应用平台、两大应用支撑系统、六个基础应用系统以及运行环境。本项目建设情况见表 14-2。

表 14-2　本项目建设情况

序号	系统分类	系统名称	建设情况
1	指挥中心（基础设施系统）	1）武汉市交管局指挥中心机房扩容	主要内容有：①机房加固工程，主要有框架梁加固和楼板加固两部分内容；②机房装修，1楼机房改造面积371.2m^2，5楼数据机房改造面积约48m^2。主要有墙体工程、楼地面工程、天棚吊顶工程、门窗及隔断、机房电气和暖通工程（UPS、机房空调、动力配电、弱电系统、消防系统、综合布线等）
		2）东湖风景区大队分控中心建设	主要内容是建设指挥室大屏幕拼接系统。大屏幕拼接系统采用46in超窄边液晶显示单元，数量为18块（3行×6列），外置一套高清画面拼接器
		3）青山大队分控中心建设	主要内容是建设指挥室大屏幕拼接系统。大屏幕拼接系统采用46in超窄边液晶显示单元，数量为18块（3行×6列），外置一套高清画面拼接器
2	五大中心应用平台	1）集成指挥平台	通过交通管理信息资源平台整合现有平台的业务数据，如警情数据、警车警员定位数据、勤务数据等，构建完整的集成指挥业务数据库，以更好支撑集成指挥平台扩展的业务功能。基于现有版的接口模块进行优化扩展，构建健全的控制接口和数据接口，为现有版和扩展版平台功能应用和数据调用提供坚实支撑。改造后，集成指挥平台的应急指挥和勤务管理功能将依托现有系统的功能，通过对现有版功能调用实现。扩建功能包括交通态势监控、交通组织与管控、机动车缉查布控、交通基础数据管理、电子地图控制、系统管理六大类
		2）交通管理信息研判平台	平台由交通管理综合应用信息研判、交通警情分析研判、交通状况分析预测等模块构成。交通违法态势分析研判模块具有交通违法事故重点地段排查、交通违法事故趋势分析等功能。交通事故态势分析研判模块具有交通事故黑点排查、交通事故态势研判等功能。交通综合分析研判模块具有交通事故报警信息分析研判、交通秩序报警信息分析研判、交通设施报警信息分析研判、交通违法报警信息分析研判等功能。交通流分析研判模块能够进行快速路流量数据、路段流量数据、卡口区间旅行速度、交通信号控制系统及人工录入数据等多源数据的融合，具有全市交通形势分析、交通态势比较、交通分布分析、交通分布比较、交通行程时间分析、交通行程时间比较、交通服务水平分析、交通拥堵分析预警等功能
		3）交通管理信息发布平台	依托交通管理资源平台的各类信息资源，基于互联网公众服务平台，构建基于互联网（网站）、移动互联网（微信、手机App）、诱导可变信息标志、短信等综合信息发布渠道的统一交通管理信息发布平台，为交通参与者提供包括交通路况、诱导信息、突发事件、施工管制、交通气象等较为完善的道路通行服务业务，方便公众出行，同时为交管部门提供完备的交通信息发布平台。平台针对现有信息发布流程进行改造，按照信息采、编、审、发环节为业务部门提供完备的交通管理信息发布技术支撑，为公众提供更加人性化的信息服务

（续）

序号	系统分类	系统名称	建设情况
2	五大中心应用平台	4）视频图像综合应用平台	平台汇聚已建和新建的公路车辆智能监测记录系统、闯红灯自动记录系统信息，以图像采集、分析和综合应用为主线，深入挖掘图像资源信息，提升交通图像综合应用分析能力
		5）运维管理综合平台	为各交管部门以及外场施工单位提供技术管理手段，通过资产管理、集中监控、资产运维、统计分析等功能有效管理内外场设备、设施及IT设备、基础数据等，从而提高智能交通管理系统的整体效率
3	两大应用支撑系统	1）交通管理信息资源平台	交通管理信息资源平台是智能交通管理解决方案中的基础应用平台，为系统感知、汇聚、数据交互层。系统通过统一接口规范和适配接入服务，实现了各技术子系统与中心平台（公安交通集成指挥平台、交通管理信息研判平台、视频图像综合应用平台、运维管理综合平台等）间数据共享与关联交互
		2）交通管理地理信息系统	交通管理地理信息系统的主要建设内容包括：①建设地理信息系统空间基础设施框架数据库；②建设地理信息系统道路设施数据库；③建设地理信息系统交管基础设施数据库；④建设集成共享系统
4	六个基础应用系统	1）交通视频监视系统	交通视频监视系统应用主要利用高清数字视频技术，整合现有模拟视频系统资源，实现各辖区大队和交管局数字系统与模拟系统之间的互联互控。建立B/S架构系统满足公安视频联网要求，以节约建设投资，体现系统的兼容性。总体上保留原有模拟视频前端设备，改造部分模拟前端，补充新建路面和制高点数字高清视频前端设备
		2）交通违法行为监测记录系统	系统由中心管理平台及闯红灯自动记录系统、超速监测记录系统、人行横道智能监测系统、违反禁令标志监测记录系统、违法行为视频人工取证系统、可变车道违法取证系统等交通违法行为监测记录系统组成
		3）公路车辆智能监测记录系统	公路车辆智能监测记录系统主要建设系统前端设备，包括集成式高清摄像设备、车辆检测设备、辅助照明设备、通信设备等
		4）交通流信息采集系统	通过新建专门的交通流信息采集设备，对相关路段交通流信息进行实时采集，对交通信号控制、闯红灯自动记录、公路车辆智能监测记录、浮动车辆数据（FCD）、ETC等系统采集的交通流数据进行有效补充，从而为道路交通状态研判提供更有力的数据支撑
		5）交通事件检测系统	通过建设交通事件检测系统，针对快速路、主干路等道路的重要节点、路段进行道路交通状态监测，实时快速检测道路上突发的各类交通事件，及时发现异常交通状况并报警，为交管部门快速反应、快速部署、快速处置交通事件提供先决基础条件，为保障道路交通的有序运行提供技术支持

（续）

序号	系统分类	系统名称	建设情况
4	六个基础应用系统	6）匝道控制系统	匝道控制系统主要由匝道信号控制、交通诱导标志发布、违反禁行规定自动记录三部分组成。其中，匝道信号控制部分安装在城市快速路入口匝道的信号控制设施，调整由入口匝道汇入主线的交通量，使快速路主线的交通需求不超过其通行能力；交通诱导标志发布部分通过安装在快速路匝道入口前方一定距离处的LED交通诱导标志，及时告知交通参与者前方匝道的通行状态及周边道路的交通状况，提醒交通参与者选择合适的交通路线；违反禁行规定自动记录部分通过安装在快速路入口匝道上的取证设备，对入口匝道关闭时仍进入的车辆进行抓拍取证，并记录违法车辆的违法信息
5	运行环境	1）通信网络	通信网络主要由核心层网络（交管局智能交通专网局域网）、骨干传输网（交管局机房至各相关大队机房汇聚传输网）、汇聚层网络（各相关大队智能交通专网局域网）、汇聚传输网（路面至交管局机房汇聚传输网、路面至各相关大队机房汇聚传输网）、接入层网络（外场前端智能交通专网局域网）组成
		2）系统安全防护	系统安全设计主要考虑智能交通专网上的系统安全、与公安信息通信网、外部单位局域网以及互联网之间的系统访问、数据传输之间的系统安全设计

14.7 建设效果

2015年以来，通过武汉市智能交通示范工程等项目的建设应用，搭建了交通态势研判分析平台及交通指挥调度系统，能够动态扫描全市道路交通状况，实时检测交通拥堵态势，并对可能发生的突发态势进行监测预警，将智能交通体系和传统交通组织优化有机融合，实现了路口、路段通行效率"分钟级"优化、实时引导分流，形成了全方位的治堵方案，突出表现在综合性治堵、交通管理科学化、服务大型运动会等方面。

综合性治堵成效：交通指挥调度平台每天采集的各类出行数据达2亿多条，将智能交通体系和传统交通组织优化有机融合，实现了路口路段通行效率"分钟级"优化、实时引导分流，形成了全方位的治堵方案。

交通管理科学化成效：搭建了全覆盖的城市级交通态势研判分析平台及交通指挥调度系统，实时检测交通拥堵态势，每2min可扫描一次全市道路交通状况，科学分析预警突发交通状况。

服务大型运动会成效：交通指挥调度平台通过精细化的交通组织方案和警力精准定位，实时掌握路面警力分布，服务大型运动会和社会面交通顺畅运行，为各类参加活动的持证车辆提供了精准的路径诱导和保障服务，兼顾确保了市民正常出行，日均引导观众约1.4万人次。

第 15 章
包头市智慧交通管控及服务系统

Chapter Fifteen

15.1 简介

为了进一步贯彻党的十八大提出的"深化平安建设,完善立体化治安防控体系"要求,根据全国"深化平安中国建设工作会议"精神和公安部、公安厅关于公路防控体系建设的要求,在"平安包头"建设的基础之上更好地服务于城市道路交通、人们出行需求、城市建设发展、城市应急管理工作等,促进道路安全畅通、社会和谐稳定,智慧交通建设迫在眉睫。同时,近年来,公安部、内蒙古自治区党委、内蒙古人大、内蒙古自治区人民政府和包头市委、市政府都以下发文件、公布条例等形式,要求积极推进智慧建设。在此背景下,包头市公安局交通管理支队拟全面开展智能交通管控及服务系统建设,在加强路面管控力度、强化决策支持能力、完善指挥调度体系、缓解交通拥堵程度、提高人们出行效率起到重要作用。本次设计内容覆盖范围主要为包头市主城区。

15.2 现状

目前包头市智能交通管理系统由中心应用系统、基础应用系统、基础配套(包括指挥中心及网络建设)等组成。

15.2.1 中心应用系统

中心应用系统包括集成指挥调度系统、勤务管理系统、交通智能化综合管控平台、机动车缉查布控系统、非现场抓拍数据筛选系统、交通信息发布系统、互联网公众服务系统(互联网网站、微博、微信)、互联网交通安全综合服务平台(在建)。

1. 集成指挥调度系统

集成指挥调度系统由于建设时间较长、缺乏维护及设备老化等,目前仅能实现通过

122接派警、查看高点视频、通过350M集群通信及天翼对讲派警等基本功能,无法完成人员、车辆实时定位、地图展示、查看实时道路监控视频、预案配合、警力监控调度等深度应用功能,不能满足指挥调度工作的要求。

2. 勤务管理系统

目前仅有勤务列表等基本功能,不能满足勤务管理的需要。

3. 交通智能化综合管控平台

由于建设时间较长、缺乏维护,目前无法使用。

4. 机动车缉查布控系统

目前该系统为全国统一版本,不能根据实际需求增加应用功能,无法满足实战应用的要求。

5. 非现场抓拍数据筛选系统

非现场抓拍数据筛选系统于2010年建设完成,提供对路面上固定抓拍点位、移动测速设备、摄像头设备抓拍的非现场违法照片数据进行人工筛选和比对、有效数据通过接口上传到交管综合平台和查询统计等功能。

6. 交通信息发布系统

交通信息发布系统目前通过4处诱导屏、交通广播FM89.2以及互联网停车场信息发布系统进行交通信息的发布,目前外场诱导屏主要用于用户信息显示及广告,没有与交通流量采集相结合,不能实时显示交通状况,没有真正起到交通诱导的作用。

7. 互联网公众服务系统

现已建成"包头公安交通管理信息网"。平台涵盖了支队主页、网上信息查询、网上选号、驾考人网上考试预约、短信服务、警民互动等功能,还包括交通管理业务预约、受理、办理及告知、警示教育等服务。

基于包头市公安局交通管理支队网站建设了互联网公众服务系统,具有车辆违法查询、驾驶证违法查询、互联网预约选号、补牌补证、考试预约、驾校预约、短信告知、检车预约、支队长信箱、网上咨询、违法举报、曝光台等业务功能,开展一系列便民公众服务。

包头交警开通了新浪微博、腾讯微博。微信服务号已经具备违法推送、车辆违法查询、驾驶人违法查询、公交查询、车检预约、实时路况、交管动态、通知公告、留言反馈九大功能,其中车辆违法查询、驾驶人违法查询、车检预约、实时路况以及留言反馈功能目前无法实现。

8. 互联网交通安全综合服务平台

目前在建。

15.2.2 基础应用系统

基础应用系统主要包括交通违法行为监测记录系统、公路车辆智能监测系统、视频监控系统、信号控制系统、交通流量采集系统、指路标志系统、停车场管理系统等。

1. 交通违法行为监测记录系统

目前包头市城区闯红灯自动记录系统共有44处，其中23处为高清拍摄。2007年建设闯红灯自动记录系统56处，现已报废了45处，其余逐步淘汰中；2010年12月至2015年8月共建设33处；在建44处，52台流动测速车。

2014年6月至2015年8月建设公交车抓拍22处；2014年12月至2015年6月建设大货车闯禁行22处；2014年11月至2015年6月建设违法停车抓拍12处；2014年7月至2015年7月建设机动车礼让行人抓拍8处；2014年7月建设行人闯红灯抓拍2处。

2. 公路车辆智能监测系统

支队2007年建设卡口11处，现已报废2处，其余处于报废中；2012年至2013年间建设卡口26处；2008年至2013年间设立区间测速32个；包头市主城区公路车辆智能监测记录系统共计105处（方向）。新建系统采用视频检测方式，具有采集所有过车数据图片、采集车流量和抓拍车辆闯禁行功能。

3. 视频监控系统

2007年，自建模拟道路视频监控80处，现处于逐步淘汰中；目前有39个200万高清视频监控，2015年6月建设高点监控22个。

4. 信号控制系统

目前全市信号控制路口495处，其中区域联网控制路口共181处，其余为单点控制。为缓解交通压力，需进一步完善信号控制系统智能化不足的情况。

5. 交通流量采集系统

2007年建设视频流量采集30处，其中10处已报废，其余处于即将报废状态；2015年5月建设200个地磁检测器。

6. 指路标志系统

共计安装交通标志 6278 面，禁令标志 2399 面，指示标志 1255 面，警告标志 1382 面，指路标志 280 面，旅游区标志 11 面，辅助标志 951 面。

7. 停车场管理系统

截至 2015 年 11 月份，包头市共有机动车停车场 1679 处、总泊位数 170010 个，其中公共停车场 281 处、泊位数 35079 个；道路停车场 594 处，泊位数 42246 个（其中路内停车区 74 处，泊位数 4691 个，路外停车区 520 处，泊位数 37555 个）；自用停车场 804 处，泊位数 92685 个。

截至 2016 年 4 月，已有 51 处停车场在停车场管理平台上进行了网上申报，其中通过备案审核的 34 家。在设施建设方面，包头市已投入建设三级诱导 64 面。在申请备案的 51 处停车场中已完成建设使用号牌识别手持 POS 机管理停车场 4 处、使用地磁识别加 POS 机收费管理的停车场 7 处、使用号牌识别类设施收费管理的停车场 32 处。

15.2.3 基础配套

包头市交通指挥控制中心于 2007 年底建成并投入使用，2015 年进行了大屏幕显示系统、UPS 供电系统的升级改造。指挥中心由大厅、122 接警室、广播间、四楼智能交通信息机房等组成。

目前共建成了 5 个大队、14 个中队监控分中心。作为分中心的各大、中队监控室，能够实现对管辖区域道路交通的实时监控及指挥调度。

1. 122 接处警系统

122 接处警系统采用 C/S 方式的网络接处警构架，具有骚扰电话过滤、语音导航、计算机语音咨询、语音留言、数字录音、网上接处警、三方通话等功能。

2. 无线通信指挥系统

无线通信指挥系统是利用专用网络，进行指挥调度。其中，无线通信由 350M 常规通信网和 350M 集群通信网构成，具有群呼、组呼及有线、无线网互转拨号通信功能，前者用于日常通信，后者用于重大交通保卫活动。

目前，支队利用电信的天翼对讲，实现对 350M 基站尚未覆盖地区无线通信的补充。

3. 大屏幕显示系统

目前大屏幕显示系统于 2015 年 7 月建设，系统由 4×9 共 36 块 60in 单片 LCD 屏拼接组成。

4. 机房

机房采用双回路供电、精密空调、消防设施及环境监控系统。经勘查统计，机房现有各种品牌规格的可用服务器共 102 台，存储约 738TB，UPS 备用电源放置于地下室。

5. 网络建设

包头市通信网络建设已初具规模。其建设类型主要包括自建和租用两种：自建通信系统有支队自建光纤；租用通信分为租用联通和租用移动两种。

现阶段网络主要覆盖包头市公安局交通管理支队指挥中心的应用平台和外场基础应用系统。中心应用平台涉及集成指挥调度系统、交通智能化综合管控平台、包头市交通违法处理系统、道路交通勤务管理系统等系统。外场基础应用系统涉及交通监视系统、交通信号控制系统、闯红灯自动记录系统、公路车辆智能监测记录系统、交通可变标志信息发布系统等系统。支队到市局采用双万兆连接，支队到大队、中队采用百兆连接，支队到大队、中队约三分之一自建，其余租用。道路监控视频接入市局千兆视频专网。支队租用两个百兆链路用于互联网门户网站及停车场管理平台。

15.3 需求分析

本次系统建设主要包括扩大管控范围和水平、提高交通信号协调控制能力、提高信息的整合共享能力、提高交通信息服务水平等方面。主要包括集成指挥平台建设、大数据云计算平台建设、各类支撑系统建设、前端系统建设以及基础设施建设（包括机房）等。

15.3.1 用户需求分析

智能交通系统是一个提供交通管理服务的系统，管理用户服务是智能交通系统的主线。为了对智能交通系统建设进行更合理的规划，需要对其用户进行分析。

1. 外部用户需求分析

交通实时路况、交通事件、道路交通管制、高空视频监视、交通出行、宏观交通管理政策、现状道路交通流量、现状道路交通的运行现状评价、规划用数据、车辆保有信息及增长率等信息，可共享推送给区规划局、区城市管理局、旅游局、区市政等其他相关政府部门和公众用户等外部用户应用。另外通过气象局、规划局、社会救援、卫生急救、城市管理局、教育部、旅游局、市政等部门的应用系统的气象数据、规划数据、违法数据、救援资源数据、教育基础数据、突发事件信息、旅游信息、市政设施信息等共享给包头市智慧交通管控及服务系统，实现与智慧交通管控及服务系统内部数据的融合分析和决策。

2. 内部用户需求分析

包头市交通管理业务部门以降低交通事故、保障交通安全和畅通为工作目标，是智能交通系统的主体用户。通过智慧交通管控及服务系统的建设，包头交警可实现对路网交通流运行状况的实时监测，对交通信息的实时采集、集成及发布，科学、准确地进行交通管理和运输管理决策，同时，可以有效监测管辖区内的交通行为，并及时进行纠正，从而改善包头市路网的交通运行状况，提高道路的有效利用率、道路通行能力和交通安全运输效益，降低道路的交通拥挤程度，减少交通事故和非法运营，从而提高交通安全、畅通水平和交通运输管理水平。

15.3.2 应用需求分析

1. 视频巡逻功能需求分析

实现对交通视频的实时监控、历史视频调阅、视频管理等功能。根据要求，自定义视频巡逻任务，实现人工切换或自动任务视频巡逻。

2. 数据、信息采集功能需求分析

采集交通流数据、视频信息、警车定位信息、车辆通行信息、违法信息等，通过数据交换管理服务平台并对采集的数据、信息进行分类整理。

3. 路网运行状态监控功能需求分析

通过采集的交通流数据、车辆通行信息、视频信息，建立路网运行状态分析模型，实时监控包头城区路网交通运行状态，对全市路网进行交通诱导，实现路网均衡分布。

4. 可视化指挥调度功能需求分析

以数据、信息为基础，以集成指挥平台为依托，以协同指挥为重点，实现指挥调度可视化，实时监控指挥调度过程的时空演变，对调度过程进行实时监管。

5. 机动车缉查布控功能需求分析

对车辆通行信息、报警信息进行实时监控，实时监测重点路段交通秩序，及时发现机动车"锁定名单"信息，为打击套牌/假牌车辆、追踪肇事逃逸车辆、堵截嫌疑车辆、侦破涉车案件等提供支撑。

6. 安全态势评估预警功能需求分析

通过对交通流、交通违法、车型比例等进行综合分析，建立安全态势模型，综合各种态势等级，给出评估等级，例如，一级态势：红色，二级态势：橙色，三级态势：黄色，四级态势：蓝色。不同态势等级提供不同的预警对策、管制措施等。

7. 设备运维监管功能需求分析

对前端设备进行统一管理，对运行状态进行实时监管，及时发现设备故障，确保各类路面设备最大限度正常运转。通过前端设备自检报警及系统对回传的图片图像进行定时分析两种方式相结合，完成对设备运行状态的管理。对设备的新增、修改、领用、归还、维修、报废等操作进行跟踪管理。

8. 交通管理业务监管功能需求分析

实现车检过程监管、收费过程监管、法制业务监管以及勤务过程监管等功能。

9. 交通管理信息社会化服务功能需求分析

在路网运行状态、交通业务办理、诱导信息发布、交通信息查询等方面提供信息支持。

10. 交通管理政府服务功能需求分析

建立安全态势评估、交通效能评价、运行指数评估、预案决策支持等模型，对安全态势、效能评价、运行指数以及预案决策的关系进行分析，为政府决策提供支持。

11. 交警执法站管理功能需求分析

备案交警执法站配置、检查车辆信息登记、交警执法站勤务排班以及信息预警等。

15.4 》建设思路

包头市智慧交通管控及服务系统作为"平安包头"项目的重要组成部分，依托"平安包头"项目，充分共享平安包头已建视频监控专网、云计算中心、应用平台等资源，在信息采集系统利旧的基础上进行补充完善，对现有的应用系统进行梳理整合升级，加强交通管理指挥调度及业务监管能力，充分应用云计算资源拓展交通管理业务在移动端的应用，提高对交通管理者与交通参与者的信息化服务水平，打破部门间信息壁垒和管理界限，形成"信息共享、智能管控、纵横协同、全面服务"的科学管理格局，为政府宏观交通规划提供科学依据，探索和创新我国城市智慧交通建设的新模式、新技术、新方法，为智慧城市建设奠定基础。

以构建包头智慧交通管控及服务为核心，以信息共享为基础，以综合应用为目标，以城市交通需求为导向，建设信息共享、互联互通、整体联动、高效协同、惠及民生的智慧交通系统，有效缓解城市交通拥堵，实现动态交通与静态交通的有机结合，增强综合交通信息整合、共享及部门间协作能力，提升道路交通管理和交通信息社会化服务水平，提高城市路网综合运行效率，营造安全、畅通、环保的交通运行环境。

15.5 建设方案

15.5.1 建设目标

2016 年，根据《包头市智慧交通管控系统及服务系统总体规划》，要求完成以下目标：搭建智慧交通管控系统及服务系统主体架构，主城区交通信息采集系统覆盖路口 40% 以上，机动车防控半径小于 2km，建立与社会化交通信息服务企业的合作机制，初步实现以事件为驱动的指挥调度，初步形成社会化交通信息服务。

15.5.2 总体架构

包头市智慧交通管控及服务系统由用户层、集成应用层、应用支撑层、数据服务层、基础服务层以及前端设备组成。包头市智慧交通管控及服务系统总体架构如图 15-1 所示。

1）前端设备。信号、卡口、闯红灯、违停抓拍、禁行抓拍、视频、占用公交道抓拍（车载、固定点）、信息显示屏（路况、停车场）、交通流采集（视频、地磁）、警车定位信息、指路标志。

2）基础服务层。公安云服务平台、视频云服务平台、公众云服务平台以及包头公安云计算中心（机房、网络资源、基础硬件、基础软件、安全防护、运行维护）。

3）数据服务层。主要由数据交换管理服务平台完成。主要包括数据服务门户、数据交换管理系统、视频云数据资源管理系统、数据交换服务后台、数据服务支持系统 5 个系统以及数据安全；智慧交通大数据库、智慧交通业务平台数据库、已有的视频图像库、路网通行大数据库、公安大数据库；已有的视频云大数据计算管理系统、公安大数据库资源管理系统和数据安全审计平台；公安云基础服务。

4）应用支撑层。新建指挥调度系统、交通状况监测系统、事故分析研判系统、信号控制系统、勤务管理系统、业务监管系统、地理信息系统、基于微信的社会化服务系统、移动警务系统、分析决策支持系统；改造非现场执法管理系统、收费系统、OA 系统、市

第15章 包头市智慧交通管控及服务系统

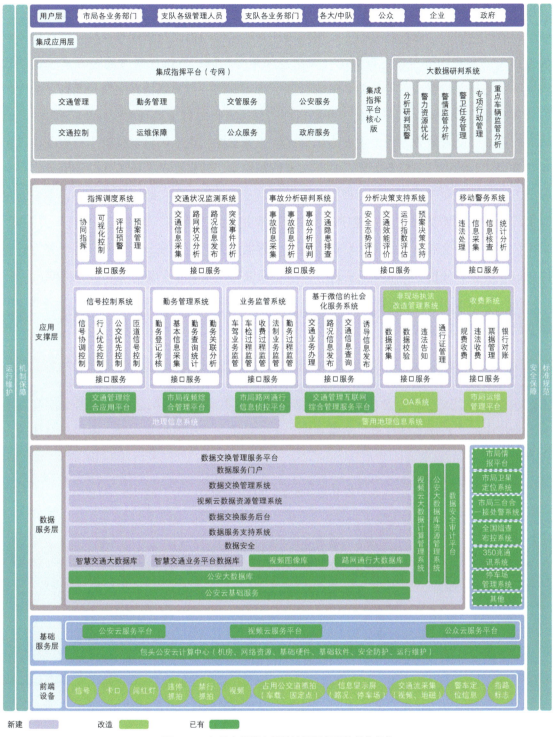

图 15-1 包头市智慧交通管控及服务系统总体架构

局运维管理平台、警用地理信息系统。

5）集成应用层。集成指挥平台（专网）将实现交通管理、交通控制、勤务管理、运维保障四大部分业务功能。交通管理方面主要实现路网状态运行、突发事件应急处置以及防患排查等功能；交通控制方面主要实现指挥调度、信号控制及缉查布控等功能；勤务管理方面主要实现勤务考核、查询统计及信息采集等功能；运维保障方面主要实现资产管理、系统运维及过程监管等功能。集成指挥平台（专网）可实现信息交换与共享、突发事件快速反应决策、安全防患与统一调度指挥的目标；将更好地实现对交管、公安、公众、政府的服务。交管服务方面，主要为民警提供业务支撑，为上级提供决策支持服务，以实现业务上的监管；公安服务方面，主要实现数据交换、信息推送、业务联动等服务；公众服务方面，主要便于公众业务办理、信息交互以及企业服务等；政府服务方面，主要为政府部门对交通的态势评估、效能评价、安全防患提供数据支持。集成指挥平台（公安网）采用公安部公安交通集成指挥平台核心版；大数据研判系统实现分析研判预警、警力资源优化、警情监管分析、警卫任务管理、专项行动管理以及重点车辆监管分析等功能。

6）用户层。包括市局各业务部门、支队各级管理人员、支队各业务部门、各大/中队、公众、企业以及政府。

15.5.3 建设内容

包头市智慧交通管控及服务系统包括公安交通集成指挥平台、交通数据交换管理平台、指挥中心及机房基础环境、指路系统、卡口系统、违法抓拍系统等。本项目总体建设内容见表15-1。

表 15-1 本项目总体建设内容

序号	项目名称	建设内容	建设规模
1	中心平台	公安交通集成指挥平台	1套
		交通数据交换管理平台	1套
2	基础环境	指挥中心及机房基础环境	1项
3	前端系统	指路系统	100个路口
		卡口系统	40处
		违法抓拍系统	200个路口

15.6 建设情况

2016年开始，在设计方案的指导下，包头市公安局交通管理支队逐步实施了该系统设计方案的内容。截至2018年基本完成全部内容的建设工作，本项目建设情况见表15-2。

表 15-2 本项目建设情况

序号	项目名称	建设内容	建设规模
1	中心平台	公安交通集成指挥平台	建设集成指挥平台，初步实现以事件驱动的智能指挥调度；初步实现对一线民警移动端警务应用，通过微信、短信等方式为公众提供业务办理及交通信息服务
		交通数据交换管理平台	建设交通数据交换管理平台，初步实现与公安局及其他部门的数据共享
2	基础环境	指挥中心及机房基础环境	改造指挥中心及机房基础环境，满足交通指挥调度及数据存储分析需要
3	前端系统	指路系统	在城区100个主要路口建设指路系统，完善标志标线，满足机动车驾驶人出行需要
		卡口系统	在重要国道、省道及连接线建设40处卡口系统，满足治安防控需要，同时对机动车运行速度进行管控
		违法抓拍系统	在城区200个主要路口、路段建设违法抓拍系统，结合平安包头已建卡口，对机动车违法进行管控，同时实现主要道路交通流分析

15.7 建设效果

包头市智慧交通管控及服务系统的上线运行，提高了包头市交通管理信息化水平及交通管控效率，体现在如下3个方面：

1）交通效率方面：在包头市机动车保有量持续增长的背景下，城区主要道路的通行效率得到不同程度的提高，据包头市交通指挥中心监测数据显示，早、晚高峰拥堵时间下降约30%，城市通行效率提高约20%。

2）交通安全方面：2018年系统建成后，通过系统全面应用、持续巩固深化精准勤务模式，打造形成了"情指融合""情指一体""情勤联动"的城市级三级勤务指挥体系，城市交通管理更加精细、城区道路拥堵明显减少，事故发生率同比下降30%，2019年、2020年的道路交通事故数量、致死数量、财产损失等呈现明显下降。

3）交通管控方面：交通指挥中心系统平台利用大数据技术对每日采集的800余万条涉车图片数据进行分析研判，形成系统化、网络化、智能化、标准化针对涉牌车辆精准打击的新警务模式；通过情报分析和事故规律特点进行研判，针对交通安全重点违法行为的数据精准分析+现场执法的作战模式在全市广泛开展，据统计，2019年对无证驾驶、假牌、假证、报废车等重点违法查处量分别上升38%、59%、24%、220%，超员违法查处量达到2018年同期水平的38倍。

第 16 章
宜兴市智慧交通管理系统

Chapter Sixteen

16.1 简介

近年来,依托宜兴市公安局科技信息化建设以及交警大队根据自身需求开展的相关系统建设,宜兴市交通管理水平得到显著提高,但随着"智慧无锡""智慧宜兴"的建设,宜兴市发展迅速,上级单位也对新时期交通管理工作提出新的需求,系统建设和应用水平难以完全满足当前和今后城市交通发展的需求。

2021 年,宜兴市启动城市智慧交通管理系统项目一期建设,通过汲取国内先进城市的成功经验,立足宜兴市公安交通管理发展现状和业务需求,旨在建设国内领先的大队公安交通指挥中心,打造信息共享、协同联动管理模式,服务于缓解交通拥堵、提升指挥和决策能力、提高社会化服务水平,实现基础支撑平台化、内外部资源共享化、交通管理业务精细化、交通管理应用智能化,提升城市整体交通管理和服务水平。

16.2 现状

16.2.1 中心应用系统

经过宜兴市公安局、支队、大队多年的信息化建设,宜兴已建成了满足基本业务的交通管理应用系统,可满足交通管理的基础需要。具体建设包括公安交通集成指挥平台、车辆图像警务大数据应用系统、视频汇聚平台、宜兴公安交通集成指挥平台、非现场执法系统和综合管控平台等。宜兴大队现有平台系统建设情况见表 16-1。

表 16-1 宜兴大队现有平台系统建设情况

序号	系统名称	所在网络	系统数据存储位置	平台功能
1	城市道路交通信号控制系统	视频专网	数据存储服务器	信号系统联网联控

第 16 章 宜兴市智慧交通管理系统

（续）

序号	系统名称	所在网络	系统数据存储位置	平台功能
2	视频汇聚平台	视频专网	公安局视频云存储，视频存储 30 天覆盖	技防监控、小区监控、电子警察、卡口等视频管理功能
3	宜兴市车辆图像警务大数据应用系统	视频专网	公安局存储	车辆查询、大数据研判、布控缉查
4	宜兴市域货运车辆禁行限行管理系统	公安网和视频专网	小型机	通行证管理功能、城区/景区车辆限行管控功能
5	海康-智能交通综合管理平台	视频专网	海康视频云存储，视频存储 1 个月，违法存储 1 年	违停视频监控、违停抓拍记录等功能
6	大华-智能交通综合管理平台	视频专网	货车限行的道路监控、各中队违停、各中队指挥中心内部监控	240TB 左右的存储空间，大华视频云存储
7	宜兴公安交通集成指挥平台	双网双平台	服务器	警情管理、信息研判、诱导发布
8	非现场执法系统	视频专网	小型机，存储 3 年	警务通、违停、超速、电警、不礼让行人的违法审核
9	铁骑勤务管理平台	视频专网	服务器	铁骑勤务定岗、排班、督导、考核
10	警务通	公安网	服务器	业务查询、现场违法处理
11	部局统一版集成指挥平台	公安网	服务器	缉查布控、检查服务站应用
12	宜兴公安微警务	互联网	服务器	办事指南、交通违法查询、车驾管业务、事故处理、路况信息、交通安全宣传、交通设施报修、交通违法随手拍、江苏道路救助基金、自助移车
13	宜兴市公安局联合指挥平台	公安网	服务器	从公安过来的警情接收、警情分派到中队
14	江苏公安基础信息平台	公安网	服务器	接处警登记、警情库查询、处警审批，处警审批后有效事故警情进入六合一
15	移动短信平台	互联网	服务器	通行证办理通知、违法通知、违法银行罚款缴纳通知、违法短信通知

16.2.2 基础应用系统

1. 交通信号控制系统

目前宜兴市共建设有 437 个信号控制交叉口，信号机品牌较多，包括华通、华路德、晶城电子、元欣、滁州东顺等。具备联网功能的信号机 231 台，其中 176 台信号机已实现联网，以华通和华路德为主，信号联网率约为 40%，其余信号机因无联网功能或路口无网络资源等问题暂未实现联网控制。

2. 交通视频监视系统

宜兴市交通视频监视系统由宜兴市公安局建设，交警大队可依托市局建设系统和前端设备开展路况监测、视频巡逻等业务。目前，其中共有摄像头 56488 路，包含交警道路视频监控约 870 路，交警车载视频监控 10 路，中心建设有视频汇聚平台，采用双网双平台建设，所有视频资源传到视频专网，汇总到宜兴市公安局。目前设备在线率保持在 97% 以上。

3. 交通违法行为监测记录系统

宜兴市交警大队在用闯红灯自动记录系统主要由宜兴市公安局建设，设备以 600 万像素为主，品牌以大华、海康为主，数据分别在各自的平台上。目前，宜兴市城区已建设有 184 个路口的电子警察，城区路口覆盖率达到 95%，因设备建设年份较早，反向卡口覆盖率不高。

宜兴建设了 2 套行人闯红灯设备，共计 16 个摄像头，系统采用 600 万像素抓拍摄像头，分别位于人民路－通贞观路口、人民路－解放路路口。通过该系统建设，规范行人、非机动车遵章守法、文明行路行为。

2020 年，宜兴市交警大队自建 57 个点位的闯禁行抓拍系统，共计 101 套闯禁行自动抓拍设备，主要用于监控货运车行驶禁区。

宜兴市违停抓拍设备建设 320 路左右，以 200 万像素设备为主，品牌涉及海康、大华、宇视，视频数据存储在各自后台的视频云存储中，抓拍的违法图片及文本数据上传到集成指挥平台进行审核。

宜兴市交警大队于 2017 年在 15 个无灯控路口建设了不礼让行人抓拍系统，采用海康的设备，主要采用 600 万像素抓拍设备，对行人过街路口机动车不礼让行人的行为进行抓拍记录，提升道路安全文明水平。

宜兴市交警大队有测速设备 67 套，其中正装式雷达测速卡口 47 个，移动测速卡口

20 个，用于对道路超速行驶违法行为进行检测抓拍。

4. 道路车辆自动记录系统

道路车辆自动记录系统主要由公安局建设，建设年份主要集中在 2015—2018 年，设备以 300 万像素为主，品牌以大华、海康为主，目前建设 101 个点位，过车抓拍数据通过运营商链路回传到公安局机房。

5. 交通信息发布系统

宜兴市交警大队已在城区外围进入城区方向建设了 7 块双基色诱导屏，品牌为上海电科。诱导屏点位设置分别位于陶都路/龙潭路（花园豪生大酒店旁）、东氿大道/阳羡路（塘田大桥北侧）、荆邑路/庆源大道（荆邑北桥与庆源大道之间）、宜北路/庆源大道（红塍桥与庆源大道之间）、阳泉西路/342 线（融达汽车城门口）、绿园路南河桥东（宜能大酒店旁）、氿滨大道（离长深高速出口 300m 处）。

16.3 需求分析

通过武汉市智能交通示范工程的建设，应能实现对各基础应用系统采集的交通数据的汇聚、融合、处理、分析，为城区路网的拥堵疏通、交通管制监控等提供科学决策依据；进一步扩大系统管控范围、提高信息的整合共享能力、提高信息服务水平、提升交通管理部门指挥和管理水平。

16.3.1 用户需求分析

1. 大队指挥中心

大队指挥中心是宜兴市交通管理的主要业务部门，是整个中心平台和系统应用的主体用户。通过交通指挥中心的建设，宜兴市交警可实现对路网交通流运行状况的实时监测；对交通信息的实时采集、集成及发布；科学、准确地进行交通管理决策。同时，集成交通警情、警力定位、道路监控等信息，实现勤务全平台内指挥调度，提高指挥调度效率。

2. 勤务中队

基层勤务中队作为宜兴市智能交通管理系统的主体用户之一，通过智能交通管理系统改造升级的建设，可实现对本辖区路网交通流运行状况的实时监测，对中队警力资源与勤务进行有效管理，实现对管辖区内警情进行有效的监管分析，提高突发事件下的指挥调度效率。

16.3.2 应用需求分析

根据宜兴市交通管理业务智能化、智慧化应用需求，结合整体定位、逻辑架构，给出以面向问题导向、业务需求为主线的功能架构，具备数据汇聚（交通管理内部数据、其他部门数据和互联网数据）、数据治理（结构化数据和非结构化数据）、分析建模（数据建模和视频图像结构化分析）、业务应用（态势认知、管控优化、情报研判、特征画像、警务监督等）等功能需求。

本项目基于对大数据环境下大队各个业务部门的业务功能需求和功能需求，理清大数据平台与部、省、市相关系统的关系，明确本项目建设数字资源池所需汇聚的内部数据资源以及对外部单位数据资源与外部单位的数据需求。

各个子系统采集的交通数据基本都分散存储在各个系统中，"信息孤岛"和"信息壁垒"情况严重。不同系统采集的交通数据间存在着紧密的联系，交通数据具有十分重要的应用价值，亟须提高交通信息整合共享能力。

16.4 建设思路

通过宜兴智慧交通管理系统的建设，实现宜兴交通品质和城市形象的整体改善，实现"5大提升"，具体包括以下内容。

1. 提升交通组织精细化能力，缓解城区交通拥堵

通过改造、升级路口的交通信号控制机，实现重要路口、路段及区域信号的联网联控，同时配套建设重点路口流量检测器，精细化管控城市道路网，全面提高对城市道路流量的调控和适应能力。利用信息化的方式，为出行者提供专业化服务，把交通流从时间和空间两个角度均衡地分配到道路网上，避免扎堆堵车的现象。同时，加强交通缓堵决策能力，基于多源数据融合，寻找拥堵症结，智能输出缓堵决策；同时，发挥交通领域专家智慧，"人脑"+"智脑"，提升城市交通智慧化水平，整体保障道路交通畅通有序。

2. 提升事件感知与风险防控能力，保障道路交通安全

利用人工智能算法，快速、精准识别道路上发生的各类交通事件，并快速联动路面民警进行处置，最大限度地减少交通事件造成的各方损失。另外，通过实战业务与地理信息系统的深度结合，宏观掌握事故分布态势、具体道路点段分析，对事故频发、易发路段进行分析预测，将事后的事故成因分析转变成事前预警，通过采取人工排查和系统自动筛查相结合的方式，对事故多发地点进行分析研判，提高事故预防的主动性、精准性。

3. 提升指挥调度和路面管控能力，增强警务实战效能

以提升智慧交通应用效能为核心，通过夯实交通大数据基础设施，深化智慧交通领域应用，打造情、指、勤、督一体化协调联动的新型勤务机制，提高宜兴交警大队科学决策分析能力和业务管理效能，提升宜兴交警道路交通管理现代化水平。

4. 提升数据汇聚治理能力，构建交通数据资源中心

通过数据资源中心建设，对汇集的海量交通数据进行清洗、治理、标准化，根据业务需求进行数据资源组织、建库，运用各类业务模型、视图智能分析算法等，实现数据价值的挖掘提升，数据驱动，实现城市交通治理与服务模式的创新发展。

5. 提升基础环境支撑能力，打造交警决策展示中心

目前，宜兴市公安局交通警察大队现与公安局共用指挥中心，缺乏专属的指挥调度场地，在全区交通态势、重大交通事故和突发事件等方面缺乏现代化的场所环境。通过对指挥中心及指挥调度平台的建设，可综合掌握全区交通动态、交通事件，实现快速指挥调度和应急事件处置。

16.5 建设方案

16.5.1 建设目标

项目建设贯彻落实"改革强警、科技兴警"重要精神，按照《江苏公安智慧交通总体规划》和2021年无锡公安工作会议要求，坚持突出系统观念、强基导向，运用大数据、机器学习等科技手段，开展宜兴市智慧交通规划建设，推动科学缓解城市交通拥堵、建设现代警务机制，实现管控精细化、平台智能化、实战扁平化、指挥可视化、服务便捷化的总体目标。

16.5.2 总体架构

总体架构符合部交管局、江苏省、无锡市和宜兴市局交通管理科技规划发展，同时支持大队业务管理需求，具备自主可持续性、持久性、自主可迭代等特性。从物理实现角度，基于宜兴市公安局和大队现有的架构，构建数据与应用之间"分层解耦、灵活开放"的多层架构，总体由"一中心、三张网络、N种综合应用"组成。一中心，是指数据赋能中心，提供数据汇聚共享标准化系统、公安交管数据赋能池及数字化地图服务等；三张网络，是指公安信息网、视频专网、互联网，形成"三网融合体系"；N种综合应用，是指视频专网业务应用、公安网业务应用、交管业务数据可视化服务和运维全周期保障服务。

宜兴市城市智慧交通管理系统总体架构如图 16-1 所示。

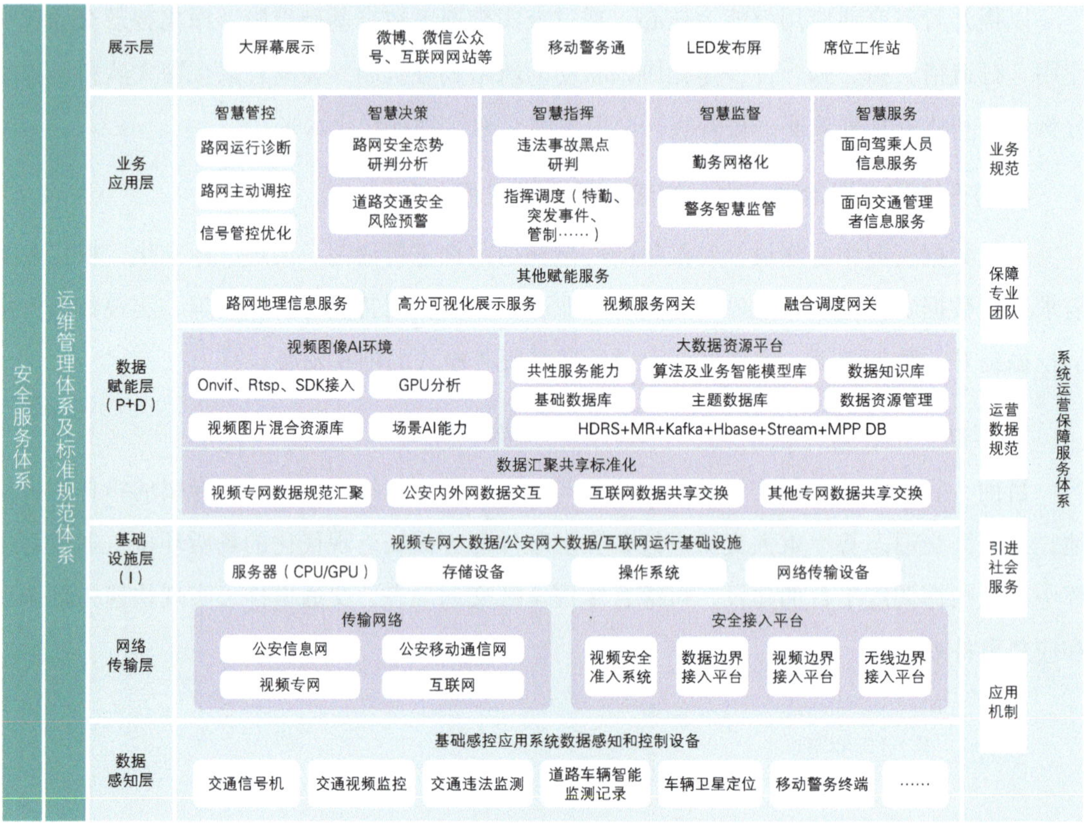

图 16-1　宜兴市城市智慧交通管理系统总体架构

展示层	大屏幕展示；微博、微信公众号、互联网网站等；移动警务通；LED发布屏；席位工作站
业务应用层	智慧管控（路网运行诊断、路网主动调控、信号管控优化）；智慧决策（路网安全态势研判分析、道路交通安全风险预警）；智慧指挥（违法事故黑点研判、指挥调度（特勤、突发事件、管制……））；智慧监督（勤务网格化、警务智慧监管）；智慧服务（面向驾乘人员信息服务、面向交通管理者信息服务）
数据赋能层（P+D）	其他赋能服务：路网地理信息服务、高分可视化展示服务、视频服务网关、融合调度网关；视频图像AI环境：Onvif、Rtsp、SDK接入、GPU分析、视频图片混合资源库、场景AI能力；大数据资源平台：共性服务能力、算法及业务智能模型库、数据知识库、基础数据库、主题数据库、数据资源管理、HDRS+MR+Kafka+Hbase+Stream+MPP DB；数据汇聚共享标准化：视频专网数据规范汇聚、公安内外网数据交互、互联网数据共享交换、其他专网数据共享交换
基础设施层（I）	视频专网大数据/公安网大数据/互联网运行基础设施：服务器（CPU/GPU）、存储设备、操作系统、网络传输设备
网络传输层	传输网络：公安信息网、公安移动通信网、视频专网、互联网；安全接入平台：视频安全准入系统、数据边界接入平台、视频边界接入平台、无线边界接入平台
数据感知层	基础感控应用系统数据感知和控制设备：交通信号机、交通视频监控、交通违法监测、道路车辆智能监测记录、车辆卫星定位、移动警务终端……

左侧：安全服务体系；运维管理体系及标准规范体系
右侧：业务规范；保障专业团队；系统运营保障服务体系；运营数据规范；引进社会服务；应用机制

16.5.3　建设内容

结合宜兴市公安交管信息化发展情况及交通管理突出问题和新技术的应用进行分步实施，本项目建设内容见表 16-2。

表 16-2　本项目建设内容

编号	系统名称	建设内容	建设规模
1	交通信号控制系统	联网、交通流采集、中心控制	199 个路口
2	资源赋能中心强化	公安交管资源赋能平台	1 套
3		交管路网地理信息系统	1 套
4	集成业务应用平台	交通管理智慧协同管控平台	1 套
		交管情指勤督平台	1 套
5	网络通信优化系统	路面接入汇聚中心	1 套
6	基础配套设施升级	大队指挥中心大厅	1 项
		机房改造	1 项

16.6 建设情况

通过本期项目，完成了交通信号控制系统、资源赋能中心强化、集成业务应用平台、网络通信优化系统、基础配套设施升级等建设，本项目建设情况见表16-3。

表16-3 本项目建设情况

编号	系统名称	建设情况
1	交通信号控制系统	开展199个路口的信号控制机升级改造建设，实现全市信号控制机联网控制；配套建设74个路口265个方向的交通流检测设备；升级建设特勤优先控制等功能
2	资源赋能中心强化	公安交管资源赋能平台：根据业务应用需求，结合原有大数据环境，主要实现数据统一接入汇聚、数据共享交换服务、接口管理、数据资源管理、各类资源库（基础数据库、主题库等）、路况分析、信号优化、违法研判、事故研判、警情研判等业务智能化模型，以及专网和公安网软件、硬件资源扩容
3		交管路网地理信息系统：在宜兴市公安局已部署的互联网地图基础上叠加道路交通管理相关数据及图层；搭建覆盖宜兴主城区约72km路网的一套二维车道级高精度路网地图，并融入交通管理设施设备点位及信息
4	集成业务应用平台	交通管理智慧协同管控平台：实现基础功能：视频业务巡逻、设备控制管理、视频图像管理、电子地图管理等，实现集成应用模块：交通状态可视化监测、交通信号诊断优化、综合便民信息服务、交通设施设备管理等
		宜兴交管情勤督平台：实现交通警情研判管理、交通指挥调度应用、勤务网格化管理、警务智慧、可视化管控展示等
5	网络通信优化系统	路面接入设备、汇聚设备、中心核心设备扩展等
6	基础配套设施升级	大队指挥中心大厅：大厅改造、大屏显示系统、音响扩声系统、集中控制系统、操作台及终端等
		机房改造：机房装修改造、供配电、UPS等系统改造建设

其中建成的"智慧交管 宜兴大脑"，主要包括交通态势可视化监测、交通警情研判分析、交通指挥调度、勤务网格化管理、设备设施智能运维、可视化大屏展示等模块。

1. 交通态势可视化监测

基于统一路网、按照统一标准对多源数据进行了有效融合，从宏观（市区）、中观（道路）、微观（路口）三个层面形成全面、精确的交通指标体系，实现从全市道路路网整体到各个中队辖区局部道路、从宏观到微观的实时交通运行状态信息的展示。交通态势可视化监测模块如图16-2所示。

2. 交通警情研判分析

整合多种警情来源渠道，包含110接处警平台、视频分析报警、互联网平台报警、警

图 16-2　交通态势可视化监测模块

员上报等，让交警对路面状况能够更快掌握。通过对历史警情分析，提供基于交通事故研判分析的事故热力图、事故隐患识别、事故关联分析、事故分析报告等内容。交通警情研判分析模块如图 16-3 所示。

 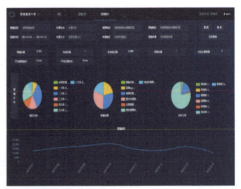

图 16-3　交通警情研判分析模块

3. 交通指挥调度

系统融合互联网交通事件数据、视频识别事件数据，快速准确地发现并定位各类交通事故、交通违法等事件，提高交通警情的发现率，同时，提供扁平化的指挥调度模式，展示交通事件周边的可调度警力资源及视频资源。指挥人员可以将需处置的事件推送给周围的警力，从而实现警情推送、处置、分析的一体化闭环处理流程。交通指挥调度模块如图 16-4 所示。

4. 勤务网格化管理

面向指挥中心接处警、民警执法过程中的监督考核，支持对大队 – 中队 – 科室对于警情事件的处置效能进行统计，支持"大队、中队、警员"三级考核体系。系统能够根据单警装备、警车定位信息和排班信息，实现警员状态（包括在岗、越界、在线、脱岗、休息、报备）的自动判定。勤务网格化管理模块如图 16-5 所示。

图 16-4　交通指挥调度模块

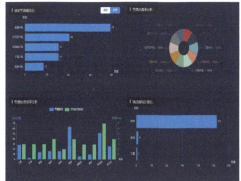

图 16-5　勤务网格化管理模块

5. 设备设施智能运维

通过接入道路、路口、桥梁、隧道等交通路网信息，接入摄像头、电警、卡口、信号控制机等交通设备设施信息，以全生命周期管理为理念，结合设备智能监测、在线运维等手段，自动监测设备运行状态，识别设备可能存在的问题，辅以快速维护的运维体系，提升设备设施基础信息的数字化管理、智能化监测、可视化统计展现，以及流程化运维管理的能力。设备设施智能运维模块如图 16-6 所示。

图 16-6　设备设施智能运维模块

6. 可视化大屏展示

通过与大队现有大屏拼接显示系统、公安交管资源赋能平台进行集成对接，根据实际业务管理应用需求，实现全市交通管理数据可视化的一屏监管，包括交通运行监测可视化场景、交通信号诊断优化可视化场景、设施设备可视化监测场景、警情态势可视化场景、勤务监管可视化场景、特勤安保可视化监测场景、车辆查控可视化场景、违法态势可视化场景、点对象可视化场景、自定义业务应用可视化场景等。可视化大屏展示模块如图16-7所示。

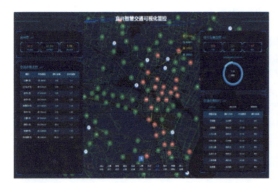 

图16-7　可视化大屏展示模块

16.7 建设效果

宜兴市智慧交通管理系统项目建成和使用以来取得了良好成效，主要体现在缓解高峰拥堵、强化路面管控、服务群众平安畅通出行等方面。

缓解高峰拥堵方面：在城区的74个路口274个方向安装了雷视、雷达车流量自动检测设备，能够实时感知流量并自动上传后台；计算生成信号灯最优配时，配合倒计时装置，有效避免此前"绿灯空等，红灯压车"的现象，系统建成后城区道路通行效率同比上升15%，市区早晚高峰拥堵情况得到了明显改善。

强化路面管控方面：通过建设的智能交通管理系统科技装备，铁骑队员在流动巡逻中更能有效精准地感知、识别违法车辆、机动车号牌和违法人员，进一步加强道路交通管理、精准打击交通违法行为，开辟了现代化铁骑快反勤务新模式，执法纠违效率同比上升70%。

服务群众平安畅通出行方面：通过建设以大数据、云计算、智能感知等信息技术为支点，集指挥调度、信息研判、智慧管控、事件处置和便民服务于一体的智慧交通指挥中心，进一步推动传统道路交通的自动化与智能化改造，不断提升道路交通数字化水平、城市整体交通管理水平和服务群众平安畅通出行水平。

第 17 章
都江堰市旅游交通管理系统

Chapter Seventeen

17.1 简介

为全面贯彻落实"五个转型升级"的战略要求,形成"现代化、国际化"的旅游城市交通新格局的目标,都江堰市委市政府部署启动了都江堰智能交通改造提升工作。都江堰市旅游交通管理系统改造提升包括 1 个智能交通集成管控平台、1 个交通数据资源中心、5 大基础应用系统为主体架构的"1+1+5"智能交通综合体系。项目地理范围包括都江堰全市区,重点是市区外二环(永安大道)以内区域、青城山景区及万达都市旅游区等。

17.2 现状

1. 交通指挥中心

未单独建设交通指挥中心,目前交通指挥和公安监控中心合署办公。122 交通事故报警、110 接处警系统均在公安局指挥中心。

2. 交通信号控制系统

都江堰市有信号控制路口 165 余处,均为单点控制,未联网,不能实现区域协调控制。多数路口信号机建设年代较早,部分路口使用期为 10 年以上。信号灯灯具为最近 1~2 年更换。

3. 交通信息发布系统

都江堰目前主要依靠静态的标志标牌指示道路信息和已建的 5 个路口 7 块双基色 LED 条屏,且没有系统性的旅游指示标志,导致外地游客仅依靠 GPS 导航,高峰期车辆集中在宣化门节点,节点拥堵蔓延至都江堰大道、观景路,交通运行效率较低,造成旅游服务水平较低，缺少以游客为导向的旅游交通信息系统。

4. 视频监视系统

都江堰市建设了天网工程，通信网络为视频专网，现有视频监视点位 651 处，已接入 110 公安监控中心，视频前端采用 100M 带宽传输，交警没有自建的视频，旅游交通系统平台经授权可调用天网工程视频。

5. 交通违法监测记录系统

都江堰目前已建有 169 套交通违法监测记录系统（其中超速和违停违法行为监测记录设备点位 38 套，已建闯红灯自动记录系统点位 131 套）。其中景区周边道路在旅游高峰占道停车现象较多，造成道路拥堵，人工执法力度不能满足管理需求，现状违法行为监测记录覆盖面不足，缺乏对路边停车的有效管理。

6. 公交系统和出租车调度系统

目前都江堰已开通公交线路 28 条，运营车辆 317 台，线网总里程约 310km，基本实现市区全覆盖。现在公交分担率 15%，目前的公交车载视频、GPS 全覆盖，可以实时监控驾驶员状态及车辆定位。

目前都江堰市有出租车 540 余辆，分属不同企业。出租车调度平台由交通局统一管理，GPS、车载视频监视等智能交通设备已做到全覆盖。

都江堰旅游交通运输依靠出租车、少量的农村客运班线和公交线集散，交通集散功能不完善，导致现状旅游出行方式中私家车比例较高，缺乏换乘，高峰期景区停车场车位供应不足，外部空闲停车信息缺乏有效发布手段，利用率低。

7. 停车设施

都江堰古城周边启用的停车场 10 个，约 3500 个停车泊位，节假日高峰期停车供需严重失衡，青城山景区 2000 多停车泊位，高峰时期停 4000 多辆车，违法停车现象严重，黄金周和旅游高峰期，景区停车设施供应不足，车辆排队造成景区周边道路拥堵，极大地制约了景区的吸引力。都江堰景区周边的停车问题严重影响道路通行，是造成景区周边交通拥堵的主要原因之一。

8. 通信系统

目前天网工程已覆盖城区内所有路口，运营商网络覆盖较全面，天网工程通信采用租用运营商专网方式，本项目通信系统建议采用这种方式。

17.3 需求分析

通过都江堰旅游交通管理系统的建设，应能实现对各基础应用系统采集的交通数据的汇聚、融合、处理、分析，为城区路网的拥堵疏通、交通管制监控等提供科学决策依据；进一步提高集成管控能力、交通信号协调控制能力、系统信息的整合共享能力、旅游交通系统综合能力、信息服务水平。

17.3.1 用户需求分析

都江堰市智能交通系统的管理用户主要分为外部用户和内部用户。其中外部用户是旅游局、交通局、规划局、城市管理局等其他相关政府部门和公众用户等外部用户；内部用户主要包括都江堰市公安局交警大队、都江堰市公安局、成都市公安局交通管理局等。

1. 外部用户需求分析

旅游交通系统拥有交通实时路况、交通事件、道路交通管制、高空视频监视、交通出行、宏观交通管理政策、现状道路交通流量、现状道路交通的运行现状评价、规划用数据、车辆保有信息及增长率等信息，通过这些信息的挖掘、分析提供给政府决策，同时可将上述共享信息推送给旅游局、交通局、规划局、城市管理局、市政等其他相关政府部门和公众用户等外部用户应用。

2. 内部用户需求分析

（1）都江堰市公安局交警大队

都江堰市公安局交警大队是旅游交通系统的主体用户。通过旅游交通系统的建设，可实现对路网交通流运行状况的实时监测，对交通信息的实时采集、集成及发布，科学、准确地进行交通管理和运输管理决策，同时，可以有效监测管辖区内的交通行为，并及时进行纠正，从而改善城区现有路网的交通运行状况，提高道路的有效利用率、道路通行能力和交通安全运输效益，降低道路的交通拥挤程度、减少交通事故和非法运营，从而提高交通安全、畅通水平和交通运输管理水平。

（2）都江堰市公安局

都江堰市公安局已建的视频监视资源可供交警大队控制室调用，且公安局可调用都江堰市智能交通电子警察视频资源，实现交通指挥中心和公安局对视频信息的共享及互操互控。

（3）成都市公安局交通管理局

都江堰市旅游交通系统视频监视、交通违法监测、机动车缉查布控等信息资源可接入成都市公安局交通管理局，实现成都全市范围的信息共享应用。

17.3.2 应用需求分析

1. 交通流信息采集、处理、管理功能需求分析

（1）数据采集功能需求分析

从各系统中按规定的格式提取共享数据，完成对不同类型、不同来源的都江堰市路网道路交通运行数据进行实时采集，同时将采集的异样数据进行过滤，将有效、合法的数据按照标准进行格式化处理并存入数据库中。

（2）数据处理功能需求分析

根据各系统的功能需求和它们之间的内在联系，对来自多渠道的数据进行数据融合、提取、分析等处理，通常采用分类、统计、关联、序列分析等数学过程对数据进行初步处理，形成二次数据库，供用户访问和用户服务分析使用。

（3）数据管理功能

数据管理就是为储存业务应用所需的数据构建数据库系统。数据库系统主要由基础数据库、应用数据库、分析数据库组成。

（4）数据查询、分析功能

数据的查询、分析是指根据不同服务对象的不同要求，对平台中的大量的数据进行查询、分析并输出所需信息。数据查询、分析实际上是提供给用户使用的一个用户界面，用户使用该界面提交查询请求，根据用户查询要求进行数据查询、分析并输出查询、分析结果。

本次设计的交通流数据主要来自多功能闯红灯自动记录系统采集的过车数据，然后对其进行处理，获取路段的行程速度，实现对城区路网动态运行状况进行分析。

2. 交通信号控制系统需求分析

信号系统优化需要所控制路口各进口方向和不同导向车道的交通流参数信息，其对交通信号的配时参数进行自动调整和优化，为相位设置提供依据，以保障交通流的顺畅，减少延误，并提高交叉口和道路的通行效率。建设自适应交通信号控制系统，中心系统可实现区域或线协调控制，前端路口交通信号控制机采用协调控制式信号机。

（1）建立区域控制策略

针对都江堰市各道路不同的交通强度采用不同的控制目标和控制模式，在交通强度较大的情况下实施定周期控制或拥堵控制，以最大通行能力为目标；在中等交通强度下采用协调控制模式，以最小延误为优化目标，在交通强度较小的情况下采用单点自适应控制，以最小停车次数为优化目标。

（2）对关键路口进行拥堵控制

需要对该路段通过瓶颈控制，有效疏导短连线瓶颈路段的交通拥挤。利用瓶颈控制的方法，拥堵路段上游路口，减少绿灯时间，控制进入的车辆，减少需求；拥堵路段下游路口，增加绿灯时间，增加驶离的车辆。

（3）特殊勤务控制

信号系统应在功能应用上具备智能勤务控制功能，保障勤务车队的顺畅。在执行特勤控制任务时，道路视频监视图像配合进行路口情况监控，判断路口特勤执行时间和接触时间。

（4）联网控制

通过联网控制，对所有城区信号灯路口可统一进行管理和控制，包括信号灯的控制、设备状况监视以及预案配时远程调用和设置。

3. 交通视频监视系统需求分析

本项目通过天网工程的视频系统对道路交通状况进行全天候的实时监控，了解整个路网的运行状况，发现交通事件，并迅速做出响应，为信号控制、事后取证等提供基础数据。

4. 交通执法功能需求分析

目前都江堰市闯红灯、违法掉头、不按导向车道方向行驶等违法行为较多，需要在路口/路段建设违法行为监测记录系统，数据先传输到都江堰交通指挥中心，违法数据从旅游交通专网拷贝或人工录入至公安交通管理综合应用平台，再上传至成都市交管局。

5. 集成管控平台需求分析

集成管控平台需求为满足交通管理建设需要，将各自独立的应用系统有机结合起来，实现信息交换和共享，并将信息加以综合处理和利用；该系统将交通信号控制系统、交通流信息采集系统、800M警员定位、4G图传系统、警员警车定位系统、交通信息发布系统、决策支持系统、交通设备管理系统等模块集成在统一系统平台上。

交通控制室设计一套完善的计算机网络、指挥大厅基础支撑,包括控制间、机房、办公区等。控制间包含信息显示区、操作区及指挥调度区等。机房配置系统应用的各类服务器、存储、网络等核心设备,为保障机房内设备的长期、稳定运行,设置 UPS、防雷、空调、消防等基础设施。

集成管控平台可以通过交通量实时检测采集、处理交通数据信息,优化交通信号,实时进行交通视频监视,来协调城市交通流、缓解城市交通压力、提高处理交通及其他突发事件的能力,同时提高了交警的快速反应能力和工作效率。

6. 综合信息汇集共享需求分析

汇总、存储和共享全市交通基础数据,包括交通运行状况、交通事件、施工占道、交通管制信息等,形成全市交通信息中心,并实现与政府职能部门、社会单位进行信息交换,实现信息资源的共享应用。

7. 路网日常监测需求分析

构建交通流数据分析模型,对交通流数据进行处理、融合、分析,实现对全市路网、重要路口、路段交通流动态的实时监测;基于交通视频监视系统、闯红灯自动记录系统、超速违法监测系统、公路车辆智能监测记录系统、交通流视频监测系统采集的车辆号牌信息,实现重点目标车辆的监测,及时处理重点目标车辆的异常行为,并打击事故逃逸、套牌等违法行为。

8. 数据分析研判需求分析

通过对平台汇集的海量交通数据进行综合的分析研判,实现交通流、交通违法、交通事故数据的分析研判,以便及时采取相应的措施;实现行驶车辆的轨迹分析,为治安防控、案件侦破提供线索;实现套牌车的自动甄别,发现套牌车及时报警、处置;实现 OD 数据的查询,为路网规划、交通管理提供决策依据。

9. 信息服务需求分析

通过对各业务应用系统采集的数据的清洗、融合、处理,形成交通服务信息;建立与 LED 交通诱导标志的关联,及时发布交通突发事件和实时路况信息,通过互联网等多种手段发布交通信息,让更多的出行公众获得更加丰富完善的交通服务信息。

17.4 建设思路

秉承"智慧、畅通"理念,以"建设国际化旅游城市"为指导思想,在现有道路网络条件下,以合理组织交通流、道路交通有序、畅通、安全以及交通管理规范服务、快速反应和决策指挥为目标,以信息技术为主导,以计算机通信网络和智能化指挥控制管理为基础,初步建成集高新技术应用为一体的、适合都江堰市旅游交通特点的、具有高效快捷的交通数据采集处理能力、决策能力和组织协调指挥能力的管理系统,实现旅游交通管理指挥现代化、管理数字化、信息网络化,构建一个智能、先进的旅游交通管理系统。

17.5 建设方案

17.5.1 建设目标

1. 促进交通管理决策科学化

通过对各种业务信息的高度集成,建立共享的数据库,实现定性管理与定量分析管理相结合,为交通管理决策提供可靠、准确的科学依据,并提高对道路交通的科学化管理水平、警务人员的现代化管理及交通意外事件的预案报警和快速反应能力。

2. 实现道路交通状态全面感知与信息诱导

逐步实现都江堰市主干路、交通枢纽交通流信息检测全覆盖,基本覆盖次干路,并覆盖重要支路;融合交通流数据、视频数据及社会资源数据,实现信息资源共享和最大化利用,提升路网运行状态监测和预测能力。合理布局交通行车与停车信息发布设备,以多种方式发布实时道路交通信息、停车诱导信息、旅游宣传信息等。

3. 实现交通信号控制自动化

对城区内信号灯实现中心集中控制,建立点、线、面相结合的交通控制系统。在控制方式上实现区域/线协调与单点优化控制方式相结合;在控制范围上实现常规控制与优先控制(特殊勤务优先)相结合,协调、优化交通流,从而提高点、线、面及整个路网的通行能力。

17.5.2 总体框架

结合都江堰市交通管控现状和交通管理业务上的需求,给出都江堰市旅游交通管理系统总体框架,其设计示意图如图17-1所示。

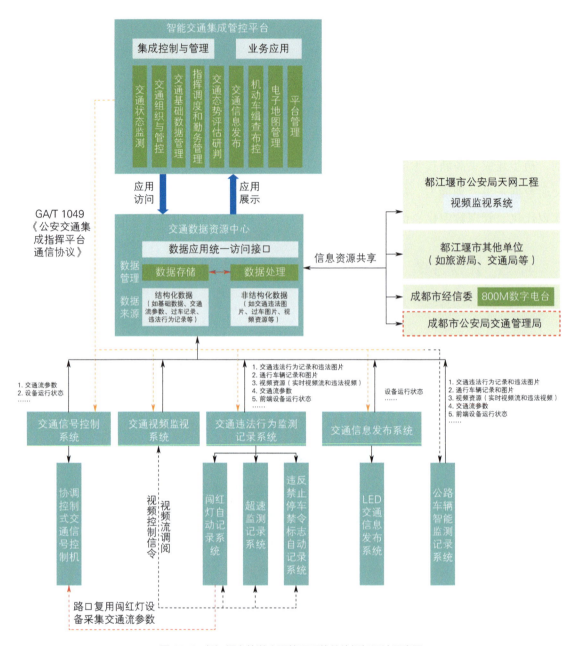

图 17-1 都江堰市旅游交通管理系统总体框架设计示意图

都江堰市智能交通管理系统总体框架内容从下向上主要分为以下 4 部分。

1. 基础应用系统

包括交通信号控制系统（通过闯红灯自动记录系统获取路口交通流参数）、交通视频监视系统（能够调阅交通违法行为监测记录系统视频资源）、交通违法行为监测记录系统（包括闯红灯自动记录系统、超速监测记录系统和违反禁止停车禁令标志自动记录系统）、交通信息发布系统（包括 LED 交通信息发布系统等）等。

2. 交通数据资源中心

建设接入系统设备、中心视频存储设备、数据存储设备以及配套系统软件（主要能够实现数据处理与分析、数据存储）。

3. 大队中心集成平台

建设大队旅游交通集成管控平台，实现基础应用系统集成控制和管理、业务应用两大方面功能。

4. 对外系统关联

通过视频联网服务网关共享都江堰市公安局天网工程视频资源，通过数据中心数据接口获取成都市经济和信息化委员会（简称经信委）数字电台的定位信息以及与都江堰市旅游局、都江堰市交通局共享信息资源，同时预留与成都市公安局交通管理局旅游交通管理系统数据接口。

17.5.3 建设内容

项目建设内容包括：升级改造都江堰市交警大队控制室与机房、建设都江堰市旅游交通集成管控平台；建设交通信号控制系统、交通信息发布系统、交通违法监测记录系统、通信系统等；接入天网工程治安监控视频资源和800M警员定位数据资源；待通信、跨网络交互机制等条件成熟后实现与成都市智能交通系统、公安内网缉查布控系统的数据对接。

都江堰市旅游交通管理系统建设内容见表17-1。

表17-1 都江堰市旅游交通管理系统建设内容

序号	系统名称		建设规模
1	指挥中心	指挥中心大厅	1项
		决策会议室	
		机房	
		信息发布室	
		备勤室	
		显示系统	
		其他系统	
2	旅游交通集成管控平台	信息交互与关联	1套
		交通地理信息系统	
		指挥调度系统	

（续）

序号	系统名称		建设规模
2	旅游交通集成管控平台	辅助决策系统	1 套
		勤务管理系统	
3	交通信号控制系统	—	165 个路口
4	交通视频监视系统	天网视频数据调用	1 项
5	交通违法监测记录系统	闯红灯自动记录系统	405 个方向
		违法停车抓拍系统	73 套
		超速监测记录系统	18 套
6	警用车辆定位系统	车载取证系统 GPS 数据接入	1 项
7	警员定位系统	800M 定位数据接入	1 项
8	公路车辆智能监测记录系统	—	62 套
9	交通信息发布系统	交通诱导可变标志信息发布系统	26 套
		微信平台信息发布系统	1 套
10	通信系统	有线通信系统	1 项
		无线通信系统	1 项
11	信息安全保护系统	—	1 项

17.6 建设情况

项目涉及都江堰全市范围内的重要路口、路段以及周边高速点位，自 2016 年 5 月正式开工，于 2016 年 12 月全部完成了建设，在 2017 年 8 月至 11 月期间成功试运行，并于 2018 年 1 月初通过了公安部交通安全产品质量监督检测中心参与的第三方检测。本项目建设情况见表 17-2。

表 17-2 本项目建设情况

序号	系统名称		建设情况
1	指挥中心	指挥中心大厅	交通指挥控制室相关功能实现需要相应的软硬件系统支撑，规划在交警大队交通指挥中心建设显示系统（包含组合显示单元、控制单元等）和基础配套系统（包括控制间、机房、办公、场所装修，以及供电、消防、防雷、综合布线、空调、门禁等相关系统）
		决策会议室	
		机房	
		信息发布室	
		备勤室	
		显示系统	
		其他系统	

第17章 都江堰市旅游交通管理系统

（续）

序号	系统名称		建设情况
2	旅游交通集成管控平台	信息交互与关联 交通地理信息系统 指挥调度系统 辅助决策系统 勤务管理系统	旅游交通集成管控平台通过预先定义的接口和数据交换格式，与都江堰市交通信号控制系统、交通信息发布系统、交通违法监测记录系统等实现系统集成，利用GIS强大的空间数据管理和分析功能，建立空间数据库，对空间数据进行高效的管理与维护，并在此基础上实现以交通状态信息、交通控制信息、交通诱导信息为核心的专业应用，在集成管控平台上对都江堰市旅游交通系统进行监控、管理，实现都江堰市基础子系统间的数据融合、共享与交互
3	交通信号控制系统	—	本期对交通信号控制系统进行升级改造。一是建设交通信号控制系统中心管理软硬件，并将路口交通信号控制机接入中心管理控制系统，实现交通信号的协调控制、优化控制、中心远程管理；二是升级改造165个路口交通信号控制机，将路口交通信号控制机统一为协调控制式信号机；三是利用路口的闯红灯自动记录系统提供停车线后1~2m车辆占有数据等交通参数，为信号配时优化提供数据来源
4	交通视频监视系统	天网视频数据调用	本期项目新建一套交通视频监控系统软硬件。不单独建设交通视频监视系统前端设备，所需视频资源从天网工程视频资源中调用
5	交通违法监测记录系统	闯红灯自动记录系统	建设闯红灯自动记录系统405个方向，本期共升级改造165个信号控制路口。目前已建172套闯红灯抓拍设备，本次新增495套，全市合计667套闯红灯抓拍设备
		违法停车抓拍系统	在52个路段建设违反禁令（禁止停车）标志自动记录系统73套
		超速监测记录系统	在12路段建设超速监测记录系统18套
6	警用车辆定位系统	车载取证系统GPS数据接入	在原有系统上进行扩展
7	警员定位系统	800M定位数据接入	在原有系统上进行扩展，本次警员GPS定位数据直接从成都市经信委获取，该链路通过中国移动应急通信网（不在公安内网），定位数据已与经信委经协调可授权给出，本项目只需建设通信链路、数据接收服务器和安全边界，并在集成平台GIS上直观显示
8	公路车辆智能监测记录系统	—	在32个路段建设公路车辆智能监测记录系统62套，接入都江堰旅游交通平台进行数据融合和存储，实现本地的应用（如轨迹管理、OD分析等），并将数据接入全国机动车缉查布控系统（成都市平台）和四川省缉查布控系统
9	交通信息发布系统	交通诱导可变标志信息发布系统 微信平台信息发布系统	本期建设LED行车诱导标志和停车诱导标志26套，同时也通过微信、微博进行信息发布。本项目主要建设LED交通诱导标志，其他发布方式由相关部门建设，旅游交通管理系统预留API接口，将来可向其推送交通信息

（续）

序号	系统名称		建设情况
10	通信系统	有线通信系统	为旅游交通系统各组成部分之间信息、指令的有效、快速、准确传输提供通路；实现视频专网（天网）、旅游交通专网、互联网等网络之间的数据交互。本项目租用运营商带宽形成专网
		无线通信系统	租用无线网络实现警用车辆定位系统、警员定位系统数据交互
11	信息安全保护系统	—	网络安全设备、网络杀毒软件等

17.7 » 建设效果

都江堰市旅游交通管理系统改造和提升项目的建成和使用以来，此项目在都江堰提升通行效率、加强交通管控和社会治安、提升旅游品质和城市形象等方面发挥了积极作用。

提升通行效率方面：以市区主干道都江堰大道早高峰饱和流量情况为例，项目实施前，自西向东（自东向西）行驶途经9个信号控制路口，平均通过时间为533s（492s），路段平均车速为27.0km/h（29.3km/h），项目建成及进行信号协调控制后，相同时段平均通行时间仅需367s（388s），平均车速达到39.3km/h（37.1km/h），交叉口平均延误时间分别缩短了31.1%和30.2%，通行效率分别提升了45.6%和26.7%，市区早晚高峰拥堵情况得到了明显改善。

加强交通管控和社会治安方面：管控平台全天候记录过车数据和交通违法信息，配合案件协查提取视频等实时资料，通过平台发布有关交通等通知公告，提高了交通管理能力，为社会治安有序提供了有力的技术支持。

提升旅游品质和城市形象方面：通过科技手段切实提高了警务工作的效率和科学管理水平，在重大活动的保障工作中发挥了重要作用，显著缓解了旅游旺季交通压力，提升了都江堰的城市形象和旅游交通品质。

第四部分

新技术篇

第 18 章

人工智能技术

Chapter Eighteen

18.1 概述

人工智能是研究使用计算机来模拟人的某些思维过程和智能行为（如学习、推理、思考、规划等）的学科，主要包括计算机实现智能的原理、制造类似于人脑智能的计算机，使计算机能实现更高层次的应用。

人工智能的思想萌芽可以追溯到 17 世纪的巴斯卡和莱布尼茨，他们较早萌生了有智能的机器的想法。19 世纪，英国数学家布尔和德·摩尔根提出了"思维定律"，这些可谓是人工智能的开端。19 世纪 20 年代，英国科学家巴贝奇设计了第一架"计算机器"，被认为是计算机硬件，也是人工智能硬件的前身。20 世纪 40 年代伊始，明斯基等人制造出第一台神经网络计算机，这一发明可以被认为是人类对人工智能技术研究的开始。

1956 年夏季，以麦卡赛、明斯基、罗切斯特和申农等为首的一批有远见卓识的年轻科学家举行了"达特茅斯会议"，共同研究和探讨用机器模拟智能的一系列有关问题，并首次提出了"人工智能"这一术语，它标志着"人工智能"这门新兴学科的正式诞生。此后，人工智能领域逐渐形成了以机器定理证明、LISP（LISt Processing）语言等为代表的经典技术，人工智能技术正式兴起。20 世纪 80 年代初，专家系统和 BP 神经网络等重要研究成果纷纷出现，将人工智能的研究工作推向新的阶段。1997 年，由 IBM 公司开发的智能国际象棋棋手"深蓝"在国际象棋大赛上战胜了世界冠军卡斯帕罗夫。20 世纪 90 年代末，深度学习研究兴起，1998 年 Y. LeCun 提出了卷积神经网络（Convoluted Neural Network，CNN），这是深度学习的代表算法之一。

21 世纪以来，人工智能的发展日益成熟，机器学习和深度学习成为人工智能研究主流，并在各行业得到了广泛应用。2016 年，在围棋比赛上，人类围棋冠军被谷歌旗下公司开发的 AlphaGo 击败，让人工智能受到了更大范围的关注。2022 年 11 月 30 日，OpenAI

研发的聊天机器人程序 ChatGPT（Chat Generative Pre-trained Transformer）正式发布，它能够通过理解和学习人类的语言来进行对话，还能根据聊天的上下文进行互动，真正像人类一样来聊天交流，甚至能完成撰写邮件、视频脚本、文案，以及翻译、编写代码、写论文等任务。

18.2 关键技术

人工智能领域所涉及的关键技术较多，随着过去数十年的不断发展，发展重点亦有所变化，在此主要介绍如下几种关键技术。

18.2.1 模式识别

模式识别是指利用计算机技术将识别对象按一定特征归类为不同类别，目前人工智能技术在模式识别中的主要研究方向包括语言信息处理、计算机视觉、脑网络组、类脑智能等，其目的是希望通过人工智能技术实现对复杂信息的识别和处理。模式识别技术现在的应用领域主要包括计算机视觉、文字识别、语音识别、生物特征识别、医学分析、遥感数据分析等。

18.2.2 专家系统

专家系统指的是一种智能计算机程序系统，专家系统中涵盖了大量某特定领域内专家级水平的知识与经验，并通过应用人类在该领域中的专家级别知识来为用户解决在该领域中遇到的问题。专家系统主要包括知识库和推理机。其中，知识库包含各种专业知识和相关领域专家的理论知识及经验判断；推理机通过灵活运用知识库中知识，对问题求解。随着对专家系统研究的不断深入，目前的很多专家系统都已经能够依据对人类行为的模拟在不同的应用场景中做出智能化的反应和判断，并且能够利用知识库，深入挖掘复杂问题的内在联系。

18.2.3 机器学习

机器学习是继专家系统之后人工智能技术的又一重要研究领域，主要是利用计算机来模拟人类的学习活动，进而获取知识和技能，对真实世界中的事件做出决策和预测。机器学习主要包括机械学习、示教学习、类比学习和实例学习4种策略。机器学习常见算法包括决策树、随机森林算法、逻辑回归、支持向量机（Support Vector Machine，SVM）分类器、AdaBoost 算法、神经网络、聚类算法等。

18.2.4 人工神经网络

人工神经网络是指从信息传递的角度，模拟人类的神经网络，把已有的信息按照不同的方式组合而成的网络，又被称为神经网络或类神经网络。它将大量处理单元进行互联，搭建出一种非线性、自适应的信息运算模型，并采取了并行分布式系统，使得它实时学习的特点得以很好地应用，是人工智能技术自进入高速发展时期后广泛研究的重点内容。人工神经网络的结构通常包含输入层、隐藏层、输出层。其中，输入层负责接收外部的信息和数据；隐藏层负责对信息进行处理，不断调整神经元之间的连接属性，如权值、反馈等；输出层负责对计算的结果进行输出。人工神经网络技术的成熟与发展为专家系统、模式识别、机器人学、生物、经济等多个方向的发展提供了支持。

18.2.5 深度学习

深度学习围绕着一种形态由数百万甚至数十亿个变量决定并不断变化的算法——深度神经网络，几乎每隔一段时间就有大量的新算法提出来。从算法层面来讲，未来深度学习算法可以分为三种基本的学习范式：一是混合学习，解决深度学习算法如何跨越监督学习和非监督学习之间的边界以适应大量未使用的无标签数据的问题——混合学习试图跨越监督学习和非监督学习的边界；二是复合学习，解决如何以创造性的深度学习算法将不同的模型或组件连接起来以生成一个大于各部分之和的复合模型的问题——复合学习意在利用几种模式的知识，而非一种，迁移学习就是复合学习的一个明显例子；三是简化学习，解决如何减少深度学习算法的规模和信息流的同时保持相同或更强的预测能力的问题，当前嵌入式人工智能时代需要轻量级人工智能——在保持性能的同时使神经网络更小。

18.2.6 数据挖掘

数据挖掘是从大量数据中挖掘出有价值的知识，然后对知识进行比较，总结出原理和法则。数据挖掘的主要方法可以概括为预测模型法、数据分割法、关联分析法和偏离分析法，其中预测模型法最为复杂，其过程需要涉及机器学习的大量算法。与机器学习自动从过往经验中学习新知识不同，数据挖掘是有目的地从现有大数据中提取数据的模式和模型，得到重要信息。数据挖掘的主要应用领域包括多媒体、计算机网络、计算机视觉和自然语言处理等。

18.2.7 自然语言处理

自然语言处理（Natural Language Processing，NLP）是一种以理论为基础的自动分析和表示人类语言的计算技术，主要包括机器翻译、问答系统和机器阅读理解等。自然语言处理是一门融语言学、计算机科学、数学于一体的科学，它可以将某一领域知识库进行特殊的处理后，针对用户提出的问题，系统将通过采用适当的策略给予一定的理解与分析。自然语言处理的研究分为两个方面，一是对书面语言的理解，二是对口头语言的理解，其中书面语言理解更容易让计算机处理。自然语言处理的主要步骤包含分词、词法分析、语义分析和语法分析等。

ChatGPT 是人工智能技术驱动的自然语言处理工具，它可以生成自然语言文本、回答问题、进行对话等。ChatGPT 使用了 Transformer 架构，并通过大量的语料库进行训练。ChatGPT 可以用于多种应用场景，如聊天机器人、文本生成、问答系统、机器翻译等。它可以帮助人们更方便地获取信息，提高工作效率，也可以为用户提供更加个性化的服务。不过，需要注意的是，ChatGPT 虽然功能强大，但它仍然是一种机器学习模型，其生成的文本可能存在一定的局限性和错误。因此，在使用 ChatGPT 时，需要对其生成的文本进行评估和验证。

18.2.8 知识图谱

知识图谱本质上是结构化的语义知识库，是由节点和边组成的一种图数据结构。由节点表示"现实"，由边表示"关系"，从而形成一个关系网络，根据这种技术，可以构造人工智能的神经网络，这种神经网络可以通过大量数据的联系进行计算，在交通管理领域开展重点运输企业风险评价、重点车辆源头管理、高风险交通企业画像报告等应用。

18.3 在智能交通管理领域的应用

18.3.1 视频图像识别

在交通管理领域，图像识别技术的应用十分广泛，例如采用人脸识别技术，对驾驶人、行人等进行人脸识别和身份验证，可进行违法抓拍和教育警示等。再例如，在实现精准、智慧识别的基础上，对道路的实时交通拥堵情况、人/车流量状况进行判断，并将判断结果上传到中央处理系统，最终实现智能交通管理。

18.3.2 自动驾驶

随着人工智能技术在智能交通领域中的不断深入，自动驾驶汽车充分利用人工智能技术，基于计算机系统来实现自动操作和驾驶。自动驾驶汽车的应用不仅依赖于人工智能技术，还充分利用了计算机视觉技术，通过智能规划行车路线，来促使汽车在无人驾驶的情况下按照既定的程序进行操作。

18.3.3 智能信号控制

在实际交通信号控制情景中，利用人工智能技术对道路路况进行识别，并对不同方向来车的车流量进行比较，最后基于交通识别系统对当前道路车流量进行测算，并对周围几个交通路段进行车、人流量对比分析，能够准确获得当前最佳绿灯秒数。此外，还可以在区域路口之间协调联动信号灯控制，在高峰时刻进行区域整体调度，避免局部路口车流聚集溢出，车辆挤占造成通行效率下降，以达到高峰时期单位时间通行量上升、车均延误下降的优化效果，以此来提高城市通行效率，解决交通拥堵问题。

18.4 发展趋势

随着计算机性能的不断提高，人工智能技术得以快速发展并运用到交通领域。人工智能技术的发展趋势是智能化程度将会不断提高，未来的人工智能系统将会越来越智能化，能够更加自主地进行学习和创新。人工智能的交互方式将会变得更加人性化，未来的人工智能系统将会更加注重人机交互体验，采用更加智能、自然的交互方式。

随着人工智能技术的不断发展，人们的生产生活方式也得到了极大的改变，人工智能技术在交通管理领域内实现了广泛的应用。

第 19 章
车路协同技术

Chapter Nineteen

19.1 概述

车路协同技术，又称智能车路协同系统（i-VICS，intelligent Vehicle-Infrastructure Cooperation Systems），是采用先进的无线通信和新一代互联网等技术，全方位实施车-车、车-路动态实时信息交互，并在全时空动态交通信息采集与融合的基础上开展车辆主动安全控制和道路协同管理，充分实现人-车-路的有效协同，保证交通安全，提高通行效率，从而形成安全、高效和环保的道路交通系统。它是由智能车、智能路、智能网和智能交通功能有机协同组成的新一代智能交通系统。

回顾车路协同概念的诞生历程，21世纪初以美国为代表的发达国家提出了车车通信（V2V Communication）技术，旨在减少车辆驾驶过程中一些特殊场景的碰撞事故，随后得到日、欧等国家和地区的高度重视，先后启动了相关的国家研究计划。经过十几年的发展，基于车路协同技术的行车安全被公认为是继安全带、安全气囊后的新一代交通安全技术，基于此理念形成的示范系统有美国的MCity、荷兰的ETPC、瑞典的AstaZero和日本的Jtown等。为加快车路协同技术的应用，美国密歇根大学、明尼苏达大学等提出并建立了针对智能网联汽车评价的硬件在环仿真测试环境；2015年美国交通部还在纽约市、坦帕市和怀俄明州三地启动了智能网联汽车测试。

结合新一代互联网和传感器网络技术，从获取人-车-路-环境的全时空交通信息出发，我国科学家在21世纪初同步提出了车路协同概念，并于2011年得到国家支持开始全面推进相关研究。2011年，科学技术部在863计划中设立了我国首个车路协同关键技术研究项目，2014年清华大学牵头的项目团队研发了智能车路协同集成测试验证实验系统，随后我国分别在上海、重庆等地建立了智能网联汽车测试示范区。继首个863计划主题项目"智能车路协同关键技术研究"完成以来，我国又在"十三五"国家重点研发计划中设立了车路协同相关基础理论研究、关键技术研发和示范应用建设等多个项目，在基于车路协同的智能交通系统体系框架、多模式无线通信、交通环境协同感知、群体智能决策与控制、车路协同的自动驾驶和五跨（跨通信模组、跨用户终端、跨汽车企业、跨地图厂商、跨安全平台）互通互联功能集成等方面取得了整体国际先进、部分国际领先的卓越成果。

随着智能车路协同系统的进一步发展和推广应用，基于全时空交通信息的协同感知、融合和交互，实现车辆群体智能决策与协同控制，并推进基于车路协同的自动驾驶中国发展路线，已成为我国智能交通的战略发展内容。国外近年来逐渐开始关注以智能网联车辆为对象的新型混合交通协同管控问题，但较少关注"智能的路"在提升交通管控性能中的重要作用，相关研究仍处在初级阶段，尚未形成系统的理论与方法体系；而国内依托在智能车路协同技术及其系统建设方面的发展优势，在基于车路协同的智能交通系统体系框架，由多模通信、智能网联、信息安全和系统集成形成的智能车路协同系统构建关键技术，以及由协同感知、协同决策与控制、仿真测试验证和车路协同自动驾驶形成的智能车路协同系统应用关键技术方面，开展了一系列相关研究工作，尤其是在交通群体协同决策与控制方面提出了较国内外现有方法效果更优的策略。

19.2 关键技术

智能车路协同系统是跨多个技术门类的集成应用系统，其关键技术包括起到基础网络支撑作用的多模无线通信技术、支撑其关键应用的群体协同决策控制技术、拓展其信息范围的状态协同感知技术、提升其数据运维能力的大数据融合处理技术、服务其系统集成的车路协同系统平台以及保证其信息安全的信息安全技术，依托这些关键技术，车路协同系统的各项服务功能得以实现。下面将具体对各项关键技术进行介绍。

19.2.1 车路协同系统平台

智能车路协同系统由以信息为核心的、提供不同层次功能的五层平台和一个支撑体系组成，如图19-1所示。智能车路协同系统五个层次的功能平台，从下至上依次为信息采集融合平台、信息交互共享平台、信息协同处理平台、信息安全保障平台和信息功能服务平台，它们分别完成不同层次下以信息为中心的层次化功能，即信息采集融合、信息交互共享、信息协同处理、信息安全保障和信息功能服务等；同时，智能车路协同系统通过制定的统一的系统标准与管理支撑体系对接外部系统。

1）信息采集融合平台是智能车路协同系统的基础平台，负责完成所有交通数据的采集与信息融合。它通过综合应用多类传感技术，获取交通参与者（行人、驾驶人、乘客）、交通工具（汽车、火车、飞机等）、交通对象（旅客、货物）、交通基础设施（道路、铁路、港口、机场、航线等）、交通环境（天气、温度、湿度等）、事件（事故、管制等）等交通要素的基础数据、身份信息和运行状态等。

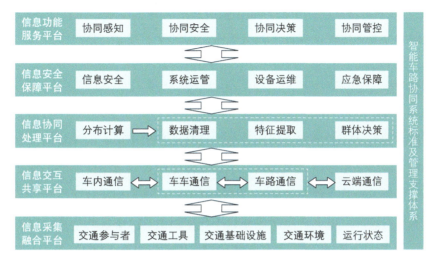

图 19-1　智能车路协同系统体系结构示意图

2）信息交互共享平台是智能车路协同系统的通信平台，负责完成所有交通要素间交通数据的实时交互和共享。它依托多模式无线通信手段，包括无线通信、无线网络和专程通信等，实现车路协同环境下的车内通信、车车通信、车路通信和云端通信等，完成所有交通要素间的实时、动态联网，从而构建起有效的信息交互平台，支持人、车、道路和环境的实时状态和信息的有效交互。

3）信息协同处理平台是智能车路协同系统实现任务协同的重要平台，负责实现系统级的各类交通信息的协同处理，以提供系统运行所必需的基础性功能。它将整个交通系统看作交通参与者、交通工具、交通对象、交通基础设施、交通环境所构成的整体，通过数据清理、数据融合、数据预测、数据补偿和数据挖掘等方法，对交互平台提供的交通信息实施协同处理，为系统相关功能服务的开发奠定数据基础。

4）信息安全保障平台是智能车路协同系统的辅助性平台，但却是不可或缺的重要环节，负责完成系统感知层、网络层和应用层的信息安全管理。它采用相关的认证技术、编码技术、容错技术和防灾技术，保证用户安全、数据安全、网络安全和系统安全，通过提供信息安全、系统运管、设备运维、应急保障等功能，为车路协同系统的正常工作提供必需的安全和服务支撑保障。

5）信息功能服务平台是智能车路协同系统得以应用的重要平台，负责支持系统所有功能的开发和实现，并在此基础上提供必需的车路协同功能和服务。它在信息采集融合平台、信息交互共享平台、信息协同处理平台和信息安全保障平台的基础上，采用统一的系统标准和管理协议，支持基于跨平台的服务功能开发，面向个人、企业和行业管理开放各类服务，并提供包括主动安全、交通管控、检测辅助和行业管理等在内的相关服务。

6）系统标准与管理支撑体系是智能车路协同系统联系其他已有交通系统的重要纽带。它通过一系列的标准和协议，保证不同交通系统间的互通互联、信息交互、功能协同和服务集成。

19.2.2 多模无线通信技术

考虑车辆的高移动性和道路交通所处的广域环境，采用单一的无线通信模式无法满足实际应用需求，需要采用多模无线通信技术，以保障所有交通主体能够实现任何时间、任何地点和任何交通主体基于现存通信模式的互联互通。这是构建智能车路协同系统的技术基础和必要条件。目前，可支持车路协同技术在不同场景、条件和功能下应用的无线通信模式有 DSRC、EUHT、WiFi、红外、蓝牙、1X、2G/3G/4G、LTE-V 和 5G 等。上述常用的通信模式主要可分为移动通信模式、无线通信模式、专用通信模式和其他通信模式。根据目前的应用情况，这些无线通信模式对应的通信系统及使用范围比较见表 19-1。

表 19-1 无线通信模式对应的通信系统及使用范围比较

分类	通信系统	通信模式	使用范围
移动通信模式	基于移动网络系统	3G/4G/5G……	车/车/路间通信
无线通信模式	基于无线网络系统	WiFi（Ad Hoc…… ）	车/车/路间通信
专用通信模式	基于专用网络系统	RFID/DSRC……	车/车/路间通信
其他通信模式	基于其他通信系统	蓝牙/红外……	出行者/路间通信

根据不同的车路协同系统应用场景，下面将分别从车内通信、车车通信、车路通信和异构网络融合技术等方面进行具体介绍。

1. 车内通信

车内通信网络主要基于各种高速控制器局域网（Controller Area Network，CAN）展开，可实现汽车发动机管理系统、变速器控制器、仪表装备和电子主干系统等关键系统和部件间的有线组网。随着对汽车安全和舒适性的需求不断提高，要求配置的相关功能越来越多，支持这些功能的传感器、传输装置、电子控制单元（Electronic Control Unit，ECU）的数量也在持续上升。因此原有车载 CAN 总线必须进行改进和提升，要求新的车内通信协议不仅能够为各类功能提供高速且可靠的数据传输，而且还需支持具有容错保证的分布式网络系统。同时，车内通信网络还可以支持部分无线通信组网，以保证在特定检测环境下稳定可靠地获得车辆速度、重量、温度、湿度和胎压等关键物理量。车载诊断系统（On Board Diagnostics，OBD）通过与胎压检测装置、车道偏离警示系统、后方碰撞预警系统、驾驶人状况监测装置整合，即可为驾乘者提供更舒适的驾驶体验、更安全的驾驶保障、更绿色和环保的出行。

2. 车车通信

专用短程通信（Dedicated Short Range Communication，DSRC）可以完成车与车间的点对点通信，但是只采用专用短程通信技术将车与车之间构成一个无缝的、联通的网络仍存在挑战。随着专用短程通信技术的提升，包括数据传输速度的提升、通信带宽的扩大和安全机制的完善，目前已形成了基于专用短程通信技术的车车自组织网络的协议与技术标准，解决了短程通信环境下车载通信单元数据量突发与带宽受限的矛盾，可提供专用短程通信自组织网络中的身份认证及隐私保护技术框架。近年来，移动通信和无线通信的发展及其在交通领域中应用的拓展，为车车通信带来了新的发展空间，尤其是下一代互联网IPv6的推广和5G技术的逐步应用，使多模式通信环境下的车车通信环境的构建得以实现，成为智能车路协同系统中车车通信技术的一个崭新的发展方向。

3. 车路通信

车路通信网络是建立在车载单元和路侧单元之间的无线通信网络，以高效的广播数据传输、端到端数据流存储、低延迟动态多跳路由协议、高速运动节点网络自组织传输控制、基于优先级的流量公平性控制和安全认证与信息加密为主要特征。在智能车路协同系统环境下，车辆的相关信息包括工作状态、运行参数和报警信息等，可以通过车路通信通道传送到路侧设备，并可根据不同需求经融合处理后再集中传送到交通管控中心，与此同时，交通管理中心的相关信息，包括交通环境状态、交通管控指令和在途诱导信息、道路及基础设施的相关信息，都需要及时地通过车路通信通道传送给在途车辆。目前有多种公共网络可用于车路通信，比如各种制式的2G/3G/4G/5G（GSM、CDMA、TD-SCDMA、CDMA2000、WCDMA、LTE TDD/FDD）、专用短程通信、宽带无线接入网（WLAN）、基于MESH和RFID的车载无线自组网（VANET）以及无线广播网（FM/DMB-T/CMMB）等。

4. 异构网络融合技术

为使智能车路协同系统能够在不同的工作条件下，构建形成具有实时性和可靠性保证的通信环境，应尽量支持已经在日常生活中得到广泛应用的各种通信网络。目前，主流的无线通信异构网络有移动通信网络（2G、3G、4G和5G）、卫星网络、GPRS、WLAN、移动自组织网络（MANET）、WiFi和无线传感器网络（WSN）等。以上异构无线网络的出现是面向不同应用场景和目标用户的，但其在车路协同环境下的融合必须采用通用且开放的技术，其融合包括接入网融合、核心网融合、终端融合、业务融合和运维融合等。这些异构无线网络技术融合的研究内容主要包括面向高速多媒体应用的服务质量（Quality of Service，QoS）和服务体验（Quality of Experience，QoE）保障技术、异构网络中的多无线电协作技术、异构无线网络互联安全问题、车路协同系统中的认知无线网络、面向海量数据的混合网络编码技术、车路协同系统中面向海量数据传输的绿色通信技术等。

19.2.3 状态协同感知技术

随着传感器网络技术、无线通信技术的快速发展，自动感知和泛在感知技术的出现，极大地改变了传统观念上的交通系统检测方法和手段，宽覆盖、长寿命、高精度、网络化和移动性的多维状态感知已成为智能车路协同系统的重要且基础的内容。

现代交通状态技术与传统状态感知技术的最大区别，就是近年来引入了传感器网络、车联网、物联网和下一代互联网等技术，由此催生了宽覆盖、长寿命、高精度、网络化和移动性等新特性。这些新技术的最新发展，有效拓展了交通状态和信息的获取途径和手段；以服务交通出行为目的，交通状态感知模块还可实现基于出行者视角的多模式交通状态感知、基于视觉感知的交通状态识别和基于移动式设备的交通状态感知，为兼顾效率和环保的多模式绿色出行诱导策略提供支撑。

根据交通信息的获取过程和发展阶段，交通状态的感知可分为直接感知、间接感知、泛在感知和协同感知，下面将分别进行介绍。

1. 直接感知

纵观智能交通系统的发展过程，传统的交通信息采集手段和方法便是我们所说的交通状态直接感知。传统的交通信息采集大多依靠分布在各个道路断面上的交通参数检测器实现，如线圈、超声波、红外和微波等，但这些手段一方面只能获取道路交通断面信息，另一方面传统手段获取的信息种类有限，大多仅以车辆检测为主。

基于视频的交通状态感知也是一种直接感知手段，对其他传统感知手段的提升，大大扩展了能够感知的范围和种类。它利用视频信息的丰富性，可以实现基于车辆模型的运动估计、基于行人微观行为的轨迹识别等。以这些研究成果为基础形成了一系列视频检测系统，在美国华盛顿州林伍德（Lynwood）、意大利布雷西亚（Brescia）和维罗纳（Verona）之间的高速公路等地都有配备，在我国北京、上海、广州等城市也已得到广泛应用。

此外，新的交通状态感知手段还包括采用传感器网络和移动自组织网 Ad Hoc，采用车载传感器采集交通信息并通过网络传输与融合得到较为全面和准确的网络交通状态等。美国加州大学伯克利分校（University of California, Berkeley，UC Berkeley）和洛杉矶分校（University of California, Los Angeles，UCLA）在传感器网络建模、路由管理、能量优化、系统复杂行为分析等方面都开展了比较多的工作。

2. 间接感知

浮动车检测（Floating Car Detection，FCD）技术的应用是实现交通状态间接感知的一种有效手段。通过采集交通系统中具有特定用途的车辆如出租车和公共汽车等的运行信息，可以推算出所对应的实际交通系统的运行状态，包括畅通、拥堵和交通事件等。这种方法和由此而构成的系统已在以色列、德国、美国和中国等国家得到了充分应用，并取得了良好效果。

随着传感器网络技术和多种无线通信技术的出现和快速发展，原本与交通系统并无关联的系统和技术如移动通信和蓝牙（Bluetooth）技术成为交通状态感知的有效途径。由于世界范围内智能移动终端的大量普及，手机和具备蓝牙通信功能的个人终端已成为人们日常生活的重要内容，通过这些智能移动终端在通信网络中的移动和变迁，即可有效地感知不同人群的迁移过程和迁移特性，结合交通出行特征即可有效地感知交通系统的状态和变化过程。

交通状态感知的最新成果表明，在新型的车路协同系统框架下，基于海量交通信息融合、大数据管理和云计算技术，交通信息扩展了其范畴，不仅仅包含道路交通数据，还纳入了天气、道路环境、行人非机动车、公共交通运行、车辆微观行驶状态等信息，使得系统能够通过间接方式充分地实现对路网交通状态、区域驾驶环境状态、混合流分布状态、各交通模式负载状态等各类交通状态的分析和感知，如关注描述全路网交通状态的网络层次交通状态的获取和感知，以及针对个人信息服务等应用目的的交通出行感知、个体交通行为感知，还有随着绿色交通的热度持续提升而出现的对交通车辆尾气排放感知等。

3. 泛在感知

交通状态的泛在感知是在直接感知和间接感知的基础上，基于传感网、大数据、云计算、云存储等主动感知和泛在感知技术得以实现的。它可完成对交通基础设施、交通工具运行状态、行人出行需求和货物运输需求进行实时感知，为构建全景环境下的道路交通运输协同系统提供完整全面的信息保障。

智能车路协同系统将交通参与者、交通工具、交通基础设施与交通环境紧密联系起来，通过"泛在、可视、可信"的智能体系，使得交通的管理方式和服务方式得到提升，其核心是对交通要素的实时感知，通过传感器网络的协作将各个传感器模块作为节点，实现全域环境信息的协同和无缝感知，为车路协同系统提供完整的交通状态感知，全面感知车辆的运行状态（车辆当前的车速、侧向加速度、车辆在车道中的相对位置、车辆行驶的轨迹与方向）、车辆的控制状态（节气门开度、转向盘变化、是否打转向灯等）、周边道路交通环境状态（一定范围内周边车辆与本车的相对距离、方位及速度或相对速度，行人及前方车辆位置，障碍物的距离与方位，道路标志标线相关信息等）。

基于智能车路协同系统的交通状态泛在感知，即在获取全景交通系统信息的条件下，通过分析交通环境的内在特征，实现全景信息环境下的交通环境重构及特性再现，这是未来智能车路协同系统的基础，也是重要的研究内容。

4. 协同感知

随着智能网联技术的进一步发展和预期可见的广泛应用，协同感知技术成为近期智能交通领域颇受关注的一种新型感知技术。协同感知基于车路协同技术平台，可丰富交通状态全局感知的体系架构，将车载、路侧和多传感器集成于一体，实现多模态、多视角、超视距的感知理解；可融合跨平台的同类/异类、同构/异构传感器实施感知，提升协同平台的感知能力与效果；可有效提高系统感知可靠性与精确性，尤其是可以满足自动驾驶操控的需要；可引入集边缘计算、局部计算和云端计算为一体的分布式计算体系，以满足协同感知对计算实时性的要求。

有别于传统交通状态感知，车路协同环境提供的全时空动态交通信息实时共享，使位于不同平台、不同场景下的多传感器实施信息融合成为可能，由此可实现复杂交通场景下跨平台多传感器的多视角和超视距的协同感知。这里所说的超视距感知，通常特指传感器感知范围之外或无线通信直联范围之外的交通环境的感知。车路协同环境下交通状态协同感知研究框架如图19-2所示。

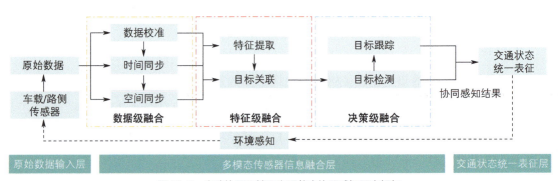

图19-2 车路协同环境下交通状态协同感知研究框架

面向车路协同环境下车端感知设备与路侧感知系统构成的各种感知场景，交通环境协同感知技术需考虑车载与路侧、运动与静止、同构与异构、同类与异类、同步与异步等不同条件下的多传感器协同感知方法，并使用统一的描述模型来刻画交通状态。如在超视距感知场景中，前车完成对周边环境的感知后，利用网联平台及两车间的空间关系，使后车获取后车感知范围以外的环境状态。

交通状态协同感知主要由原始数据输入层、多模态传感器信息融合层和交通状态统一表征层构成，其中多模态传感器信息融合层包含对多模态的感知信息在数据级、特征级以及决策级的融合。基于多模态传感器的数据输入，在信息融合并对交通状态进行统一表征的基础上，实现对交通环境多视角、超视距的全局感知，为后端的决策控制提供可靠的信息来源。

19.2.4　大数据融合处理技术

随着交通状态感知手段和信息交互技术的不断更新，可获得的交通信息呈现出丰富、海量和异构等特点，如何对这些数据进行协同处理和综合分析并最终形成决策信息，对于智能车路协同系统具有非常重要的意义。

在智能车路协同系统中，数据融合和协同处理是整个系统的基础，其绝大部分功能的实现都需要建立在完备的交通信息之上。由于智能车路协同系统的服务都是基于以各类异构、动态、海量数据的处理为核心的应用集合，即都是基于对所谓的交通大数据实施的协同处理的应用集合；且由于这些海量数据存在异构性、规模性与复杂关联特征，其处理需要具有高度灵活的协同机制，需要综合有效地利用复杂环境下的多源异构数据，融合互补的数据并消除数据冗余，即需要目前所谓的基于云计算的信息融合方法，从而在数据级、特征级和决策级3个层面实现交通数据的多层融合与协同处理。

具体而言，交通数据的融合与协同处理主要包括数据级、特征级和决策级3个层次的工作，下面将分别进行介绍。

1. 数据级

数据级信息融合与协同处理主要实现基础交通数据的融合与处理，包括交通系统的异常数据筛选、海量数据存储、缺失数据修复、多传感器融合以及数据格式配准与统一等。

2. 特征级

特征级信息融合与协同处理主要实现断面交通数据即各类交通状态的融合与处理，包括单路段交通信息的特征提取、状态感知、模式复现、交通监管以及事件检测等。

3. 决策级

决策级信息融合与协同处理主要实现针对交通状态预测以及决策支持的处理，主要包括路段或路网的短时交通流预测、旅行时间预测、交通时间预测以及 OD 预测等。

19.2.5　群体协同决策控制技术

交通群体协同决策与控制是智能车路协同系统应用的核心内容。在智能网联环境下，交通系统自身拥有的自组织、网络化、非线性、强耦合、泛随机和异粒度等系统特性开始凸显出来，尤其是交通主体拥有的智能决策与行为，催生了交通群体的协同决策与智能控制，由基本场景构成的实际交通应用环境如图 19-3 所示。

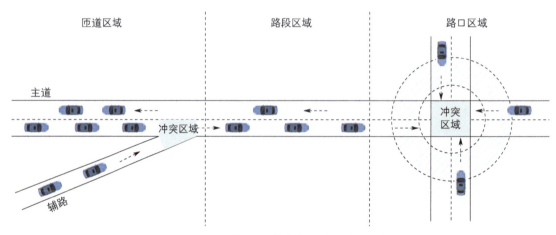

图 19-3　由基本场景构成的实际交通应用环境

任意的道路交通场景均可看作路口、匝道和路段三种基本场景的组合，简化的组合形式如图 19-3 所示。针对智能车路协同环境下新型交通系统的复杂性和开放性（无主次之分、无统一目标和无系统边缘）等问题，引入泛在分布式与情景驱动下动态集中式相结合的协同决策与控制机制。泛在分布式体现在道路上的每辆车或等效体被看作独立的智能体，无主次之分，独立自主决策与控制，此时的管控目标是实现自身单个或多个优化目标的最优。情景驱动下的动态集中式应用在典型的交通瓶颈区域（如高速公路匝道和城市交叉路口等），通过路侧设备的集中协调实现局部区域的系统最优。在实际交通系统中，车辆行驶安全与道路交通管控均可分解为系统优化、路权分配和轨迹规划 3 个层次的任务，群体决策任务分解与对应的主要内容如图 19-4 所示。

不失一般性，以道路交叉口应用场景为例，车路协同环境下交通群体协同决策与控制均可用普适

图 19-4　群体决策任务分解与对应的主要内容

性的模型进行表征，如图 19-5 所示。

1）系统优化模型		
• 行驶安全—安全距离 $R_i = \{p_i(t) \| \forall t \in [t_0^i, t_{assign}^i]\}$ $R_j = \{p_j(t) \| \forall t \in [t_0^j, t_{assign}^j], j \in S_t E_i\}$ $S_i(t) = p_i(t) - p_j(t) \geq \delta, \forall t \in [t_0^i, t_{assign}^i]$ 需要保证同一车道上行驶的车辆不得发生追尾碰撞，即任何时候两车间距须大于安全距离	• 通行效率—通行时间 $F = \omega_1 \max(t_{assign}^i) + \omega_2 \sum_{i=1}^{n}(t_{assign}^i - t_{min}^i)$ 需要保证所有车辆的通行时间和通行延误时间的加权和最优	• 能耗排放—加速度 $A = \sum_{i=1}^{N} \sum_{k=1}^{T_i} a_i^2(k)$ 大多数车辆的能耗排放和舒适度均因加速度引起，需要保证加速度综合指标最优
2）路权分配模型 $\min_{t_{assign}, i, k, b} \sum_{i=1}^{N} \frac{j_i}{N}$ 需要保证通过路口的所有车辆在特定路权分配策略的条件下延误时间最优	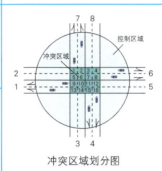	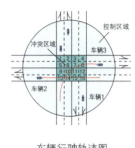
3）轨迹规划模型 $\min_{u(t)} \frac{1}{2} \int_{t_0}^{t_{assign}} u^2(t) dt$ 需要保证所有车辆在具备良好舒适性的条件下实现轨迹控制	冲突区域划分图	车辆行驶轨迹图

图 19-5　道路交叉口群体协同决策控制模型

将上述模型分别应用于快速路和城市道路的交通管控，并采用树搜索、动态规划、规则和分组等方法实现路权分配，即可实现包括快速路可变限速协同控制、公交优先场景下道路车辆群体协同控制和新型道路信号灯与通行车辆间的协同控制等在内的应用。

现阶段，智能车路协同环境下典型的交通群体协同决策与控制应用场景包括无灯控场景下的交叉口通行、匝道协同汇流和路段编队/借道超车、灯控场景下的匝道和路口协同通行，以及信号灯-车辆协同控制、快速路-灯控路口一体化协同控制和多匝道快速路一体化协同控制等。

19.2.6　信息安全技术

智能车路协同系统的信息安全应该包含计算机信息安全、移动通信信息安全和交通数据可信（基于交通业务信息的可信交互）安全三个层次。基于车路协同的交通系统信息安全技术框架及其支撑环境如图 19-6 所示。

计算机信息安全技术主要解决由人、车和

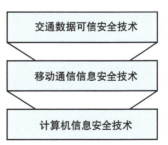

图 19-6　基于车路协同的交通系统信息安全技术框架及其支撑环境

基础实施等交通参与者在网联环境下形成的泛在计算机网络系统的信息安全保证问题；移动通信信息安全技术主要解决通过各类无线通信管道传输的信息安全保证问题；而交通数据可信安全技术主要依托交通系统实时数据的业务特性，如位置信息的实时性、车辆行驶轨迹的连续性和驾驶行为的局限性等，实现对交通参与者提供的业务数据的可信甄别。

19.3 在智能交通管理领域的应用

车路协同技术的应用场景非常丰富，既可以服务于个体用户，提升其出行服务、保障其交通安全，也可以服务于中观层面的区域交通诱导与控制，还可服务于宏观的路网运行安全及效率的提升等。无论服务于哪个层次，从其功能维度来分析，可以将车路协同的应用场景归为3大类：交通安全保障、交通管理效率提升、出行服务优化，下面将分别对3类场景进行简要介绍。

19.3.1 交通安全保障

得益于全时空的信息交互，车路协同可以有效提升交通参与者、交通系统的安全运行水平。如具备车路协同通信设备的车辆间通过实时通信，或车辆分别与路侧设备进行通信，在行车视野盲区能够提前发出预警信息，可以有效降低碰撞的风险和事故发生率。在发生轻微交通事故或需要临时封闭道路的区域，采用车路协同技术，对后方来车及时进行提示预警，对上游车辆进行限速、诱导分流等管控措施，可以有效降低二次事故的发生率。在恶劣天气条件下，基于车路协同技术可以克服恶劣天气造成的视线不良等因素，提升在异常天气下交通系统的服务水平和安全性。在自动驾驶车辆运行支撑保障方面，车路协同技术能够克服单车感知和决策的瓶颈，为自动驾驶车辆提供更丰富的信息来源，实现协作式驾驶，能够有效提升车辆运行安全性。

19.3.2 交通管理效率提升

在车辆和路侧设施具备实时通信条件时，车辆可以提前获取前方道路交通的实时情况，为调整其合适的驾驶策略和行驶速度提供支撑，可有效降低停车次数、提升通行效率、降低燃料消耗和排放。当车车间具备实时通信条件时，在换道、跟驰等驾驶过程中，车辆可基于车车实时交互信息，完成最优通行策略和轨迹方案计算，实现协作式通行，能够降低车辆交织行驶中的博弈冲突延误，提升车辆运行效率。在车车间、车路间都具备实时通信条件时，可以实现大规模的车辆群体协同决策与控制，此时将以区域的整体最优为目标来进行计算，车辆的轨迹方案、信号配时方案、车道允许通行方向等都将作为系统优化的参数变量，系统整体运行效率得以提升。在自动驾驶队列行驶过程中，基于车路协同技术，还可以实现队列的同步运行，对于缓解传统车辆构成的交通流冲击波扰动延误具有显著作用。

19.3.3 出行服务优化

在出行体验方面，车路协同技术也具有显著优势。车辆通过与互联网的实时连接，可提供更丰富的信息来源，支持驾驶过程中的导航、信息、生活、娱乐等服务，如查询充电桩、周边餐厅、停车场、路况、气象等信息，未来基于车路协同的自动驾驶应用落地后，车辆作为出行工具的同时，将更多体现其移动办公、娱乐、生活的属性，为交通参与者带来更好的出行体验。车辆通过与路侧、周边车辆的实时交互，能有效降低其出现急制动、急加速、急转向等危险操作的频率，基于更丰富的信息来源和服务支撑，驾驶过程变得更加有预见性，更加合理的行车路线及驾驶操控得以实现，基于这些应用，在获得安全性保障的同时，驾驶过程的舒适性体验得以提升。对于特殊用户，如急救车、特勤保障车辆，基于车路协同技术，可实现绿色通道快速搭建，在为交通管理者提供更加丰富的技术措施的同时，也为特殊用户提供更加快速和安全的通勤保障服务。

19.4 发展趋势

智能车路协同技术已经成为当今国际智能交通领域的前沿技术，将综合应用相关前沿技术，全方位实施车车、车路之间的动态实时信息交互，并在全时空动态交通信息采集与融合的基础上开展车辆主动安全控制和道路协同管理，以充分实现人–车–路的有效协同管控，是解决道路交通安全、提高通行效率和减少交通污染的有效途径。开展车辆协同关键技术研究，建立适合交通管理需求的智能车路协同系统，对于加快促进交通安全从被动到主动模式的转变，推动交通战略性新兴产业的跨越式发展，引领世界范围内智能车路协同系统的未来具有重要作用。

第20章
边缘计算技术
Chapter Twenty

20.1 概述

智能交通管理系统近年来的发展中所涉及的检测设备数量日渐增加，尤其是物联网、车联网等的发展以及数据的急剧增加对未来智能交通管理系统的建设提出了更高的实时性智能化要求，边缘计算因其技术特点和优势正逐步在智能交通管理系统得到应用。

边缘计算指在数据源头的物或者网络边缘一侧，拥有网络、计算、存储、应用核心能力的开放式平台。边缘计算可以为智能交通管理系统提供在快速连接、数据融合、实时业务、智能应用、安全隐私保护等方面所需要的智能服务。

通过在终端设备和云之间引入边缘设备，边缘计算将云服务扩展到网络边缘。由此，边缘计算的架构包括终端层、边缘层和云层3个层次。

1）终端层：最接近终端用户，由各种物联网设备组成，例如传感器、智能手机、智能车辆、智能卡、读卡器等。主要负责收集原始数据，并上传至上层进行计算和存储。

2）边缘层：位于网络的边缘，由大量的边缘节点组成，通常包括路由器、网关、交换机、接入点、基站、特定边缘服务器等，能够对终端设备上传的数据进行计算和存储。

3）云层：由多个高性能服务器和存储设备组成，具有强大的计算和存储能力，可以执行复杂的计算任务以提供更好的服务。

边缘计算技术可以满足如下需求：

1）大数据实时处理：随着智能交通管理系统中检测终端的增加及检测数据量的不断增长，在网络边缘侧需要实时处理的数据量将越来越多，全部通过集中计算将带来通信、计算等方面的压力。

2）业务实时性需求：交通信号控制优化、车路协同控制等都需要实时计算与优化等，而随着边缘设备数据量的增加，全部传输至中心需要的时间难免增加，因此，未来全部业务都在云端部署将面临业务实时性需求的挑战。

3）智能化应用需求：随着数据量的增加及人工智能算法的应用，智能交通管理系统未来将在智能化角度不断发展，业务流程、运行维护等的智能化发展及模式创新，需要有更为灵活的机制。在此背景下，未来的智能交通管理系统的发展需要充分考虑边缘计算的应用。

20.2 关键技术

由于边缘计算靠近信息源，可以在本地进行简单的数据处理，不必将所有数据或信息都上传至云端，这将使得网络传输压力下降，网络堵塞减少，网络速率也因此大大增加。下面将具体对各项关键技术进行介绍。

20.2.1 分布式计算

边缘计算的一个重要特点是分布式计算，即将计算任务分配到不同的节点上进行处理。这可以有效地提高计算效率，并降低中心化计算的能耗和延迟。

20.2.2 缓存技术

在边缘计算中，缓存技术也是非常重要的。通过缓存数据，可以在本地节点上进行快速的处理和计算，进一步提高了计算的效率。

20.2.3 数据加密和安全性

由于边缘计算通常涉及大量的敏感数据，因此数据加密和安全性成为边缘计算的关键技术之一。需要使用先进的加密算法和技术，保护数据的隐私和安全。

20.2.4 软件和硬件优化

在边缘计算中，软件和硬件的优化也是非常重要的。需要通过优化算法和硬件设计，提高计算的效率和稳定性。

20.3 在智能交通管理领域的应用

由于边缘计算所具有的优势和特点，例如，可以就近提供智能互联服务等，近年来，相关学者和单位已经开始边缘计算在智能交通系统领域的技术研究和实践应用，包括但不限于自动驾驶、车路协同、智能交通管理、智慧公交、智慧停车等各个领域，在此主要介绍边缘计算在智能交通管理系统中的探索和尝试。

鉴于边缘计算所具有的特性，目前在智能交通管理系统中主要有如下相关领域的研究和尝试。

20.3.1 信息采集与交通流状态识别

交通流信息采集和交通流状态的精准识别、预测等是进行道路交通管理的重要基础，而随着交通流信息采集设备所采集数据精度的提高、数据量的剧增，在对较大道路规模的交通流状态进行实时精准分析及预测时，需要能够在道路边缘端快速完成数据处理和计算，从而有效缓解中心平台数据处理实时性和可靠性较差等痛点。

当前，随着道路交叉口各类智能化设备的不断增加和智能化程度的不断提高，"智慧路口"的概念应运而生。在体系结构方面，在路口层面基于边缘计算构建了分布式通用计算框架，为上层应用层的智能交通模型与实时决策指挥调度提供数据与计算框架支持。在实际应用中，"智慧路口"将交叉口相关的各类设备进行直接互联，完成实时数据采集，并基于边缘计算架构直接在交叉口本地进行数据处理、模型计算、配时优化等工作，形成道路交叉口处的边缘计算的创新应用，并可以与云端的平台进行配合。

20.3.2 交通信号控制

交通信号控制是城市智能交通管理工作中最为重要和基础的核心部分，直接影响城市路网交通流的正常运行。交通信号控制的实时优化需要基于当前路口的各方向交通流信息以及周边路口、路段的交通流运行状况，并且将来还将与众多可以联网的车辆进行信息交互，因此，需要能够实时处理大量数据并运行信号控制优化的智能算法以提供最优的信号配时方案。

基于交通信号控制机构建边缘服务器，从而赋予其更好的数据计算、网络通信、数据存储、智能应用能力。边缘服务器接收由前端各类检测设备传输回来的各种感知数据和管理请求等，经分析运算后将控制结果返回边缘设备，如交通信号控制器。在此过程中，边缘服务器通过接入交叉口所有相关的智能硬件以及与周边路口、路段的信息共享，实现对该路口相关交通信息的全面感知。此外，边缘服务器还承担信号配时计算任务，根据信号控制实际需要进行路口、干线、小区域等的交通信号控制优化，以及根据交通管理需要进行各类交通状态参数等的计算。

与传统的信号控制机相比较，基于边缘计算的交通控制服务器的典型特征为具有更为强大的数据计算处理能力、高速响应和实时计算的能力等。因此可以利用其接近前端设备的优势，更为迅速地进行交通状态的运算分析，更为快速地形成信号控制方案等管控措施；同时具有较高的鲁棒性，在与中心通信中断的情况下，也可以保证边缘计算交通控制服务器控制范围内的交通控制工作正常运行；亦可利用边缘计算的高实时性运算等特征来满足未来的车路协同、自动驾驶等的需求。

20.4 发展趋势

目前，边缘计算尚算刚刚兴起，在很多领域的应用亦在探索之中，未来，随着各个行业数字化转型进程的不断深入，边缘计算的发展亦将持续走向纵深。总体而言，边缘计算的发展阶段可以分为以下3个阶段：

1）连接：实现终端和设备的大规模、异构、实时连接，确保连接的安全性、可靠性和互操作性。

2）智能：边缘方面引入数据分析和业务自动处理功能，支持大部分的数据分析与业务处理工作，在中心的统一管理下执行业务逻辑。

3）自治：边缘计算能够在本地实现自我优化调整功能。而随着边缘计算的不断发展，其在智能交通管理系统领域中的应用亦将不断加强和有效。

第 21 章

5G 技术

Chapter Twenty-one

21.1 概述

第五代移动通信技术（5th Generation Mobile Communication Technology，5G）是具有高速率、低时延和大连接特点的新一代宽带移动通信技术，是实现人－机－物互联的网络基础设施。

2014 年，国际电信联盟明确规定并通过了 5G 愿景和要求，定义了 5G 的三大类应用场景：一是增强移动宽带（Enhanced Mobile Broadband，eMBB），主要面向移动互联网流量爆炸式增长，为移动互联网用户提供更加极致的应用体验；二是超高可靠低时延通信（Ultra-reliable & Low-latency Communication，uRLLC），主要面向工业控制、远程医疗、自动驾驶等对时延和可靠性具有极高要求的垂直行业应用需求；三是海量机器类通信（Massive Machine Type of Communication，mMTC），主要面向智慧城市、智能家居、环境监测等以传感和数据采集为目标的应用需求。

2015 年，5G 关键技术汇集了所有潜在的技术建议。2016 年确定了关键里程碑。其中之一是关于标准化：第三代合作伙伴计划（3rd Generation Partnership Project，3GPP）在第 14 版正式启动 5G 新空口（New Radio，NR）研究项目，并计划完成两个版本的 5G 标准，包括第 15 版的初始 5G 版本和增强版的第 16 版。具体地，2018 年 6 月 3GPP 发布了第一个 5G 标准（Release-15），支持 5G 独立组网，重点满足增强移动宽带业务。2020 年 6 月 Release-16 版本标准发布，重点支持低时延高可靠业务，实现对 5G 车联网、工业互联网等应用的支持。此外，3GPP 于 2022 年 6 月发布 Release-17（R17）版本标准，该版重点实现差异化物联网应用，实现中高速大连接。截至 2020 年年底，我国已累计建成 5G 基站 71.8 万个，未来 5G 垂直应用的场景将进一步拓展。

21.2 关键技术

5G 作为新一代的移动通信技术，它的网络结构、网络能力和要求都与过去有很大不同，有大量新技术被整合在其中。其核心技术多样，应用在智能交通管理领域的关键技术主要包括高性能无线接入技术、多接入边缘计算和端到端网络切片3个方面。无线接入技术是基础，网络切片是保障，边缘计算是桥梁。

21.2.1 先进的新型无线接入技术

5G演进的同时，LTE本身也还在不断进化（如最近实现的千兆级4G+），5G不可避免地要利用目前用在4G LTE上的先进技术，如载波聚合、多输入多输出（MIMO）、非共享频谱等。这包括众多成熟的通信技术，分别介绍如下。

1）大规模MIMO：从 2×2 MIMO提高到了 4×4 MIMO。更多的天线也意味着占用更多的空间，要在空间有限的设备中容纳进更多天线显然不现实，只能在基站端叠加更多MIMO。从目前的理论来看，5G NR可以在基站端使用最多256根天线，而通过天线的二维排布，可以实现3D波束成型，从而提高信道容量和覆盖。

2）毫米波：全新5G技术正首次将频率大于24GHz的频段（通常称为毫米波）应用于移动宽带通信。大量可用的高频段频谱可提供极致数据传输速度和容量，这将重塑移动体验。但毫米波的利用并非易事，使用毫米波频段传输更容易造成路径受阻与损耗（信号衍射能力有限）。通常情况下，毫米波频段传输的信号甚至无法穿透墙体，此外，它还面临着波形和能量消耗等问题。

3）频谱共享：用共享频谱和非授权频谱，可将5G扩展到多个维度，实现更大容量、使用更多频谱、支持新的部署场景。这不仅将使拥有授权频谱的移动运营商受益，而且会为没有授权频谱的厂商创造机会，如有线运营商、企业和物联网垂直行业，使它们能够充分利用5G NR技术。5G NR原生地支持所有频谱类型，并通过前向兼容灵活地利用全新的频谱共享模式。

4）先进的信道编码设计：目前LTE网络的编码还不足以应对未来的数据传输需求，因此迫切需要一种更高效的信道编码设计，以提高数据传输速率，并利用更大的编码信息块契合移动宽带流量配置，同时，还要继续提高现有信道编码技术（如LTE Turbo）的性能极限。LDPC的传输效率远超LTE Turbo，且易于平行化的解码设计，能以低复杂度和低时延，扩展达到更高的传输速率。

21.2.2 网络切片

网络切片就是把运营商的物理网络切分成多个虚拟网络，每个网络适应不同的服务需求，这可以通过时延、带宽、安全性、可靠性来划分不同的网络，以适应不同的场景。通过网络切片技术在一个独立的物理网络上切分出多个逻辑网络，从而避免了为每一个服务建设一个专用的物理网络，这样可以大大节省部署的成本。

在同一个 5G 网络上，通过技术，电信运营商会把网络切片为智能交通、无人机、智慧医疗、智能家居以及工业控制等多个不同的网络，将其开放给不同的运营者，这样一个切片的网络在带宽、可靠性能力上也有不同的保证，计费体系、管理体系也不同。在切片的网络中，各个业务提供商，不是如 4G 一样，都使用一样的网络、一样的服务。很多能力变得不可控。5G 切片网络，可以向用户提供不同的网络、管理、服务、计费，让业务提供者更好地使用 5G 网络。

21.2.3　移动边缘计算

5G 要实现低时延，如果数据都是要到云端和服务器中进行计算和存储，再把指令发给终端，就无法实现低时延。通过边缘计算，在基站上即建立计算和存储能力，在最短时间完成计算，发出指令，实现 5G 低延迟。

移动边缘计算（Mobile Edge Computing，MEC）是实现 5G 低延迟和高带宽效率等的关键技术之一，MEC 为应用程序和服务打开了网络边缘，来自第三方的应用程序和服务，如交警、交委、市政、路桥等的数据平台，使得通信网络可以转变成为其他行业和特定客户群的多功能服务平台。交通行业应用中的 MEC 更多地与业务服务单元整合部署，通过专线的方式与运营商的用户面功能（User Plane Function，UPF）网元对接，通过 UPF 本地卸载交通应用的数据转发至 MEC 计算处理，最终通过业务服务单元完成交通行业应用。

21.3　在智能交通管理领域的应用

21.3.1　车联网

车联网是一种新型的智能交通系统，其依托车用无线通信技术（Vehicle to Everything，V2X）、车辆与车辆之间（Vehicle to Vehicle，V2V）通信、车辆与人（Vehicle to Person，V2P）通信、车辆与网络（Vehicle to Network，V2N）通信等新一代信息技术实现人、车、路、云、网、环境等交通参与物理要素的连接。

对于车联网与自动驾驶的解决方案，利用 5G 网络，以及车载摄像头、激光雷达、毫米波雷达、超声波传感器等车载传感设备，路侧摄像头、毫米波雷达等路侧传感设备，交通标志、交通信号灯等交通管理设备，实现车载信息业务、车况状态诊断服务、车辆环境感知（前车透视、高精度地图等）、V2X 网联辅助驾驶、远程驾驶、网联自动驾驶（含自动驾驶编队）和智能交通管理等应用。

目前的 5G+ 车联网应用方案是通过 5G+ 车联网打通"人－车－路－云"这四个要素之间的联系，增强"感知－计算－决策"3 个环境的反脆弱性，整体形成"云－管－边－端"的智能网联体系。具体来说，在感知环节中，基于智能网联的自动驾驶方案实现车载信息和路侧信息的融合，例如在非视距、恶劣天气等条件下弥补车载信息的局限性；在计算环节中，协同多源数据，实现感知数据的融合，例如将车载数据云化；在决策环节中，实现基于"车－车""车－路""车－云"联动的综合驾驶决策。

相比单车智能方案中仅依靠车载传感器与车载计算单元进行感知、计算和决策，5G+ 车联网应用方案可以通过"云－管－边－端"架构，搭建以 5G 网络为载体的车侧－路侧－云侧的多级计算体系，可以弥补单车智能方案在信息感知能力与计算决策能力方面存在的缺陷，从而适配复杂多变的环境。

21.3.2　空地一体交通状况监测巡检

通过 5G 技术对重点区域交通状况进行监测，有助于巡检工作的完成。综合运用"城市低空巡防"无人机、高空天眼和视频实时回传，在重大活动、重要节日、巡查勤务等期间开展高空巡逻，打造城市路网、高速路网、重要路口等区域空地全方位一体巡防。基于 5G+ 无人机重点区域交通状况巡检的方案利用 5G 网络大带宽、低时延等技术特点，大大提升了无人机的应用水平。一是实现了单机多路视频图像更安全、更灵活接入视频云；二是从高清图像向 4K 超高清图像采集扩展，相比 4G 网络实现效能和精度的成倍提升；三是通过 5G 数据云提供三维空间信息，实现指导自动飞行；四是通过 5G 网络可同时对视频、测绘、热成像、频谱等数据进行采集，服务城市路网、高速公路路网、重要路口路段的日常巡查及交通事件感知等业务，实现一次飞行，多部门使用。

21.3.3　高速公路管控主动干预

5G+ 高速公路管控应用方案主要在路侧部署 C-V2X 路侧单元（RSU）、摄像头、毫米波雷达、边缘计算等设备。通过融合毫米波雷达、激光雷达、摄像头、车载终端等多源数据，基于边缘智能计算，获取道路全景信息，实现高速路事故、行人等异常交通事件全天候实时感知，并通过 C-V2X 网络广播至 OBU 或者通过后台推送至 App 实时让驾驶人知晓，以便车辆进行车速调整、变道超车、自动减速以及紧急停车等。毫米波雷达、视频监控、气象监测、RSU 及电子车牌等智能化监测设备，可以对高速上的人、车、路、环境等相关公共交通数据进行车道级高精度采集以及亚秒级动态化刷新。多维传感数据经由边缘计算节点进行实时动态融合，通过 5G 传输及后端平台侧 AI 分析，提供高速日常运营管理、决策分析支撑。

基于 5G+ 高速公路管控方案的典型应用包括面向驾驶人的主动安全类场景、面向企业的提升效率类场景和面向政府管理机构类的协同服务场景。

21.3.4 5G+ 无人机智慧执法

交通执法场景中，交警部门可以通过 5G+ 无人机的方式对重点管控路段加塞、压线变道、违停、抢灯等场景进行远程非现场取证、远程非现场纠正。交管部门可以通过"5G+ 执法终端+无人机高清视频实时回传+车牌智能识别"的方式对交通事件进行捕获、对违法行为进行识别。而对于营运车辆，将路上行驶的营运车辆车牌信息实时回传后台，通过与后台数据库比对，现场执法队员即可实时获知该车辆的经营业户信息、经营范围、车辆 GPS 安装和在线情况、车辆是否正常年检、过往违规记录等相关营运信息，迅速发现问题车辆，同时通知前方执法单元，对问题车辆进行拦截，实现精准执法。路政部门可以通过无人机航拍取证，路政部门能够及时获取破坏路产设施的行为，并能对违法行为进行抓拍取证，大力打击破坏路产、侵占路权的行为。

基于 5G+ 无人机的交通综合执法方案，变被动为主动，具有机动性高、及时性强、取证完整、成本低廉等诸多优势，使得少量的警力最大化纠正交通违法行为。

21.4 发展趋势

5G 网络有着高速率、低时延的特性，再与人工智能、大数据、云计算等先进技术融合，使得全球迎来一场科技的革命和换代。例如无人驾驶场景：无人驾驶车接送，不用看路也能开汽车等，利用高速率、低时延的优势配合大数据云计算技术，提前预判、规划、决策，帮助汽车感知环境的复杂，并做出正确决策。

5G 通信系统的发展是全球移动通信领域新一轮技术竞争的开始。5G 技术与未来物联网产业紧密相关，蕴含着巨大的经济效益，各国都力争在未来 5G 技术业务中取得领先优势。如今，我国 5G 技术已经取得突破，5G 关键技术也逐步明晰。5G 将以全新的网络架构提供大带宽、毫秒延迟和超高密度连接的优点，实现网络性能的新飞跃，开启万物互联、无限遐想的新时代。未来 5G 将深入社会各领域，构建以用户为中心的综合信息生态系统。5G 将带给用户身临其境的信息感受，提供卓越的互动体验，改变人们的生活和生产方式。

附录　常用缩写词

序号	缩写词	中文名称	英文名称
1	ITMS	智能交通管理系统	Intelligent Traffic Management System
2	ATMS	先进的交通管理系统	Advanced Traffic Management System
3	SCATS	悉尼自适应交通控制系统	Sydney Coordinated Adaptive Traffic System
4	SCOOT	绿信比、周期、相位差优化技术	Split Cycle Offset Optimizing Technique
5	CCTV	闭路视频监视系统	Closed-Circuit Television
6	IP SAN	IP存储局域网络	IP Storage Area Network
7	RAID	磁盘阵列	Redundant Arrays of Independent Disks
8	NVR	网络硬盘录像机	Network Video Recorder
9	GIS	地理信息系统	Geographic Information System
10	PGIS	警用地理信息系统	Police Geographic Information System
11	GPS	全球定位系统	Global Positioning System
12	BDS	北斗导航卫星系统	BeiDou Navigation Satellite System
13	RFID	无线射频识别（电子标签）	Radio Frequency Identification
14	PDA	移动警务系统	Personal Digital Assistant
15	AI	人工智能	Artificial Intelligence
16	IVICS	智能车路协同技术	Intelligent Vehicle-Infrastructure Cooperation Systems
17	5G	第五代移动通信技术	5th Generation Mobile Communication Technology
18	IoT	物联网	Internet of Things
19	DHCP	动态主机配置协议	Dynamic Host Configuration Protocol
20	HTTP	超文本传输协议	Hyper Text Transfer Protocol
21	AMQP	高级消息队列协议	Advanced Message Queuing Protocol
22	TCP/IP	传输控制协议/因特网互联协议	Transmission Control Protocol / Internet Protocol
23	XML	可扩展标记语言	Extensible Markup Language
24	API	应用程序接口	Application Programming Interface
25	SDN	软件定义网络	Software Defined Network
26	VLAN	虚拟局域网	Virtual Local Area Network

参考文献

［1］ 王长君，等.智能交通管理系统理论与实践［M］.北京：中国人民公安大学出版社，2015.

［2］ 罗波，王媛媛.公安交通管理"大数据"建设及运用中存在的问题及对策研究［J］.中国公共安全（学术版），2019（9）：82-85.

［3］ 赵楠，谭惠文.人工智能技术的发展及应用分析［J］.中国电子科学研究院学报，2021，16（7）：737-740.

［4］ 刘艳春.计算机人工智能技术研究进展和应用分析［J］.中小企业管理与科技，2021（27）：176-178.

［5］ 戴宝.计算机人工智能技术研究进展和应用探究［J］.中国新通信，2021 23（10）：101-102.

［6］ 刘锦涛.浅议人工智能发展历程及核心技术［J］.中国科技纵横，2019（18）：35-36.

［7］ 姜国睿，陈晖，王姝歆.人工智能的发展历程与研究初探［J］.计算机时代，2020（9）：7-10+16.

［8］ 朱砺博，KAARNA A.模式识别技术的现状与发展［J］.电子技术与软件工程，2020（24）：150-151.

［9］ 苏淑玲.机器学习的发展现状及其相关研究［J］.肇庆学院学报，2007，28（2）：41-44.

［10］ 赵崇文.人工神经网络综述［J］.山西电子技术，2020（3）：94-96.

［11］ 江洋洋，金伯，张宝昌.深度学习在自然语言处理领域的研究进展［J］.计算机工程与应用，2021，57（22）：1-14.

［12］ 张心悦.人工智能技术发展现状与展望［J］.电子技术与软件工程，2021（2）：199-200.

［13］ 李若尘，李梦薇.人工智能技术发展与主要国家技术布局［J］.全球科技经济瞭望，2021，36（6）：13-18.

［14］ 李修全.当前人工智能技术创新特征和演进趋势［J］.智能系统学报，2020，15（2）：409-412.

［15］ 阮雪飞.人工智能技术在智慧交通领域中的应用［J］.交通建设与管理，2021（1）：72-73.

［16］ 王伟.人工智能技术在智慧交通领域的应用研究［J］.智能建筑与智慧城市，2020（6）：88-89.

［17］ 徐志刚，张宇琴，王羽，等.我国自动驾驶汽车行业发展现状及存在问题的探讨［J］.汽车实用技术，2019（1）：13-21.

［18］ 吴探微.人工智能技术在城市智能交通系统中的应用［J］.时代汽车，2021（5）：179-180.

［19］张路，谭蒙. 智慧交通中智能信号灯的应用探讨［J］. 天津科技，2020，47（7）：97-99，102.

［20］张毅，姚丹亚，李力，等. 智能车路协同系统关键技术与应用［J］. 交通运输系统工程与信息，2021，21（5）：40-51.

［21］刘子杰，张成伟，许萌萌，等. 边缘计算综述：关键技术与应用方向［J］. 电脑知识与技术，2019，15（28）：278-281.

［22］丁春涛，曹建农，杨磊，等. 边缘计算综述：应用、现状及挑战［J］. 中兴通信技术，2019，25（3）：2-7.

［23］吕品，许嘉，李陶深，等. 面向自动驾驶的边缘计算技术研究综述［J］. 通信学报，2021，42（3）：190-208.

［24］赵明. 边缘计算技术及应用综述［J］. 计算机科学，2020，47（S1）：268-272，282.

［25］王逸凡，还斌. 基于边缘计算的城市交通状态精细化判别研究［C］//中国智能交通协会. 第十四届中国智能交通年会论文集. 北京：电子工业出版社，2019：285-291.

［26］张芝. 基于边缘计算的交通信号控制架构研究［C］//中国智能交通协会. 第十五届中国智能交通年会论文集. 北京：电子工业出版社，2020：506-512.

［27］高若雯. 边缘计算环境下多智能体协作的交通信号控制研究与设计［D］. 北京：北京邮电大学，2020.

［28］SCHAAL A. 5G带来全新机遇：实现高速传输的巨大飞跃［J］. 电子产品世界，2021，28（12）：25-27.

［29］IVANOVA E P, ILIEV T B, STOYANOV I S, et al. Evolution of mobile networks and seamless transition to 5G［J］. IOP Conference Series：Materials Science and Engineering，2021. DOI:10.1088/1757-899x/1032/1/012008.

［30］刘晶. 5G：从建网到行业应用中国引领发展［N］. 中国电子报，2021-12-21（4）.

［31］姜博，田长海，蔺伟. 基于5G的mMTC物联网系统在铁路物流领域的应用［J］. 铁道运输与经济，2021，43（12）：60-65.

［32］ZIKRIA Y B, YU H, AFZAL M K, et al. Internet of things（IOT）：Operating system, applications and protocols design，and validation techniques［J］. Future Generations Computer Systems: FGCS. 2018，88：699-706.

［33］刘寅生，孙育芳，胡光祥，等. MIMO技术演进及其在铁路5G专网应用展望［J］. 中国铁路，2021（10）：93-99.

［34］陈云斌，王全，冯定东，等. 基于5G云网融合的车联网应用技术探讨［J］. 移动通信，2021，45（6）：2-6.